RELIGION
IN
BRITAIN

信仰
但 不
从属

A PERSISTENT PARADOX Second Edition

英国的宗教

〔英〕格瑞斯·戴维（Grace Davie） 著

隋嘉滨 冯燕 译

社会科学文献出版社
SOCIAL SCIENCES ACADEMIC PRESS (CHINA)

送给我的小孙儿们。

第二版序

布莱克威尔出版社（Wiley – Blackwell）请我考虑再版《1945 年后英国的宗教》一书，这着实令我欣喜。重读自己 20 多年前写的书，有一种奇妙的感觉——既亲切又疏远。第一版面世后，其中的许多议题成为我后来的研究重点，另一些议题则未能延续，这是当初没想到的。令我深有感触的是，1994 年那本书中提出了许多关于如何理解宗教的问题，在其后的 20 多年里这些问题依然重要。其中有两个问题尤为突出：其一，信仰与从属关系之间的割裂，这也是当年那本书的核心议题；其二，宗教问题出人意料地吸引公众眼球，目前这种现象比当时更明显。

"信仰但不从属"（*Believing without Belonging*），这是《1945 年后英国的宗教》这本书的副标题，不管这样说是否恰当，这是该书的标志性观点。这一观点在第一版里是作为一个问题被提出来的，当年我是这么写的：

> 和许多其他欧洲国家的人们一样，大部分英国人虽然仍旧秉持着对一般上帝（ordinary God）①的信仰，却不再参加宗教组织，哪怕是最不正式的从属都没有。何以至此呢？实际上，这个国家的大多数人，不论哪个教派的人，都不是去他们教派的敬拜场所，而是在别的什么地方表达自己的宗教情感。（Davie, 1994: 2）

"信仰但不从属"这一提法吸引了众多读者和研究者的注意，很快成为社会科学宗教研究的一个核心议题。本书将继续探讨这一议题，但已经比以前更精练、更深入了。

第二个问题，也是许多严肃学者在研究 21 世纪的英国宗教时，经常指出的一个谜题。1994 年那本书里是这样写的："我们必须要问，为什么教会——这些曾被预想将要衰落的组织——会在 20 世纪八九十年代里一直为世人瞩目？"老实说，能在 20 多年前——这个问题开始明显变得尖锐的时候——就专门讨论这个问题，我自己也觉得吃惊。从统计数字上看，显而易见教会是在衰落。但关于宗教在公共领域中的地位的争论却变得越来越激烈，这些争论不仅涉及教会的角色，更事关在自由民主社会中信仰和信仰群体的地位。我会在本书中说明，这些争论反映了宗教在现代英国社会中出现的实质变化。现代英国，是个深深植根于基督教文化的国家，同时也是一个越来越世俗化、越来越信仰多元化的国家。

有两个更进一步的观点也很重要。在本书的第一版中，只是陈述了这两个观点，但并未深入分析。一个观点涉及英国在欧洲社会中的地位，另一个观点涉及英国的不同地域。1994 年以后，我从内部（Davie，2000，2006）和外部（Davie，2002）考查了欧洲的宗教，并将其与美国的情况进行比较（Berger，Davie and Fokas，2008），对欧洲的问题做了更进一步的研究。就宗教组织而言，英国（在英格兰和苏格兰尤其明显）的情况与欧洲的一般情况并不一样，而且一向如此。在英国自古形成了按地域划分的统治性教会（dominant church），而在这个教会体系的各个层级（国家教会、教省、教区）都能找到与欧洲不同的情况。从哲学意义上看，情况会略有不同。英国人对启蒙运动的理解不同于欧洲式的理解，而与美国人的理解更为接近。我将在后面的章节进一步阐释这一观点。组织上的和哲学上的原因，都会促使英国不断地与欧洲背道而驰，而与此同时欧洲也在发生实质性的变化。

以宗教的眼光来看，在英国国内的各种差别仍旧至关重要。从北爱尔兰形势的（多数是向好的方面）转变，到在威尔士和苏格兰快速进行的权力向地方转移，都在改变着时局。与权力向地方转移有关，在撰写本书第二版的过程中，关于独立性（independence）的争论不绝于耳。在 2014 年 9 月 18 日就"苏格兰是否成为独立国家"举行的全民公决中，反对方的阵营取得了胜利。不论采用什么样的表决方式，形势已经发生了重大的转变。1994 年人们可能还在呼吁：应该由苏格兰人民处理苏格兰事务，不能只由苏格兰长老会大会（General Assembly of Church of Scotland）代为决定。而今，人们已经能够在 1999 年成立的苏格兰国家立法机构——苏格兰议会里商讨国家大事了（详见第五章）。

想到上面这些，我又该怎样组织本书的第二版呢？还能延用第一版的框架吗？答案是不。当然，本书还会继续讨论某些议题——主要是上面提到的那些议题，并且会非常细致深入地讨论。而引入新的议题也同样重要，原因有三：其一，宗教和宗教在英国社会中的地位发生了实质变化；其二，不仅要反映宗教的演化，而且要反映在宗教研究领域中翻天覆地的变化——这又是一个话题了；其三，是我作为一个学者的自身成长，经过 20 多年对现代社会中的宗教的心织笔耕，我已能够不仅从外部而且从内部审视英国的情况。这三点是相互关联的。

仅宗教本身就把主要的矛盾都联系在一起了。一方面，世俗化进程在持续；另一方面，在公共领域中，宗教依旧是人们讨论甚至争吵的话题。这两方面搅和在一块儿着实难以应对，原因显而易见：恰恰就在英国人想就信仰问题开展建设性的对话时，他们却找不到必要的词语、工具和概念。结果是，那些对于这个国家民主化的未来极其重要的讨论，总是被错误地理解和粗暴地对待，看似热闹却没有什么实际结果。

宗教的日益突显所带来的一个重要结果是，在全欧洲出现了多种多样的由公众资助的研究项目，从而相关的出版物也层出不穷。道理很明白：要想有效地管理宗教，首先要透彻地了解宗教。作为这些研究项目之一的"宗教与社会研究计划"（Religion and Society Research Programme）广受好评，在后面的许多章节中都将用到这个项目的研究成果。[2]这个在 2007 ~ 2012 年开展的研究项目，由艺术与人文研究委员会（Arts and Humanities Research Council）和经济与社会研究委员会（Economic and Social Research Council）共同资助了 1200 万英镑，这在英国是史无前例的。这个研究项目的目的十分明确：为公众提供信息，帮助人们了解纷繁复杂的世界中的宗教。这个项目特别致力于（通过加强培训）在宗教领域促进研究和提升研究能力，促进学术界与（包括许多宗教团体的）各类利益相关者之间的沟通交流，加强世界上（特别是欧洲）的同类研究间的合作。

与外界的沟通十分重要，由此能够反映彼此间的共性和差异。这在新来的移民身上体现得再明显不过。即使不是全部，但至少是绝大多数的欧洲社会在20世纪的后半叶都接收了相当数量的移民，他们带来了各大陆人们（在时间观念、族群归属和宗教群体方面）的种种不同。更重要的是，人们对于"压觉点"（pressure points）的理解也是不同的。在欧洲当地人与新来的移民们进一步互相接触的时候，这一点就更加明显了。比较一下就能够了解英国的特殊性了，制定政策时要慎重考虑这一点。不论看起来多么诱人，"借用"他人的政策可不是什么明智之举；针对英国的具体国情开展建设性的工作，方为上策。接下来的第一章就要具体谈这个问题。

第三点——我个人的学术成长经验，这是个更私人点儿的话题。我个人的研究经历总是与第一版《1945年后英国的宗教》有着千丝万缕的联系，这让我自己也多少感到有些意外。因为这本书的缘故，我也受邀参加了国内外各种各样的研讨会议。我非常喜欢这样的交流碰撞，并且受益良多。第一版书所产生的这些反响，鼓励我拓展我的研究领域，丰富了我写作的范围和视角。在研究中我要兼顾两个方面：既要关注世界各地的宗教演化，也要重视（宗教社会学）学科的发展，从而更好地解释现实。这两个方面都很重要，本书的最后一章将结合论述这两个方面。

我迫不及待地要感谢各位帮助我完成本书第二版的人，他们基本都是新人。要感谢的人很多，但以下几位我要特别指出。David Voas、Peter Brierley 和 Callum Brown 帮助我进行统计，这已经远远超出了他们的工作职责。Peter Brierley 非常慷慨地让我在数据发布前就得到有关数据（参见图3-6和图3-7），David Voas 为更好地展示各类数据做了大量工作，Callum Brown 提醒我注意苏格兰的情况和数据。Judith Muskett 向我提供了关于教会的未公布数据。Sylvia Collins - Mayo 向我提供了关于街头布道者的资料。Paul Hammond 的博士学位论文初稿为我提供了新近的素材。Padre Andrew Totten 提供了许多关于随军牧师的情况，使我对这一重要岗位有了更深入的了解。David Voas、Peter Brierley、Robert Jackson、Marion Bowman、David Perfect 和 Paul Weller 通读了本书第二版初稿的各个章节，帮助我精益求精。David Perfect 非常热心地帮助我完成了校对。

另外，我还要感谢布莱克威尔出版社选出的审读本书的各位读者，感谢他们的时间和意见。他们是：多年来一直鼓励我的 David Martin；与我有同样的宗教写作热情的 Adam Dinham；以前的博士研究生，现在是宗教与社会研究计划研究员的 Rebecca Catto。当然，本书代表我个人的观点，我要对其内容负责。

同时我也要感谢布莱克威尔出版社的支持和耐心。在再版《1945年后英国的宗教》这件事上，我已经超出了交稿期限，但此间 Justin Vaughan 始终耐心地支持我、热情地鼓励我。同时也是 Justin 建议这次再版仍沿用"英国的宗教"这一书名。像以前一样，本书的介绍是从1945 年开始的，但是说明的重点则是在近年来发生的事儿上。最后，我应该感谢 Ian Wallis 允许我再次摘选《觉醒》（Awakenings，见第四章）一文的内容。

我不得不感慨时光荏苒。本书的第一版献给了我的母亲，而第二版我愿将之送给她的重孙们。这些招人喜爱的小家伙把我从学术工作中拖开，使我的生活得以平衡。我的丈夫，一如既往，是最重要的。

格瑞斯·戴维
2014 年 5 月

注释

① "一般上帝"这一说法，我在第二版的第一章里有所说明。这个概念源于 1968年在伊斯灵顿（Islington）的研究。详见 Abercrombie 等（1970）。

② 要了解更多关于宗教与社会研究计划及其各种项目的情况，可以查阅 www.religionandsociety.org.uk（2013 年 1 月 1 日访问）。另参见 Woodhead 和 Catto（2012）。

目　录

Contents

图表目录

List of Figures and Tables

Figures

Tables

第一部分　基本信息

第一章
导言：研究的框架

　　导言分为两节。第一节介绍了我们要了解 21 世纪的英国宗教所必须注意的要素。这一节介绍了在《1945 年后英国的宗教》第一版出版后 20 多年里，该领域内的研究和文献（参见：Davie，1994，2000，2002，2006，2007a）。第二节陈述了本书的整体规划，说明将如何基于前述的观点阐述第一版中包括的内容和该领域的新进展。

一　现代英国的宗教：需要注意的要素

　　要更好地了解宗教在现代英国中的地位，就得考虑六个与欧洲其他地方的情况非常不一样的特征要素。切记，这些因素左右着事态的发展。这六点要素是：

　　1. 具有历史意义的教会在英国文化塑造过程中的角色；

　　2. 要意识到，尽管这些教会已经不能影响（更不用说惩戒）大多数英国人的信仰和行为，但在某些特殊时刻，教会在英国人民的生活中仍占有一席之地；

　　3. 发生在活跃的英国宗教选区的明显变化，这些选区已不仅仅是义务和责任方面的典范，它们在选择方面的示范作用也越来越大；

Religion in Britain：*A Persistent Paradox*，Second Edition，Grace Davie. 2015 Grace Davie.
© Published 2015 by John Wiley & Sons，Ltd.

4. 来自世界各地的各样人群到了英国，他们带来了与英国本土社会迥异的宗教诉求；

5. 英国的世俗精英们对于宗教在公共领域和私人生活中的日渐凸显做何反应；

6. 人们越来越认识到，从全球角度看，在现代欧洲（包括英国）的宗教生活模式只是一种"例外"，而不是一种模版。

下面将分别介绍这几个要素，并在本节最后做出简要总结。

（一） 文化传统

首先，长久以来，基督教在塑造英国的文化方面具有毋庸置疑的地位，但同时也要考虑其他因素（希腊的理性主义和罗马的社会组织）的影响。仅用一点就可以说明基督教对英国文化的影响：在世界的这个角落，基督教的传统在决定人们最基本的生存状态（时间和空间）方面具有不可磨灭的影响。即便基督教日历上的大多数节日已不能再唤起人们的情感共鸣，但人们仍采用基督教的纪年方式。基督教节日只不过提供了公共假期结构。尽管已经失去了"休息之日"的象征意义，星期日仍旧是最主要的假日。

空间观念上也是如此。教堂在英国各地都是最显要的建筑，许多教堂对周围的人们来说仍具有很重要的象征意义。从都市到乡村，人们常以宗教建筑作为地标，尽管他们很少踏足其中做礼拜。整个英国被划分为不同的教区，它们既是世俗的也是具有宗教意义的地域区划。数个世纪以来，教区决定了绝大多数英国人从摇篮到坟墓的所有生命阶段。虽然随着时间的推移，教区的重要性逐渐下降，但它们仍不时地以某种方式发挥作用。不可否认，在英国的一些地方（特别是大一点的城市里），天际的景象正预示着宗教的多元化。英国正在改变，但过去留下的遗产仍深深地嵌入当今的现实生活和文化。

（二） 具有历史意义的教会

具有历史意义的教会在现实生活和文化中的存在是一回事，而它们对于英国人日常生活的意义则完全是另一回事了。各方评论者都认为，传统教会不再影响人们的日常生活：或者是不再必要，或者是不再被渴望。这并不意味着这些确定宗教身份的组织已经完全丧失了重要性。但我们要怎样看待它们现今的角色呢？这就是我在《1945年后英国的宗教》一书中浓墨重彩的概念——"信仰但不从属"。随着我思考的深入，我需要另一个概念——"代理式宗教"（vicarious religion，Davie，2000，2007b，2008）。这两个概念都帮助我，在日渐世俗化、多元化、不断进步的社会中，理解传统宗教组织的一贯角色。这里先做一个简单的介绍。

英国宗教生活的一个最突出的特点是，各种衡量宗教虔诚的标准之间无法取得一致。这些衡量标准中，首先是一系列的测量委身的指标：①组织化的生活，和②（就基督教来说）**信仰上**的表白。这些指标主要是针对（有规律的宗教活动的）组织化的宗教信仰，组织化和固定的活动都能反映和确证宗教信仰的"正统性"。[①]信仰基督教的人参加教会来实践他或她的信仰，同时确证他们这么做是正确的。同时，有必要反复地参加教会活动、聆听教义，来操练信徒的信仰。

还很少有宗教问题研究者讨论过，英国宗教相互关联的各方面同时在严重衰落这一问题。越来越少的英国民众会像以前那样去教堂，越来越少的人从信条的角度信仰宗教（第三章、第四章将深入讨论这一问题）。结果，共同的叙事手法（基督教礼拜仪式、基督教式的话语或隐喻）正一天天地匮乏、消失。这样下去，会发生什么结果呢？要讨论这个问题，关键是要了解广义上的信仰与行动之间的关系。因为，非常明显，在宗教生活"硬性"（hard）指标上的巨大下降，（至少在短期内）没有出现在那些不太严格的宗教虔诚性的指标上。至少就目前来说，那些不太严格的宗教虔诚性的指标还很稳定，没有出现变化。有二分之一至三分之二的英国人在更一般的意义上声称"信仰上帝"，这个比例差不多和某些时候（通常是危难时期）参加组织化教会活动的人数是一样的。"信仰但不从属"所描述的恰恰是这种情况。这个观点在社会科学界和宗教学界快速传播，明显是取得了共鸣。

起初，主要是由于"信仰但不从属"这一说法区分了宗教虔诚性（信仰）与宗教的另一面（从属），我也有所疑虑。这与已经提出的，认为信仰和从属都具备"硬性"和"软性"（soft）的观点，并不一致。"代理式宗教"概念在此方面做出了改进。"代理"意味着，少数人代表相当多的人进行宗教活动，后者（至少心里）理解并且好像也支持前者的做法。这一定义的前半部分相对直白，基本就是平常的"代理"的意思——什么代表什么。后半部分通过实例得以很好地展示。比起"信仰但不从属"，它更好地抓住了历史上的统治性教会在现今的特征。

有很多种宗教代理的方式。例如，教会或教会的带领人（在有人出生或死亡这样的时刻）为别人举行仪式。如果拒绝举行这样的活动，就会在那些平时并不按时参加教会活动的人中引发不满。教会的带领人和常参加活动的人都信任这样的代理关系，如果行为不当，必会招致怨言。还有，也是挺常见的，当偶尔参加教会活动的人心中明显已经积聚不满时，教会带领人的身份越高，情况也就越糟。再举个例子，人们往往期望教会的带领人和常参加教会活动的人体现一定的道德准则，即便他们为之服务的大部分人已经不再坚持这些道德准则。最后，教会也有条件代表人们讨论那些在现代社会中尚未解决的问题。如果不是人们理解并支持代理人的代理活动的话，就很难理解为什么宗教能持续介入广泛的议题：从性观念的改变，到事关生死的伦理难题（这反映了生命意义的转变）。这些问题将在第四章讨论。

还有一种解释代理式宗教的方法，就是考察在意外或灾难发生时，欧洲社会中的宗教组织的角色和地位。人们对 1997 年 8 月戴安娜王妃死亡事件的反应能说明一定的问题。戴安娜王妃在巴黎遇车祸死亡后的一周里，在英国发生的民众行动不能说是理性的、世俗的，但也不能说是通常的宗教行为。那又算是什么性质的行为呢？有一点很清楚：当时在教堂的周围出现了多种形式的临时性的、引人注意的仪式。这些教堂提供场所帮助人们摆放纪念册和点燃的蜡烛，人们会排上几个小时的队来利用这些帮助，并且是国教教会（英国圣公会）负责安排戴安娜王妃的葬礼。

更重要的是，人们对戴安娜王妃死亡事件（还有最近许多的类似事件）的反应都更像是人们或社区日常生活的"放大版"。人们总会死去，有时是飞来横祸，有时是寿终正寝，而活着的人们则要承受悲痛。此时，应做些什么，由谁来做呢？此刻那些理所当然的做法成为关键：人们自然会想到教会，想到教会对普罗大众的职责。

（三）从义务到消费

那些坚持传统的、代表前一节所说的不去教会的人们参加教会活动的信徒仍然重要，但也越来越少。他们又是怎样的情况呢？这里显然出现了一种新的变化，简单地说就是由义务或责任的文化向消费或选择的文化渐变。曾被强加于（完全是贬义）大多数人的，或者由人们自然传承（多少还有点褒义）的事物，如今已经彻底变成个人可以选择的事了。积极参与宗教活动的人们只是出于他们的选择才会去这家或者那家教会，有时只是短暂的，有时则会驻留很长时间；有时是定期的，有时是不定期的。但不管是刚进入教会或在其后的任何时候，如果他们不愿意再去就可以不去，很难觉得自己去教会是项**义务**。

这样的模式完全符合代理的概念：传统教会有必要存在，以便那些想去的人随时可以参加活动。这些宗教的性质也渐渐在改变，这种变化不论是在信仰还是在活动方面都有迹可循，而信仰与活动之间的联系自然也变了。举例来说，英国圣公会在洗礼方面的变化就很能说明问题。二战以后，参加洗礼的人数大大减少，这又一次证明宗教在制度化方面的衰落。在英国，洗礼已经不再是与出生相关的一项仪式了，更多的是自愿加入某些群体的象征。而在北欧和南欧的一些地方，人们出生后就会接受洗礼。另外，在传统教会中的成员身份也发生了变化。尽管各地的情况存在差别，但总的来说英国国内传统教会的成员身份，与独立教会成员的身份越来越像。不管这些教会在宪法上有什么历史地位，**实际上**是否参加教会已经完全取决于人们自己的意愿。

还有，21世纪的不列颠人在宗教参与方面最通常的选择是什么呢？这个问题的答案着实有趣，它不仅能说明当今状况的优势和不足，还能证明老一辈人（学者和教会人员）以前的预测都大错特错了。如今有两种教会的宗教活动更活跃，一种是强调灵性的福音教会，另一种是大教堂或者城市教会。前者主要的特点是：对灵性的体验，以及相应的坚定的委身、稳定的团契关系和保守的教义。后者则可以包容更多个人化（甚至匿名化）的宗教参与：在"大教堂式"的教会中，人们推崇的主要是华美的建筑、高品质的音乐和更符合传统的礼拜仪式。有一点非常关键，就是在两种教会中都存在明显的**体验性的**元素，尽管其体现的方式并不一样。

在战后的十年当中，出现了一种十分特殊的现象。保守的教义变得不合时宜，人们常把大教堂视作"老古董"，大教堂与现代社会渐行渐远，而维护大教堂的费用又太过昂贵。近些年，维护大教堂的费用依旧不菲，但它们却在吸引越来越多的人——定期或不定期的参拜者、游客或者朝觐者，等等。相反，1960 年代更流行的各种新教自由化形式却未能像预想的那样发展。当然会有例外的情况，但总体上看，21世纪并不像人们曾设想的那样理性化。

然而，再清楚不过，越来越多的人认为，如今"宗教"的大部分都存在于教堂之外，甚至"宗教的"这个词都被认为是消极的。新的词语应运而生。要特别注意，在英国出现了多样的"灵性"（spiritual）形式，它们提供了各种信仰"材料"来武装个人的（宗教的或灵性的）思想。这体现了晚期现代社会的多样形式，而不是宗教信仰的传统形式。我们再也不用面对那种只靠有限的宗教信仰来应对多疑善变的自我的局面了。我们面对着从宗教的、灵性的，到近于世俗的，几乎是无尽的可能性。我们尤其要注意宗教与世俗之间的模糊地带。

先简单总结一下我们的讨论，本书在第七章将深入分析这些问题。社会现实向我们提出了一个概念上的问题。在多大程度上可以把现实情况称为"市场"，市场这一概念对于现代英国宗教又有多大的阐释意义呢？继续使用这样的概念还有作用吗，我们是否需要采用更精确的分析框架呢？

（四）新来的人

这一节将介绍一个非常特别的多样性特征：在英国许多地方，持其他信仰的人群正变得越来越重要，这主要是由移民引起的。最初的移民潮源于二战之后的头十年，西欧（包括英国）的经济飞速发展，急需大量的劳动力。值得注意的是，现在的移民已经到了第三代或者第四代，四五十年前输入的劳动力而今已经到了退休的年龄。还有一点也得注意，与其他同类欧洲国家相比，英国的其他信仰群体更加多样，包括来自次大陆的穆斯林、锡克教徒、印度教教徒，以及来自西部非洲和加勒比地区的各种基督教群体。②出于特殊的原因，还要特别地注意较早到达英国的、人数虽少但十分重要的犹太人群。③

最近一段时间，完全不同的人群来到了英国。2004 年（2007 年的情况也有所类似），欧盟的扩张使得东欧的人们更方便来到西欧，结果欧洲劳工（尤其是相当数量的波兰人）大量涌入。这一次移民过程主要是由于经济上的推拉作用。东欧的工资水平仍旧相对较低，至少在最初时期，比起欧洲大陆上的欧盟成员国来说，英国更加具有吸引力。④波兰的移民，大多数都具有一技之长，可以在英国谋生，他们中的许多人（即使不是全部）都经历了 2008 年金融危机之后的经济下滑。随着波兰经济的增长，这些人的归乡之意越来越明显。

新来的人，不论他们的动机如何，都带来了新的宗教元素，通过比较的视角更容易辨别这些元素。要记住关键的一点，在地区之间宗教多样性的结果是不一致的，这在很大程度上取决于当地社会和新来的群体自身。英国和法国的例子就比较具有代表性。正如我们所见，英国的新移民不论是在来源还是在宗教群体方面都相对多样化。在英国，宗教与族群以各种复杂的形式绞在一起。还有，从传统上看，英国比起她的欧洲邻居们来说，更包容多样性。这一传统可回溯到殖民时期，那时由地方精英建立了"间接统治"这一准则。法国的情况则大不相同，法国的移民主要来自非洲马格里布地区（Maghreb），所以法国拥有欧洲最大的穆斯林群体，他们差不多全是阿拉伯人。不管对不对，在日常法语的说法里，阿拉伯人和穆斯林这两个词是可以通用互换的。而且，法国坚决反对**社群主义**（communautarisme），不论是出于宗教或者其他什么原因，法国民众只欢迎忠于法国的群体，而不欢迎中间群体。这与法国的殖民政策是有关的，法国的政策是由巴黎对殖民地进行"直接管理"。

抛开上述的种种不同，欧洲存在着一种共同的情况：其他信仰群体（特别是穆斯林群体）的存在，挑战了某些深入人心的假设。英国以及欧洲的大部分地方，都流行这样一种观念：信仰是私人事务，不能进入公共生活，特别是应将其从国家机构、教育系统、工作场所和福利制度中清理出去。相反的，许多新近到达这里的人则抱着不同的想法，并通过他们自身的存在对现实提出了挑战。这样的想法牵扯到英国社会的方方面面，不仅仅是法律层面。

（五） 世俗的反应

前一节中介绍的本土社会与新移民群体之间的互动，又牵连出另一个问题：世俗精英们要怎样以不同的（意识形态的、宪法性的、制度性的）表述方式来描述宗教方面的变化呢？要了解这一方面，首要的是记住三点。其一，我们要兼顾世俗与宗教，不可偏废任何一方。其二，那些大量出现的（往往是由非主流精英发出来的）刺耳的声音，是对公共舆论重新关注宗教问题的一种**反应**。其三，这些人，与其宗教对手们一样，在不同地区的体现也不一样。宗教的本质和世俗的性质都在发生改变，所以出现地区差异也就不足为奇。

这一点恰恰反映了世俗化的过程。特别要注意的是，在欧洲的不同国家里，世俗化的过程也是不同的（Martin, 1978）。例如，在英国以及多数的北欧国家，世俗化的过程是渐进式的。从宗教改革时期开始，这些国家的教会在神职事务上就在渐渐衰落。而法国的世俗化则主要是在一个统治性的神权教会和一个激进的世俗政权之间不断的思想斗争中进行的，结果就产生了"（天主教的与世俗的）两个法国"（La guerre des deux Frances），它们之间的争斗占据了法国的政治舞台，一直到进入 20 世纪。许多世俗精英都自觉地继承了世俗主义的传统，继续对各种宗教抱有戒心，当宗教威胁到公共领域的时候便更是如此。虽然时下宗教对公共领域的威胁主要来自伊斯兰教，而不再是来自天主教，但世俗精英们对宗教的反应却依然如故。

后面（第九章）将会说明，英国的发展路径是特殊的，总体上显得更加包容。但在英国也同样可以听到尖锐的世俗化论调。被称为"新无神论者"（new atheists）的群体倒算不上人多势众，但他们言辞激烈，有时也能左右公共舆论。这个群体的两位领导者——道金斯（Richard Dawkins），和后来的希钦斯（Christopher Hitchens）——都是英国人。⑤单凭这点，我就得注意他们的主张。同样值得注意的是，他们的著作都销量过百万。当然不是每个读过他们书的人都会同意他们的观点，但相当多的人还是会的。新无神论者主张，不能只是简单地容忍宗教，要反击，要通过理性的讨论来揭露和批判宗教。所以，还是要谨慎应对与新无神论者的核心论战。这对于政策的走向有重要的影响。

（六）欧洲算不算是个例外？

这节的最后一个要素提供了一个不同的视角，最好从欧洲的而不仅是英国的层面来加以讨论。这也是本书讨论的中心议题。首先，我们要反过来思考我们的核心问题：我们暂不去思考欧洲（包括英国）的宗教现实是什么，我们先要问，欧洲的宗教现实不是什么？这里还没有出现一个像在美国那样生机勃勃的宗教市场。在世界的某些地方（比如在南半球），基督教（很多都是以灵恩派的形式）正以指数形式快速增长，而欧洲显然也不属于这种情况。欧洲也不属于那些非基督教信仰占统治地位的地区，但欧洲正感受到来自这些地区的渗透压力。在地球的其他地方，由于宗教和宗教差异而产生了暴力冲突，而宗教卷入政治冲突后更加剧了这些冲突。这些都不可避免地导致下面的结论，尽管这个结论有时会令人忧心忡忡：从全球的角度来看，这一地区（英国）的宗教模式，尤其是其更世俗化的特征，可能是一种例外情况。

如果对照欧洲启蒙运动以来社会科学领域里出现的那些范式，对照那些被广泛接受的关于现代社会将很可能是个世俗化的社会的预期，这样的推论就更让人觉得不安了。人们可能会想，传统的、基于欧洲的那些社会科学观念，很可能并不适用于世界其他地区的宗教研究。其实，就算是这些欧洲式的社会科学观念，也往往无法解释 21 世纪早些年间欧洲错综复杂的宗教生活。正因如此，我才要在本书的最后一章进行理论上的分析。

（七） 小结

上面所提到的每个要素都值得深入探讨，这也是后面各章的主要目的。把这些要素联系在一起的，是我在序言中所说的，在21世纪的英国同时发生的两件事情：一个是，世俗化程度的不断提高，或者说人们对宗教越来越漠不关心，这不可避免地导致人们的宗教知识的匮乏和宗教信仰指标的下降；另一个是，随着具有各种不同宗教信仰的新人口的到来，在公众中出现了一系列关于宗教的越来越迫切的争论。正如我们已经知道的，要将各方融合在一起相当困难，真可谓是前途未卜，而要调和各方的利益冲突自然就更是难上加难了。路在何方？当务之急，就是尽可能搞清实际情况，恰当地甄别其背后隐藏的各种张力。本书便是为此而作。

二 英国的宗教：修订后的分析路线

1994年那本《1945年后英国的宗教》，首先关注了二战后现代英国在经济、政治和社会背景方面的变化，继而将目光投向"一代一代"的宗教信徒。此次再版也是如此，既涉及欧洲背景的许多资料，又注意到新生代的增长。第一部分——基本信息——的最后一章给出了英国与宗教有关的现状和数据。这些现状和数据构成研究所依赖的基础信息。另外，我也参照了一些媒体信息。媒体有他们自己的信息来源，既能揭示世态的变化，也能警示世人。不过也不能完全相信媒体的话。

在第一版的第二章中，首先介绍了在现代英国出现的宗教性选区，然后细致地研究了英国社会对"一般上帝"的信仰——这些信仰遍地开花，很多并不正统。第二章是第一版的核心。在本书接下来的一章，也就是第二章中，将综合上述的内容，并在更大的范围内讨论"信仰但不从属"的话题。这一章将涉及诸多议题：宗教传播（强调了年龄与性别的重要性，以及在学校系统中宗教的地位）；政教关系（这也是研究的基础背景）；以及宗教从业者在圣俗两方面的地位。本书最后（根据英国的情况）对现代社会本质的变化，以及现代社会中宗教地位的变化，做了理论性的阐述。

本书的主旨与以前不同。这一主旨源于本章第一节介绍的各种要素，并分为三部分展开。第二部分集中于"旧有模式"，也就是历史的遗产，因为这些遗产仍是英国人信仰的组成部分。这么说并不意味着没有发生什么改变，的的确确是发生了很多变化；而是要承认英国的历史是独特的，时至今日仍然发挥着影响。因此，第二部分的第一章详尽地介绍了基督教文化的传统，以及由此而产生的参照框架：信仰但不从属的趋势，和由宗教与宗教性组织从事的代理活动。

政权与教会各自的领域与其间的联系（英国的"国教"体制）十分重要，这种体制是历史形成的，也是我们研究的重点。毫不奇怪，由于英国（特别是英格兰）社会发生的实质性变化，这一体制目前正承受着不小的压力。怎么办？显然先要仔细研究当前体制的各种利弊，而后才能筹划将来。苏格兰、威尔士和北爱尔兰的情况都有所不同，在制度的演化过程中，各家都走了不尽相同的道路。尤其要注意北爱尔兰的情况，虽然事态较以往已有所好转，但宗派主义的问题依然突出。在第二部分的最后还将进一步介绍两个具体地区（约克与伦敦）的情况。

关于政教关系的讨论必然会牵涉社会的其他方面。教士的角色是个挺有意思的话题，我们就以此为出发点。在现代社会中的哪些方面，我们还能见到传统上属于教士们的"代表性"角色？我将用四个系统中的例子来说明正在发生的变化，这四个系统是医疗卫生、监狱、军队和高等教育。在关于高等教育系统的例子中，还要讨论关于宗教教育的问题和大学在公众舆论中的角色问题，并借此展开关于宗教在教育系统中地位的讨论。这里涉及一系列的问题，包括宗教学校的有利或不利条件，被普遍漠视的要求各类学校举行日常性的敬拜活动的法律，以及在课堂内外进行的各类宗教教育的地位。基于上面的讨论，我还会很详细地说明宗教教育的重要性。说明的重点很清楚：宗教教育能否改变公众越来越缺少宗教知识的情况。人们普遍缺乏必要的宗教知识，这已经妨碍到公众间的交流讨论。在这一过程中，宗教教育将起到什么作用，有什么方法可以使这些作用更有效吗？这些问题都极具重要性。

关于宗教从业者的争论一直持续不断，在这方面至少有几点要说明。这些说明主要是，但不完全是，关于英格兰教会的。显而易见，完全由男性担任教职的制度已经不合时宜。但改革的道路却十分坎坷。有意思的是，在《1945 年后英国的宗教》中倒是多多少少提到了围绕英格兰教会任命女性担任神职所进行的争论。人们自然会由此推测，在适当的时候女性也可能担任主教一职。这也是这方面的一个重要话题，引起了教会内外相当广泛的议论。关于生理性别的问题也同样重要，这些问题与关于社会性别的问题并不是一回事，得分开来讨论。这两类问题不仅反映了英国社会的实质变化，也反映了世界上基督教（包括安立甘宗）有很大影响的各个地方十分不同的情况。英格兰教会作为安立甘宗教会的母教会，它所处的地位可以很好地说明世界各地之间的这种差异。

第三和第四部分主要是着眼未来，而不是回顾过去。第三部分主要介绍在英国宗教生活中出现的明显转变，也就是前面所总结的由责任或义务的文化向消费或选择的文化的转变。对此可谓仁者见仁、智者见智。相关的章节将一步步地剖析这个问题。首先要面对的是来自英国的基督教"部分"的意见，既涉及教派之间的，也涉及教派内部的各种观点。在基督教每个分支中都有"保守主义者"和自由主义者，他们往往（有时是不适宜地）结为联盟。大家在错综复杂的利益网络中沉浮，谁又是赢家呢？本章在前面的陈述中已经暗示了某种结果，后面还将更透彻地探询这个问题。为什么在几乎每个教派中，都是那些保守的教会有着尚佳的表现？为什么对于晚近现代的信仰者来说，感性比理性更有吸引力？一定要注意这些有违直觉的现象，为何社会科学也很难解释这些现象？

接下来还有一个问题。既然个人的选择变得越来越重要，那么各类的教会将作何应对呢？它们是该继续保持各自的特色，还是该提供"全方位"的服务呢？它们是否都要做同样的事？恰恰是在这个方面，传统的东西开始复苏，有必要将各个教会限定在一定的地域（教区）之内。教会在各自的教区中具有相应的有利条件，它们应该怎样利用这一优势呢？地域，既有字面的意思，也包括引申的含义，涉及社会的各个层面。地域不仅是传统教会的组织化基础，同时也是一种运行方式：它更像是一种公共设施，而不是一个信仰市场。要仔细研究这两种模式——公共设施和信仰市场——之间的冲突，因为它们揭示了这个国家宗教生活的诸多特质。

接下来的第八章，主要探讨灵性的，而不是宗教的问题。不仅在英国宗教和/或灵性的现实生活中，而且在相关的（学术或非学术）文章中，都存在对多元主义的各种迥然不同的理解，我们最好就从这里开始探索这个独特的领域。弄清楚了这些不同的理解，我们就能比较轻松地了解英国的"求索者"会有什么样的一些选择，以及他或她将有怎样的灵性道路。要全面地介绍各种灵性选择可不容易，这得再专门写一本书才能说清楚。不过本书还是会尽可能地顾及那些最突出的新兴宗教运动以及在（1990 年代最常见的）"新时代运动"名头下的五花八门的想法。

同样重要的是，近几十年来各种灵性信仰层出不穷，各种灵性信仰间的界限也不断变迁。基督教教会与新兴的各种灵性信仰间有趣的、有时也微妙的关系，是一个研究重点。另一个研究重点是，物质生活（例如：人们每天的柴米油盐）与灵性生活之间产生的张力。这也引出了后面的一些问题。灵性的市场在多大的程度上具备市场的特点呢？在物质需求得到满足后，人们会转向精神需求，从而形成了持续不断的买卖活动。但灵性只反映了精神价值，而不涉及物质价值，在这个意义上把灵性视为市场的一个重要方面是不是更准确呢？人们大部分的时间是享受，而不是在各种选择中做出取舍。个人可以利用特殊的灵性方法成为更高效的经济活动者，从这一点上看，当然也可以把两种认识结合起来。

本书的第四部分讨论一种不同形式的宗教多样性，就是在英国的许多地方出现了越来越多的其他信仰群体。首先，还是要根据第三章所提供的数据，对现实做一个准确的描述。英国的其他信仰群体确实正在增加，但也要牢记两点：虽然这些群体在扩大，但其发展是适度的；而且他们本身也在改变。相当多的公共评论都忽略了这两点，因而这些评论也就含混不清。尽管有些评论也经过了深思熟虑，但公共评论中还是存在大量的错误。正确了解这些基本情况，就可以个别地、更具体地研究某些信仰群体（出于各种原因，要特别地重视穆斯林群体），也可以做出更谨慎的解释了。这一部分的讨论将广泛地考虑到公众信仰和个人信仰的各个方面，以及这些方面在 21 世纪的英国发展变化的情况。

现在有必要澄清一件事。宗教并不曾全然地成为私人化的事物，同时，宗教也不是突然之间就成为公共现象的（宗教一直都是公共现象）。宗教改头换面，以新的形式出现，这倒是真的。其他信仰群体，特别是穆斯林群体的出现，更催生了宗教的新的展现形式。毫不奇怪，这带来各种各样的反应。其中的一种反应就是，在全社会领域以及在对宗教的社会科学研究中，人们又重申世俗化的主张，这也说明人们很少再会想当然地看待问题。在战后的大部分时间里，政策制定者和研究人员都假设宗教将从公众决策中淡出，同时在相当多的人的个人生活中继续存在。要说现在情况已经发生了逆转，还是太过草率了，但也还有些道理。关键是：除了那些更加重视自己宗教生活的人，宗教信徒正越来越少。这一转变不论是对公众还是对个人都很重要。因此出现了一种新的结构，这一结构更自觉地把宗教与世俗联系在一起。宗教和世俗都发生了变化。在关于宗教与世俗的讨论中，新无神论者的成见算是一种观点，但也只是其中一种观点而已。

第十章讨论在各种社会组织中的（宗教和世俗）多样性的问题。由于宗教因素已经渗透到经济和社会生活的各个方面，所以不可能把宗教问题限定在孤立的或者私人的层面，尽管极端的世俗主义者们非常希望这样。在经济生活中该怎么管理宗教，包括如何处理在各类工作场所中的宗教需求呢？哪些需求是"合理的"，哪些是"不合理的"，在现实中又如何根据经济状况（特别是目前的失业状况）来决定合理的标准呢？在政治、福利和医疗卫生领域中同样会遇到（宗教和世俗）多样性的问题，它们也同样重要。就是这些问题，使得各个法律分支领域都把宗教摆在突出的位置。我将举出一些具体的例子来说明这一情况，也将援引欧洲人权法院的实践。欧洲人权法院的实践再一次证明了英国与欧洲之间非常模糊不清的关系。

可以看出，本书各部分的划分难免会有些武断。显然，现实（尤其是近期发生的一系列特殊的、相互关联的事件）迫使我们要尽快地解释宗教与公共生活的关系。同样清楚的是，我们要在历史传统的框架中解释这一关系，这就需要我们注意英国（包括英格兰、苏格兰、威尔士和北爱尔兰）的独特传统。英国法律是在一种特殊的背景（其中就包括政教关系）下演进的。因此，英国的"压觉点"明显与其他欧洲国家的不同，更不用说美国的了。所以，本书中的四个部分更直接地建立在第二部分内容的基础上，而我在划分这四个部分时难免有些主观。在关于法律的内容之后，安排了政教关系的内容；而关于福利和教育的内容也被放在一起。最重要的是，这两部分的内容都要顾及宗教已经发生了实质性的变化这一事实。宗教的变化带来了大量的未解之题。在同一时间里，宗教正变得更加普遍，也更加受到约束；更具有创新性，也更加拘泥；更加个人化，也更加外显。

不管社会科学如何预测，宗教仍旧存在，我们要如何解释这一复杂的现象呢？1994年那本书的最后一章主要是理论上的探讨，那是我当时的理解。那些想法引起了很多讨论。本书同样以理论探讨作结，不过理论的内容有了很大的不同：这既反映了世态的变迁，也反映了这一研究领域中的进展。为此要参照大量的新材料，这些材料将在后面的讨论中逐步展现。（《第二版序》中介绍过的）"宗教与社会研究计划"和其他一些欧洲研究项目的阶段性研究结果对这类研究极为重要，本书已将其部分地收入文中。它们提供的资料非常丰富，也非常及时。本书的首要议题是世界性的宗教增长对英国造成的不可避免的影响。本书还有另一个议题：在这一领域中出现的引人注目的欧洲中心主义的范式。在一个宗教正在增长，有时是以指数形式增长的世界中，欧洲中心主义范式在多大程度上是适当的呢？

注释

① 这里，"正统性"是指符合相关教会的主流教义。

② 来自西部非洲和加勒比地区的各种基督教群体当然算不上其他信仰群体，尽管他们与英国的原住民有所不同。他们在英国宗教生活中的地位很重要，后面还将深入介绍他们的情况。

③ 犹太人的情况比较特殊（参见：第三章；Graham，2012），大多数犹太人都是为了躲避迫害才来到英国：在 19 世纪是为了躲避俄国的迫害，在 20 世纪是为了躲避德国的迫害。

④ 由于终止了 2007 年 1 月至 2013 年 12 月实施的临时性的适度限制措施，围绕是否允许罗马尼亚人和保加利亚人进入英国的争论已经非常尖锐。

⑤ 余下的两位——邓恩特（Daniel Dennett）和海瑞斯（Sam Harries）——是美国人。

第二章
背景与世代

　　这一章要构建一个框架，以便列出关于英国宗教的各项资料。首先介绍英国在全球背景下的地位。如何从欧洲的角度看英国，前面已经有所介绍：前一章列出的六项要素对于大多数的欧洲社会都是适用的，尽管在各地的表现并不一样。尽管如此，出于多种原因英国仍是特殊的。其中的一种原因是文化方面的，而不是制度方面的：特别是启蒙的性质。这一点很明显，例如，英国对启蒙思想的理解比起法国对启蒙思想的理解来说，明显更少地反对宗教。事实上，英国对启蒙思想的理解与美国更接近，这也是两国跨越大西洋仍能长期紧密联系的一个原因。另外，新联邦成员（New Commonwealth。指 1945 年以后，在英联邦内取得自治的各国）对于英国宗教也具有持续的影响。南半球国家在这方面有更实际的影响，这些国家中的宗教多种多样、充满生机，而且通常是保守的，这与北半球人们对宗教漠不关心的情况大相径庭。这也就难怪，当英国的基督徒们就女性担任教会带领人的问题与他们的共同信仰者激烈争吵的时候，或者，当新的、不同形式的信仰群体使现状变得复杂的时候，英国的民众会觉得意外。

　　第二节从一个完全不同的角度进行说明：这一节介绍了战后英国在经济、政治和社会方面的一些突出变化。特别是介绍了 20 世纪末期保守党的长期掌权，以及随后的工党执政。从（根据选举结果来衡量

Religion in Britain：*A Persistent Paradox*，Second Edition，Grace Davie. 2015 Grace Davie.
© Published 2015 by John Wiley & Sons，Ltd.

的）政治变化的角度，很容易忽略如下一些方面的连续性：特别是在
推进市场化和系统地减少国家干预方面的各种积极举措。这一节还适
当介绍了减少国家干预对于民众需求——特别是老年人口的需求——
的影响。这一节的最后，介绍在 21 世纪的英国出现的道德标准上的变
化：一场关于对性的全新理解的争论，以及由此在宗教选民中造成的进
退两难的局面。

最后一节从经济和政治的发展变化出发，介绍人们代际的变化。
这里也介绍了宗教信徒和宗教组织对于这些变化的反应。1960 年代，
英国着力从战争的影响中复苏，社会发生巨变，这也对教会产生了深
远影响。接下来十年，世界仍不太平，这也同样以各种方式影响到英
国社会。在较普遍的层面上，还是能区别支撑本书内容的两个长期的、
看起来矛盾的过程：一边是持续的世俗化，以及另一边，公众生活中
不断增长的对宗教的关注。

一　国际背景中的英国

（一）　欧洲的一个特例

大概 30 多年以前，哈尔西将英国相对于大多数欧洲国家的地位做
了如下概括："尽管（英国）也属于欧洲文化，算不上怪异，但不论是
外人还是英国人自己都觉得英国人是相对地更加不属于任何教会、民
族主义、乐观、知足、保守和注重道德的人"（Halsey，1985：12）。
哈尔西是在评论由欧洲价值研究会（European Values Study，EVS）资
助的一项社会调查时，说出上面这段话的。第一章中的许多想法就来
源于这项社会调查提供的数据。[①] 欧洲价值研究会的资料非常清楚地揭示
了在整个研究过程中两类变量之间的不协调：一类是关于情感、体验和更
强调精神特征的宗教信仰变量，另一类是那些测量宗教正统性、仪式性的
参与、机构从属情况的变量。就是后一类变量非常明显地揭示了欧洲大部
分地方的无可争辩的世俗化程度。而前一类变量则很可能会保持稳定。

我们稍稍回顾一下欧洲价值研究会的研究。在研究中一直贯穿着两

个主题：第一个主题事关欧洲价值的实质，特别是要调查人们在多大程度上认同这些价值；第二个主题更具有社会动力学的特点，研究欧洲价值的变化。这两个主题都涉及宗教。例如，第一个主题直接问及价值的来源。如果人们在一定程度上共同认可欧洲的价值，那这是怎么发生的呢？答案就在于塑造了所有欧洲社会的根深蒂固的社会性的和文化性的影响因素。共同的宗教传统就是其中的一项影响因素，这一点大家都认可。但要谈到价值演变的问题，不同的意见就来了。宗教（特别是基督宗教）在多大程度上是人们普遍认可的那些价值的主要提供者呢？世俗化和多元化的进程有没有颠覆宗教作为主要的价值提供者的地位呢？在21世纪前叶，我们还能否坚持说基督宗教依旧是我们价值体系的核心要素呢？在欧洲——包括英国——宗教的影响真的正在变得越来越不重要，或者恰恰相反呢？正是为了回应这些问题，才有了本书的第一版。二十年过去了，这些问题依然存在，尽管是以不同的方式体现的。

宗教性信仰的指标和宗教性活动的指标之间出现背离，如果这种背离在欧洲的大部分地方已经成为一种模式，那么能不能在欧洲内部找到对于研究英国宗教十分有意义的一些不同情况的个案呢？当然有。首先能够想到的也是最明显的这种个案就是：在南方那些更宗教化的天主教国家，和在遥远北方那些宗教活动很少的国家。毋庸置疑，英国属于北方新教阵营。当然英国的情况也更特殊一些。在欧洲价值研究会1981年的调查中，法国人、比利时人和荷兰人中没有宗教信仰或不属于任何教派的人的比例，要高于多数西欧国家的平均水平。英国也属于这种情况，这一点越来越清楚。此后的一系列调查——包括2011年英国人口统计调查——的结果都证明了这一点。[②]

要理解英国（作为欧洲的一个特例）的独特之处，真正的关键在于了解英国历史的特殊性。下面的一段话引自大卫·马丁（David Martin）的著作：

> 欧洲是通过一个上帝和一个恺撒而结为一体的，也就是通过罗马而联合的。由于不同民族的存在，欧洲的联合具有多样性。欧洲宗教的模式源于恺撒与上帝之间的冲突与合作，也源于宗教

与各民族寻求统一和认同的过程之间的关系。（Martin，1978：100）

马丁的想法指出了要全面讨论政教关系和理解宗教在英国不同地方的地位所必须具备的背景知识，这部分内容将在第五章介绍。要记着的重要一点是，世俗化的进程是历史形成的，在不同的地方其进程也是不同的，这一点在各种层面的分析中都是适用的。

（二）跨越大西洋的纽带

随着讨论的深入，有一点也越来越清楚：英格兰、苏格兰，以及（在一定程度上）北爱尔兰是相似的，它们有着各自的民族、地域基础，也有着各自的容纳了大多数居民的教会，这些教会又支撑着各自的教区体系。美国可不是这样。在大洋彼岸，人们的宗教生活主要是通过独立的、自愿的集会活动形成的。人们通过集会形成了宗派，但政府不会支持任何宗教派别。这是个原则问题。政教分离被明确地写入建立联邦的基础性文件——特别是《美国宪法第一修正案》的两个条款。这两个条款就是禁止设立国教条款和宗教活动自由条款，原文如下："国会不得制定关于下列事项的法律：确立国教或禁止信教自由。"这两个条款是美国式思想的基础。

这就是欧洲与美国在宗教问题上有着显著不同的一个原因。欧洲与美国在宗教问题上不同的第二个原因，是对启蒙的不同理解。在欧洲，更准确地说在法国，启蒙包括一种针对宗教的态度，简单概括就是"从信仰中解放的自由"（free from religion），就是要有力地摆脱源自天主教会的蒙昧无知（Voltaire's famous 'écrasez l'infâme'）。而当启蒙思想传播到大西洋的另一边的时候，"从信仰中解放的自由"演变成了一种非常不同的思想观念："信仰的自由"（freedom to believe）。在美国，这一思想主要是由许多在 18 世纪末期自行建立的不同的基督教教派奉行（而不是反对）的。要进一步了解这些基本的不同以及它们对于宗教活力的影响，请参阅我与伯格和霍卡斯在 2008 年出版的书《宗教美国，世俗欧洲？——主题与变奏》（*Religious America, Secular*

信仰但不从属

Europe：*A Theme and Variations*）（Berger，Davie and Fokas，2008）。这里要注意英国在此过程中的重要性。

格特鲁德·希梅尔法布（Gertrude Himmelfarb）的《现代化之路：英美法启蒙运动之比较》（*The Roads to Modernity*：*The British*，*French and American Enlightenments*，2004）是一本富有创见、颇具争议和广为流传的书，这本书直接涉及上面的问题。希梅尔法布的主要观点是：（有理由认为）人们以往大大高估了法国的启蒙运动，英国和美国的情况也差不多。英国的启蒙崇尚美德，而美国的启蒙则注重政治自由，应当还英美的启蒙以原貌，不仅要尊重历史事实，更要正确认识英美的启蒙对现代政治思想的影响。希梅尔法布著名的新保守主义（neo - conservatism）非常明确地支持美国式的民主，而不是法国式的民主。各种评论家都对此发表意见，有些意见还很尖锐。

争论背后的关键问题并没有改变：在这些个案中，分界线在哪里呢？是在英法之间，还是在英美之间呢？无疑，希梅尔法布将分界线划在了英法之间，她希望通过贬低法国的启蒙运动，使人们重新重视英国的启蒙运动，并且拉近英美之间的距离。就本章的内容来看，这样的设想还是很值得考虑的。比如，我们可以设想：人们往往过高地估计了法国的启蒙运动，包括其中的世俗主义。也许正是因此，人们才在社会科学研究中把世俗化的理论假设视为规范。不过，英国与法国可不同，这一点为越来越多的人所认识。[③]还有，使用这种划分方法，过高地估计涵盖整个欧洲的教区体系的地域性限制，来研究宗教自由问题时，是否也会发现足够大的差异呢？

参照其他的一些因素，我们很可能会说"在一定程度上"是这样的。其中的一种因素就是英美之间的"特殊关系"——这是温斯顿·丘吉尔在战争刚刚结束时提出的概念，不过即使在当时说英美之间存在着"特殊关系"也算不上什么新鲜事儿。[④]可以用各种方式解读这种特殊关系：经济的、政治的、外交的、军事的、历史的、文化的、语言的。同样可以认为英美之间在宗教联系方面也存在特殊关系，要知道某些宗教选民比起别的一些选民来，更迷恋美国。这种倾向在福音派教会中体现得非常明显，许多的教会正悄悄地接受美国的方式。有趣的是，在英格兰教会中福音派比起许多其他的基督教教派来说，更容易适应教区结构，因此也更容易与他们的美国同行们建立联系。有一点很重要，教会间在神学上的相似性并不必然地会导致他们全盘地接受相关的政治理念。在英国福音派群体里，就没有类似美国基督教新右翼（America's New Christian Right）这样的组织。[⑤]

（三） 与全球的联系

美国圣公会（Episcopalians，也就是美国的安立甘宗教会）是普世圣公会（Anglican Communion）的一员，他们有的时候也是很有影响的。总的来看，普世圣公会的成员可谓形形色色。在 18、19 世纪，随着英国的快速扩张——那可是实实在在的全球扩张——普世圣公会也得以成形。不论结果如何，安立甘宗教会在世界各地的传教活动，也是英国努力向外扩张的一部分。所以，普世圣公会会聚了世界各地的教会，主要是（但不限于）英联邦国家的教会。世界不同地区的安立甘宗教会形成不同的教省，不同于天主教会的教区，这些教省大多都是独立和自治的。这些教会对主要的教义——至少是原则性的教义——存在共识。目前估计有约 8000 万的安立甘宗信徒，而且信徒的人数还在增加。

仅用三言两语很难评述教会各方的分歧要点，同样也无法解释英国圣公会的决定对于国际关系的影响。后面会专门说明这些事的。同样要注意，不只是安立甘宗教会，在英国的差不多所有基督教教会，都与它们在世界各地的同道保持着经常的和有实效的接触。有一点放之四海皆准：全球的基督教都已经发生了本质性的变化。尽管北半球的那些教会（主要是由于历史的原因）还拥有相当多的权力与资产，但它们再也不能对人们发号施令了。大多数的基督徒居住在南半球，仅仅是他们的存在就让他们的北方弟兄们备感压力。有一大批充满活力的、成长着的、热切的、多数是保守的群体，他们不再是被动的福音接受者（Sanneh，2004；Jenkins，2012）。他们，与其他所有的人一样，既是福音的听众，也是福音的传播者，大家都警惕地关注着在欧洲出现的世俗化趋势。"反向传教"（reverse mission）这一说法太过简单化了，以至于回避了许多问题，不过这一表述却抓住了这些进展中的关系的一个重要特征（Catto，2008）。

英联邦成员遍及世界，这也导致英国出现了特殊的宗教多样化。确实，来自西印度群岛和西非的移民，大多是基督徒。而来自印度次大陆的移民却并不如此，他们不仅包括相当数量的穆斯林，还包括重要的人口——印度教和锡克教信徒。显然，与来源地（大多是英联邦成员）的联系仍旧是这些群体自我认知的一个重要因素。我将在第三章进一步讨论这些重要的问题。

二 经济、政治和社会的变革

如果我们把联合王国的各个成员置于全球背景当中，我们就能建立一个分析现代英国宗教形势的参照体系。英国社会自身的变化对于理解英国的宗教形势也同样重要。本书的第一版聚焦于 20 世纪后期所发生的变革，此时曾占据主导地位的工业社会正经历巨大的变化：消费正取代生产成为主导性的经济话语，（用当时流行的说法）现代性已经变成现代性后期或者后现代性了。工作模式和居住方式都发生了变化，现代性后期的人们重塑了他们的职业生涯，他们创造了新的休闲活动，可以按自己的意愿决定在哪里、和谁一起生活。当时的许多观念对于宗教都有重要影响。要注意时代的不同：本书第一版付梓之时，还是约翰·梅杰任首相呢，保守党从 1979 年起就一直执政，而新工党（New Labour）当时还不过是一个概念，更谈不上工党后来十多年的掌政了。[6]

这之后又发生了什么呢？政治上，1997 年无疑是一个分水岭：在野差不多 20 年的工党接连三届赢得选举。而此间的大部分时间里，都是由托尼·布莱尔担任首相一职。尽管布莱尔在许多方面都很成功，但由于支持美国的中东政策他还是受到许多人（包括相当多的教会人士）的诟病。通过 2001 年出兵阿富汗和 2003 年出兵伊拉克，英国政府支持美国中东政策的立场表露无遗，这倒是很好地诠释了前面介绍的英美"特殊关系"。出兵的理由并不充足，就出兵的问题在议会内外出现了各种反对的声音。倒是有一点得到了大家的认同：权力的平衡被彻底改变了。选举上的惨败证明保守党已经山河日下：差不多完全回到了撒切尔时代。

在经济方面，倒是表现出了比政坛选举更多的连续性。1980年代对于英国经济发展至为关键。这十年间新自由主义蓬勃兴起，而那些反对这一潮流想要倒行逆施的人则无计可施。新工党与"老"工党有很大不同：新工党致力维新以达到目的，而后者则顽固地坚持战后的政策，这一点在对主要工业进行国有化这一问题上体现得再明显不过。托尼·布莱尔领导工党期间的首要举措就体现了这一转变：他领导修改党章的第四条，这使得该党今后不再受以往的一项核心政策——追求生产资料共同所有——束缚。1995年修改党章第四条的方案正式通过。被称为"第四条运动"的这一决定性的转折可谓来之不易。自此，工党的基本观点发生了转变，同意市场是一种合法的手段。新政立竿见影：1997年新工党在选举中以绝对优势取胜。

政局变换的同时，经济也显著好转。1990年代的经济不景气严重地影响了许多人的生活，令人至今难忘。但自1990年后期开始，经济上出现了史无前例的好转。这一好转一直持续到2008年。2008年，英国和大多数西方国家一样，经历了1920年代以后最严重的全球经济萧条。经济泡沫的破裂，令人触目惊心。此时，戈登·布朗已从托尼·布莱尔手中接过工党的领导权，他也是2007年至2010年的英国首相。戈登·布朗继任之初，民调形势有所好转，而这只是昙花一现。随着经济局势的恶化，不论是布朗的还是工党的支持率都一路下滑。2010年，工党在选举中败北。随后，英国不得不产生了一个无多数党议会：勉强撮合了以保守派和自由民主派为主的各方势力。抛开这些变化不谈，有一点表现得越来越清楚：传统的左派与右派（或者说劳方与资方）的区分对于英国政局的影响越来越小。下面介绍的各个方面与政治方面的变化同样重要。

一个重要方面是国家一贯以来稳步进行的紧缩政策。虽然人们常把英国的紧缩政策与撒切尔时代联系在一起，其实国家紧缩开支的做法在此前就已开始了——是自工党政府而不是保守党政府开始的。英国的紧缩政策源于1973年的石油危机和随后的经济不稳定。英国政府的紧缩政策是无法逆转的，因为各方都越来越清楚，国家是无法为人们提供"从摇篮到坟墓"的财政保障的，这与二战刚刚结束时的政治设想正好相反。正是撒切尔夫人敢冒天下之大不韪。"撒切尔主义"形成了体系清楚的政策理念，包括一揽子的施政要点：低通货膨胀率、国家退出某些领域、促进自由市场经济以及限制工资谈判。不论人们喜不喜欢，此后的时期被称为"后撒切尔时期"。从长远看，上述的措施依旧有效，有的被加强有的被削弱，但绝没有被废止。

还有一点对于理解政策变化也很重要：英国的人口结构的变化。国家已无法提供从摇篮到坟墓的福利，因为需要帮助的人越来越多。英国与其他西方发达国家一样，正在各个方面步入老龄化。由于大多数人在退休以后都能过上不错的日子，不论是老年人的绝对人数还是所占比例，以及总人口的年龄中位数，都在增长。⑦同时，大多数人受教育年限增加以及就业难的情况也意味着，人们的收入（还有税收）也存在差别。非劳动人口的增加以劳动人口的减少为代价，以至于没有那么多的财政收入来支持人们以往所享受的福利了。失业率的增加也加剧了收支上的不平衡。不足为奇，2008 年经济危机以后情况变得更加严峻，政府在此后很长一段时间里都紧缩开支以求达到财政收支平衡。

随着财政的紧缩出台了一系列的措施。比如，高等教育机构的经费主要靠学费收入，而不再是政府拨款了；个人能够领取养老金的年龄也在渐渐地提高。同样，国家还在按部就班地把医疗卫生职能转移出去，交给那些营利性的或非营利性的组织，这就使许多宗教组织可以扮演新的角色（请见第十章）。还有就是关于津贴的问题，这常常涉及那些近期才来到这个国家的人，这也常是财政紧缩的焦点问题，在20 世纪末这个问题就被反复讨论。在战后的经济发展时期人们欢迎移民的到来，但在其后的经济萧条时期（例如 1970 年代和 1980 年代）对移民的态度发生了巨大改变。此时，失业人口不断增加，人们对于那些在就业、住房和教育方面可能获得某些优待的非白人人口产生了排斥心理。世事轮回，当1990 年代英国经济出现好转时，人们又开始欢迎——至少是相对容易接受——新移民了。而 2008 年以后，随着财政的紧缩，对新移民的敌视情绪又出现了。从此时起，移民问题就成为政治争论的主要议题。

《1945年后英国的宗教》介绍了这些情况，并直接或间接地说明了这些情况对英国宗教生活的影响。本书将继续介绍这方面的内容。同样，本书也将介绍家庭生活方面的变化。1994年的第一版揭示了一系列的围绕着家庭的结合、离别和解体所展开的议题，不但提到了人生历程中这些"具有文化、社会、经济和生物学特征"（Hobcraft and Joshi，1989：1）的时刻，而且提到了教会在人生的这些时刻的位置。这里我将重点介绍人们社会性别方面的变化，尤其是越来越多的女性在成年后就加入劳动大军，并承担相应的社会责任。

与女性社会角色转变十分相近的，也是被普遍认可的一个问题是，女人将能够决定生育。在战后的这些年，性行为已经不再是出于生育目的，这不仅影响了性行为本身，而且也影响了人们的结婚年龄——人们结婚的年龄越来越晚。⑧这就带来了另一个问题，人们可以不经过性行为而受孕。对于这方面我以前实在是没有什么结论，因为当时相关的技术才出现不久（1978年，第一个"试管婴儿"出生）。经过了20多年，生育技术的影响渐渐清楚一些了：生育技术因其可以解决许多无法受孕的人的生育问题而受到欢迎，同时对于整个现代社会也产生了巨大的（医学、家庭、社会、伦理和宗教方面的）影响。就举一个例子，如果可以体外受精的话，同性别的人类就可能成为孩子的"父母"，而这一情况也确实出现了。

性（sexualities）观念的明显改变是这一议题的重要内容。在1988年关于"第28条"的激烈争论，以及在2013年围绕同性伴侣结婚问题的讨论中，都能发现人们对性的观念的快速转变。"第28条"是对1988年《地方政府法案》（1988 Local Government Act）的一条修正案的简称，其中明确规定，地方政府"不得有意宣传同性关系，或散发带有宣传同性关系倾向的材料"，不得"在任何公立学校中推动接受同性关系**假扮家人关系**（黑体为作者所加）的教育"。⑨由于非议不断，该条款最终在2003年被废止了。在此期间，公众对同性关系的看法开始发生根本性的变化。这种变化一直在持续，时任首相的观点转变就很准确地说明了这一点。2003年，戴维·卡梅伦（新当选的保守党领导人）曾拒绝废止"第28条"；而到了2009年，他却公开为自己的这一行为道歉。[10]大概四年后，卡梅伦坚决拥护同性婚姻法案［*Marriage (Same - Sex Couples) Act*］，2014年该法案获得议会批准。似乎人们的观念出现了彻底的反转。

现实并不尽然。2013年，当该法案第一次提交议会的时候，投票反对它的保守党议员要多于支持它的保守党议员。保守党议员间，以及议员们所代表的不同人群间，当时（现在也一样）分歧很大。同样明显的是，教会中的许多人对此法案深感焦虑，坚定地反对它。[11]这就说明，形势还处于演进当中。例如，认为在这一问题上，所有的宗教活跃者的观点一致，就不一定正确。在所有宗教派别中，都有相当一部分人愿意接受同性婚姻，也乐于在自己的教会中有机会祝福这种关系。[12]简而言之，问题是复杂的，和1994年时是一样的。虽然表现形式不同，但核心问题是一样的。宗教组织——圣洁的保护者——要如何应对这些深奥的、微妙的，对于许多人来说也是困扰的，社会和文化转变呢？形势尚不明朗。要把情况说清楚非常不容易，就像很难说清什么是"真实的"一样。人们对这些问题有各种理解，但往往与宗教意义上对这些问题的阐释并不一致。

三 1945年以后的代际变迁

要描述战后宗教发展的特定时期，难免会有些主观性，因为总能找到其他的同样模棱两可的时期划分。不论依据什么决定时期划分，都要做到有条理和自成体系；不论模式和重点如何变换，事件的链条应当是连续的。但是，这一节还是想列出一些"世代间"的转变，主要是因为这些转变反映了社会的宗教方面与更广泛的经济、政治和社会环境之间关系的一些明显变化。选用"世代"一词有两个原因：一方面，它代表了一定的时期；另一方面，它让人想到传统（一种知识体系）由一代人传给下一代人。这些变化是否发生，以及变化的程度，是世俗化进程的核心议题。

（一）1945～1960 年：战后重建

6 年的战争使欧洲成为一片废墟，英国也未能幸免。除了显而易见的物质基础的重建，还要重新组织政治、经济和社会生活。在大轰炸过后，伦敦教区的 700 多座教堂中只有 70 座未被破坏，大多数教堂毁于一旦。很明显，在战后的城市规划中要同时考虑教会建筑和教职人员的需求。要说伦敦的情况多少还有点特殊的话，在英格兰教会许多其他教区，特别是有较大城市的教区，情况同样令人沮丧。大多数的人认为，面对巨大的压力，教会的管理颇有成效。至少在 1950 年代，人们明显感到在教会范围内出现了可喜的景象，甚至可以说是复兴。艾德里安·黑斯廷斯（Adrian Hastings）描述道：

> 十多年间，人们都察觉到宗教的恢复，或者更恰当地说，复兴。这契合了 1950 年代的——政治家的、文学人物的、艺术的——主流氛围。在帕梅拉·罕斯福德·约翰逊（Pamela Hansford Johnson）的小说《谦卑的创造》（*The Humbler Creation*）中，"教会""重获人们的尊重，人们又由衷地信仰上帝"。（Hastings, 1986：444）

总之，1950 年代是安立甘宗教会的好日子，其社会地位受到拥护，而较少遇到抵触。在这个由保守党主导的时期，神圣（至少在安立甘宗来看）与世俗相得益彰。

最能生动体现（象征性的和实质性的）宗教复兴的事件是，1953 年 7 月伊丽莎白二世的加冕典礼。詹金斯称这次典礼为"史上最广为关注的庆祝典礼"（Jenkins, 1975：74）。不管怎么说，庆典将英格兰教会、君主制和民族国家联合于一场神圣的活动之中，数以百万计的电视观众观看了这次庆典。对于许多人来说（也包括我），加冕典礼之所以成为重要的回忆，恰恰在于：这是他们第一次看电视。毫不意外，这一活动也吸引了当代社会学者的关注；不出预料，他们对此给出了不同的诠释。加冕典礼反映了当时英国社会潮流的价值吗？或者这次典礼是为了重建共识而有意为之，虽然最初人们也不清楚这是一种怎样的共识？鲍柯克和汤普森曾描述过这一争论的梗概（Bocock and Thompson，1985：214－218）。不论社会学家怎么解读，加冕典礼无疑是万众瞩目的，这也许代表了1950年代英国国教的精神吧。

好景不长。人们渐渐意识到旧秩序已无法重建，大多数英国人对于教会事务已漠不关心。这些都要求宗教界有不同的对策。越来越多的人对教会事务变得冷漠，同时，越来越多的人也意识到国家的产业部分正脱离教会的影响。1957年威克姆对谢菲尔德教会生活的重要研究出版了。该研究描述了在许多工人居民区中教会的作用（更准确地说是没什么作用），境况堪忧（Wickham，1957）。究竟人们是怎样"脱离教会的影响"的，更是有待研究。理查德·霍加特（Richard Hoggart）著名的《识字的用途》（*The Uses of Literacy*）也是1957年出版的，该书提供了更细致的描写（Hoggart，［1957］1984）。现实远比书本上丰富和复杂，不过霍加特坚称：工人阶级仍延续着切斯特顿（G. K. Chesterton）所称的"对现实无声的肯定"（the dumb certainties of existence），或者霍尔德·尼布尔（Reinhold Niebuhr）所称的"本原宗教"（primary religion）。不能漠视这样的信仰，因为当人们在人生的重大时刻，或个人遇到危机时，走进宗教机构，"他们（工人阶级）并非临时抱佛脚，在他们的内心仍以某种方式在信仰。至少，中年人是这样，而我此处主要是考虑这些人"（Hoggart，［1957］1984：113）。这也证明了本书第一版最主要的两个议题：在英国国内不同地区和不同世代间，信仰与行动方面的不一致。当然，这两方面是相互关联的。

（二）1960~1979年：激变

20世纪的60年代，对教会来说注定是多事之秋。原本显得和谐的世界在各个方面都遇到了挑战。改变虽不是突然发生的，但到60年代末期，社会发生了深远的、也许是不可避免的变革。首先，就是性观念。移民大量涌入，对女性角色的观念和预期也在彻底改变。（通常是基于基督宗教的）传统价值观念，已不再是理所当然的了。许多人质疑传统观念，越来越多的人更是摒弃了传统观念。受大势所趋，教会方面丧失信心也就不足为奇了，这导致了第一波大范围的困惑

(considerable confusion)。不过，渐渐地，风头转向了，对同样的根本性问题的反应取代了困惑。这些反应体现在多个方面：教义方面、组织方面、仪式方面。表现虽多，但其根本问题却是相同的。只要教会摆脱落伍的形象，相应地表现得现代、与时俱进，最主要的是更加入世（relevance），情况就会好起来。关键是"打破神圣与世俗之间的藩篱"，更简单地说，就是要废除"墨守成规的条条框框"（Welsby，1984：104）。

入世，确实是时代的需要。教会向世俗社会（有时甚至是不加甄别地）寻求指引或借鉴，既有观念上的，也有表现形式上的。为了更现代，为了跟上世界的脚步，安立甘宗教会和自由教会大兴"改革"之风：教义上，出现了对当代神学与道德的讨论［特别是对《对神诚实》（Honest to God）一书的争论］；组织上，体现为对教区、神职人员和职员的重新安排［典型的社会学调查《保罗报告》（Paul Report）[13]，是必读的资料］；仪式上，则体现为经文与礼拜方式的"现代化"［新的《圣经》译本，和持续的（steady）——有些人会说是没完没了的（relentless）——对祈祷书（Prayer Book）的修改］；还有，各宗派间的各种寻求教会合作的努力［典型如安立甘宗教会与卫理公会合一计划（Anglican - Methodist Unity Scheme）］。在这一进程中，没有教会能独善其身、一如既往，毋庸置疑，重大的、持久的转变正在进行。

可以讨论一下，与罗马天主教的转型相比，这些变化是不是相形见绌，并不重要了呢？罗马天主教在1960年代召开的梵二会议（Second Vatican Council），以多种方式并在很短时间里，在全球范围内改变了天主教教徒，同样也改变了新教教徒的教会生活的框架。黑斯廷斯说，这是这个世纪——更不用说60年代——最重要的教会事件了，"它大大地改变了基督徒世界的特征……没有人不受到影响"（Hastings，1986：525）。会议不仅非常明显地改变了教会生活的日常实践，还开启了全面的讨论和革新进程，很快这也被视为教会发展的动力。在英国，众多的天主教徒得到前所未有的社会性和区域性的机会，这与教皇若望二十三世（Pope John XXIII）立足长远而推行的自身现代化（internalaggiornamento）相互促进（Hornsby - Smith，1989）。天主教会的现代化〔Aggiornamento，字面的意思就是与时俱进（bringing up to date）〕——更戏剧性的是，天主教会曾一直落后于其他教会——比其他任何事都更能代表1960年代的宗教氛围。

自本书首次出版后，已有三本著作深入审视这些变化。第一本是卡勒姆·布朗（Callum Brown）的《基督教式英国的衰落》（*The Death of Christian Britain*，首版于2001年），认为英国世俗化的进程始于1960年代。布朗指出，那时英国的宗教指数还是相对稳定的，而后就开始下滑了。变化的原因是女性角色的转变，在这十年中女性的角色发生了决定性的变化。女性已不愿再接受那种要求她们凡事为他人着想的传统宗教形象了，她们要为自己而活，并愿意为此奋斗。⑭

第二本著作是休·麦克劳德（Hugh McLeod）的《1960年代的宗教危机》（*The Religious Crisis of the 1960 s*）（McLeod，2007），该书提供了更圆满的解释。麦克劳德的研究一丝不苟，他从英国和世界其他地方的角度，既研究了1960年代的特点和其间世俗化的特点，也研究了1960年代在与世俗化相关的更长的时间中的位置；既研究了英国的情况，也研究了世界的其他地方。书中有一个观点十分突出，即：明显不同的时期划分，麦克劳德称之为"漫长的60年代"（long 1960s）。直到1963年，教会内部对现状的质疑还是相对谨慎的；之后渐渐公开化，直到（1966年后）较保守的势力再次抬头。

第三本书从一个不同的视角考察。在一部获奖小说中，布赖威特－泰勒（Sam Brewitt－Taylor，2013）说："从1961～1964年间的一些迹象看，公众对英国宗教性的观点突然改变了。"⑮几乎一夜之间，传达给人们的观念就变了，新观念认为英国不再是基督教式的，而是世俗的。布赖威特－泰勒思考这一转变的原因，并创新性地认为：1960年代早期出现的有关世俗化的议题，并不像通常认为的是源于世俗社会学，而是来源于英国基督教会内部。这种新的思维方式得到教会高层的支持。换言之，正是教众，而不是世人，对英国宗教的重新设想导致了急速的变革。而人们越来越少地去教会——常被视为变革的诱因——则是后来才发生的。有意思的是，大卫·马丁1968年在《听众》（*The Listener*）杂志上发表的一篇小说就坚持这一观点（Martin，

1969）。

　　还有一个原因倒是无关紧要，就是 1960 年代高等教育的普及和随之而来的经济科学和社会科学的发展。此时正是这些相对较新的学科日臻成熟的时期。不论出于什么原因，1960 年代散发着某种迄今我们尚不清楚的世俗性的信心，也就无怪乎社会科学也带有这种风气。社会科学认为将来的社会是世俗化的，这产生了深远的影响。[16]这样的设想是可以理解的。生活标准正快速提高，在当时看这一趋势将持续下去。就像所有的好事（至少那些对某些人好的事）都不会长久一样，1960 年代走向结束。短短几年，石油危机就吸引了全世界的注意力。英国的经济状况也风雨飘摇：流通不畅，通货膨胀，失业率开始攀升。无独有偶，从 1969 年开始，北爱尔兰问题——无疑，其中的宗教因素很重要——越来越严重。尤其是，严重缺少解决这些难题的政治意愿。

　　宗教选民做出了各种不同的反应。当 1960 年代各种变化自然而然地发生时，至少教会内外的某些人已开始思考出路了。更多的而不是更少的与众不同的宗教生活形式开始崭露头角。新兴宗教运动成为这一趋势的缩影。这些运动形式多样，但基本上都是排他的，意味着他们代表"对社会主流的某种抵制"（Wilson，1990：1）。在"家中教会"（house church）运动中也可以看到颇为相似的立场，这也反映了基督徒们（通常是福音派）同样的更多的委身灵性的需求（Walker，1985）。再有就是，在英国其他信仰群体的增长，长期来看，这是一个非常重要的变化。在此时期就已可以越来越清楚地看出，这些群体不但会成为英国社会永久的一员，而且他们渴望持守自己的宗教表达。他们坚决抵制接纳英式行为方式，尤其是抵制接受东道国主流信仰的压力。后面的章节将详细证明这些现象，这些都是为了强调这一重要的变化。在广泛的对宗教活动的不积极之外，还发生了一种渐进的、持续的变化，可以概括为：在许多宗教生活形式上，从"交托"（contracting out）向"协定"（contracting in）的转变。这是第三部分要深入探讨的议题。

（三） 1979～1997 年：应对保守主义

1970 年代那缺乏解决众多问题的政治意愿的局面，到 1979 年突然结束了，这一年撒切尔夫人当选英国首相。没有人会说撒切尔夫人优柔寡断，即便是她的死敌。为了扭转她眼中英国灾难性的国力衰微，她雷厉风行地开展一系列政治和经济改革。上文已经介绍过撒切尔夫人的政策要点，这里就不重复了；需要再次强调的是，她坚信市场机制是经济增长的关键。还要再次强调的是，工党作为反对党并没有发挥多大的牵制作用，这造成在政局中可能出现危险的缺位。在这样的情况下，谁，又以什么样的身份，为那些直接遭受这些重大的经济和社会改革冲击的人代言呢？

教会也身涉其中，特别是英格兰教会。1985 年，英格兰教会推出报告《城市中的信仰》（*Faith in the City*，1985），这是坎特伯雷大主教在主要城市的任职报告。有许多关于这份报告的研究。[17] 报告成为教会和支持教会在社会福利事业中发挥作用的人的标准性文件，在适当的时候我们还会讨论这个问题。这一章要再次阐明一个相对具体的问题：教会与外界的关系。特别要论及国教教会是否有能力保护社会中那些因经济变化而利益受损的部分，特别是直接受到城市化影响的地区。《城市中的信仰》报告很著名，在还没有出版前就因其"纯马克思主义神学"观点而受到非难。它呼吁要视国家为一个整体，不能轻率地忽略那些为经济复苏而付出代价的社会群体。报告认为，国家对城市和广大的城市周边地区都负有责任。

这只是对现实的一种说法。毫不奇怪，撒切尔夫人有她的想法，这多少与她的卫理公会的成长环境有关（Filby，2015）。她认为，改善自己的生活是个人的责任，而不是国家的。她的一位好友，后来成为大拉比的以马利·雅克伯维茨（Immanuel Jakobovits）坚定地支持她的这一观点。[18] 撒切尔夫人 1988 年 5 月在苏格兰教会代表大会的演讲，更全面也更准确地说明了自己的立场。这一演讲俗称"丘上的布道"（Sermon on the Mound，这是苏格兰媒体对这次演讲的说法），极力地在神学上证明市场的作用，强调个人选择的重要性。这个拼凑起来的大会——是由苏格兰教会按教区选出代表参加——基本上不为所动。大会主持人把关于教会近期在反贫困、改善住房条件和均衡社会福利体系方面的报告送给撒切尔夫人,作为对其演讲的回应。这被视为一种含蓄的否定。

有一点很重要,也已很明显,就是没有必要把此类基督教神学与相关的政治话语联系在一起。同时,也有足够的证据证明,历史性教会为弱势者代言的作用仍将持续。并且,从某种意义上讲,这种关联代表了保守党与英格兰教会较早形成的一种关系,在这种关联中保守党与英格兰教会都被视为"民族一体"(One-nation)的代表。"民族一体"保守主义,实质上是维多利亚时代的理念,这一理念一直伴随着保守党的发展。[19]这一理念受到那些提倡非意识形态化政治方式的人和那些追求合议而非对抗的人的欢迎,它力求凝聚共识而非独断专行。在战后最初的十年,它是最受欢迎的理念;也正是因此,它成为1970年代经济恶化问题的替罪羊。正像撒切尔夫人强有力地指出的,凯恩斯经济学及由其产生的依赖思想,并非解决问题之道,恰是问题的根源。自然,回归个人主义价值观就成了不二之选。

撒切尔夫人的观点大有市场,从而形成了英国政局中活跃近20年的新右派势力(New Right)。撒切尔在任期间奠定了这样一种基调:使英国脱离欧洲,而靠向美国。撒切尔主义在欧洲大陆独领风骚至少十几年;而众所周知,撒切尔夫人与罗纳德·里根不论在个人方面还是在政治方面都惺惺相惜。这种特殊的关系在那一时代变得更加牢固。

说到宗教生活,两个影响深远的事件使20世纪最后的10年显得十分重要。第一个是,1989年11月,柏林墙倒掉。对欧洲的,更准确地说是全球的,这一关键性事件的描述已超出本章的范围。这一事件并未被视为对世界秩序的重组。第二个事件(或者说是一系列事件)是拉什迪论战(Rushdie controversy),这标示了大众关注重点的明显转向。第四部分将全面分析这一事件,但其基本点是一目了然的:公众针对《撒旦诗篇》(The Satanic Verses,1988年首次出版)的愤怒成为一种有力的催化剂,重燃了人们对宗教的关注。原因并不仅在于现代英国成长中的少数群体(他们已经是第三代或第四代了),也在于人们如何看待他们。起初以种族或族群（race or ethnicity）区分的选民，正显现出越来越明显的宗教标签。对于社群自身、公意的性质、政客和政策制定者、社会科学，这可谓意味深长。

（四）1997 ~ 2010 年：认识新工党

新工党在选举中赢得了决定性的胜利，但这并不意味着要回到前撒切尔时代，因为这个国家和政党都已脱胎换骨了。从风格上讲，撒切尔夫人与布莱尔确实有相同之处，他们都具有某种非凡的领导力，可以简单地理解为"总统式"的从政风格。而且二者都或多或少地受到基督教教义的激励。撒切尔夫人认为她的个人主义理念得益于她的卫理公会成长环境。布莱尔则受到基督教社会主义的鼓舞。他的宗教偏好在他竞选时众所周知，但他在担任首相期间却极少表露自己的宗教偏好。有意思的是，他退休后倒是表现出更明显的宗教偏好，包括他转信天主教。

据说布莱尔时期的许多政策都有对宗教方面直接或间接的考虑。其中，包括他对北爱尔兰问题持之以恒且卓有成效的关注，直到 1998 年《受难日协定》（*Good Friday Agreement*，亦称《贝尔法斯特协议》，参见第五章）终成正果；也包括他力排众议涉足中东事务（参见后文的分析）。

至于本部分的中心议题——英国宗教生活中更普遍的重点转变，有必要考虑两个截然不同的事件，这两个事件都与政治无关。第一件发生在 1997 年大选的几个月后，完全令人始料不及。8 月底，戴安娜王妃（王位继承人的前妻）在巴黎的一场车祸中殒命，这使英国陷入（在范围和方式上）前所未有的哀悼中。

这一事件被证明是代理式宗教的一个例证。不过除此之外，它恰恰揭示了一项重大的变化：一种完全不同的宗教性的形式，这种形式与以往不同，它更具有表现性。最重要的是，这是自发的。人们对这条新闻的反应是直接的，既包含个人的情绪，也有公开的展现——人们聚到一起表达哀悼。人们聚集在宗教建筑内或其周围，自发地举行悼念活动。在这些临时准备的仪式上，各种象征物，基督教的及其他文化的，都毫无违和地被陈设在一起。现在回想起来，这些活动基本上是按宗教活动的组织方式进行的。这明确无误地揭示了英国社会各阶层人们，在面对灾难和危机时，表达自我的方式。从战争刚结束时就开始的变化，其影响是深远的。首相在致辞中，把戴安娜王妃称为"人民的王妃"，这恰到好处地体现了当时的氛围。相反，王室在以其正统的、显得有些过时的方式应对这一事件和人们的行动时，表现得手足无措。

第二个事件发生在布莱尔的首相任期结束之前。2005 年 4 月，教皇约翰·保罗二世安息主怀。教皇约翰·保罗二世不仅是一位杰出的教皇，从各方面讲，他也是一位国际人物、现代世界最知名的人士。他为世人瞩目，走到哪儿都被全世界的新闻媒体争相报道。当人们从教廷得到教皇去世的消息时，没有人感到意外。但很少有人会预想到纪念活动的规模，差不多每一个国家都暂停"日常事务"（normal）来纪念这一事件。从这一个角度来说，在 4 月的第一个星期里，英国发生的一连串奇怪的事件就很能说明问题。实际上，因此而暂停的活动中有些很难算是日常事务，包括查尔斯王子和卡米拉的婚礼。[20] 最主要的是，由于查尔斯王子本人、托尼·布莱尔（作为首相）、罗云·威廉斯（作为坎特伯雷大主教）要出席教皇的葬礼，这一婚礼仪式才被推延的。但是，以前从未曾有英国首相、坎特伯雷大主教和王储参加过教皇的葬礼，更不要说将其置于王室婚礼之上了。这一举动象征着，从全球宗教的角度，正在形成一种全新的联合阵营。很明显，政客们也不得不相机行事。有四位美国前总统参加了这次哀悼活动。

2001 年 9 月发生了对纽约世贸大厦的毁灭性袭击，这就是"9·11"事件。这是一个重组当今世界的事件。同样，我们不能在这一章详细分析这一事件。这件事及其产生的后续影响如此深远，完全改变了我们看待宗教的方式。从国际角度，对世贸大厦的袭击是"反恐战争"的主要诱因，加强了英美之间的联系，也败坏了布莱尔的名声。他介入阿富汗和伊拉克事务显然与此有关，而他也为此受到指责。同时，在英国和世界的其他地方，人们对穆斯林的看法也相应发生变化。先不论是非与否，主流的人们开始越来越警惕那些少数群体，而这些少数群体越来越多地是在宗教意义上形成的。每天我们都能看到由此产生的负面效应。

此时，也出现了一些新的情况。从文化和历史上来说，英国是基督教国家。这一点不会改变。然而，相当多的英国人，不仅变得世俗了，而且对宗教百般挑剔。在这一方面，不同人群对来自宗教的异议的反应可以被视为敏感的而又持久稳定的晴雨表。1980年代，这种争论主要集中在社会－经济问题上，聚焦于引入过于严苛的货币政策所带来的负面后果。争论的"矛头"直指新右派，新右派中的许多人对这种被认为是教会和教会人士毫无根据地介入政治的行为立即予以反击。而政治上的左派，尽管大多已退出政治活动，对此好像倒是并不反对。差不多一代人以后，情况就不同了。来自宗教方面的异议仍然存在，但起因则不同。此时，来自宗教的声音主要关心世俗选民和宗教选民之间在权利上的冲突，因为宗教选民不仅更多元，而且更期望在公共事务和个人生活方面表达自己的主张。第四部分将详细讨论这个问题，不过可以先介绍下这个问题的关键点：这次麻烦来自渐渐觉醒的世俗主义者，他们通常来自政治上的左派，但也不限于他们。这种转变的一个重要原因前面已经提到：这与英国现在的少数群体的形成和发展有关。那些出于政治偏好而维护那些由于种族和族群原因受到不利对待的少数群体的人，几乎都不可能去维护同一批人的宗教愿望。为什么不能呢，这是一个有意思的问题。

（五）进展

如何评述当今这个时代呢？随着时间的推移，事情也变得越来越清楚。2011年秋，在伦敦发生的一件有意思的事，很好地体现了这个时代内在的复杂性。"占领伦敦"运动是反对经济不平等，特别是大公司的压榨的激进运动。由于法律限制（伦敦证券交易所前是私人领地），抗议者没能在最初计划的伦敦证券交易所前活动，而是聚集在（离伦敦证券交易所百米之遥的）圣保罗大教堂前的广场安营扎寨。教堂的牧师们做出了不同的回应。他们是否该同情这些抗议者？很快的，他们又得考虑是否应该出于卫生和安全原因关闭教堂。最终的决定是关闭教堂，这一决定令公众大吃一惊。这是代理式宗教的又一个例证。虽然是出于各种原因，但此事过后很多人辞去了在教堂的职务。抗议者对此事的回应，也同样说明问题。可以从其宗教性的话语中一窥玄机。抗议者在教堂旁边的帐篷和围栏上马上打出了醒目的标语——"耶稣会怎么做?"，很快全世界都在问同样的问题。是呀，耶稣会怎么做?[21]

注释

① 可以在下面的网址找到欧洲价值研究会的更多信息：http：//www. europeanval-uesstudy. eu/evs/about－evs/（2014 年 8 月 5 日访问）。另可参见第三章的内容。

② 关于 2011 年的人口统计调查和其中宗教方面的信息，请查阅第三章。

③ 有些读物确实写到过，就德国和斯堪的纳维亚半岛（甚至整个欧洲）的情况来说，法国的启蒙运动并没有造成很大的影响。

④ "特殊关系"这一说法，意指存在于英国和美国之间特殊的纽带。这是温斯顿·丘吉尔在 1946 年的一次演说中提出来的。当时他正在密苏里州的富尔顿发表题为《和平砥柱》（Sinews of Peace Address，又称"铁幕演说"）的演讲。

⑤ 请参见西奥斯（Theos, 2013a）的著作。他在著作中反对某些评论者关于英国也可能出现新的基督教右翼的说法。最主要的原因是，英国的福音派势力没有足够的政治影响力。

⑥ "新工党"这一提法最早出现在 1994 年工党的一次会议的标语上。

⑦ 英国人口统计调查提供了这一方面的数据。2011 年英格兰和威尔士人口的年龄中位数是 39 岁，而在 1911 年是 25 岁。许多调查显示，英国 65 岁及 65 岁以上的人口占总人口的 16.4%，也就是说每 6 个人中就有一个人年龄在 65 岁或 65 岁以上。2011 年有 430000 人年龄在 90 岁或 90 岁以上，而 2001 年有 340000 人，1911 年有 13000 人年龄在 90 岁或 90 岁以上。更多信息可参见：http：//www. ons. gov. uk/ons/dcp171776_258607. pdf（2014 年 8 月 5 日访问）。

⑧ 经济活动同样导致结婚年龄的推延。结婚年龄的变化受到多种因素的影响。

⑨ 1988 年《地方政府法案》第 28 条的全文，可参见：http：//www. legisla-tion. gov. uk/ukpga/1988/9/（2014 年 8 月 5 日访问）。

⑩ 参见，例如：Watt, 2009。

⑪ 教会与宗教界人士的立场受法律保护。可查阅平等权与人权委员会的相关网页：http：//www. equalityhumanrights. com/your－rights/equalrights/sexual－orientation/

marriage – same – sex – couples – act – 2013 – guidance（2014 年 8 月 19 日访问）。苏格兰有自己的法律，2014 年通过的《婚姻与民事伴侣关系（苏格兰）法》[*Marriage and Civil Partnership（Scotland）Bill*] 给予教会相似的保护。

⑫ 参见，如 2013 年 4 月 18 日在议会关于信仰问题的讨论：（Westminster Faith Debates），http：//www. religionandsociety. org. uk/faith_debates – 2013/do_christians_oppose_gay_marriage（2014 年 8 月 5 日访问）。另，参见：Woodhead 与 Winter（2013），和 Woodhead（2014a）。

⑬ 这是莱斯利·保罗（Leslie Paul）的作品，是一份关于"神职人员雇佣与薪酬"的全面报告（Paul，1964）。更多细节，参见：Hastings，1986：535ff。

⑭ 布朗的认为女性角色的转变是宗教性变化的关键的观点，是有争议的。我认为，这是事实，但不是全部事实（Davie，2013）。2009 年《基督教式英国的衰落》一书出了修订版，布朗在书中就一些对他的批评做了回应。

⑮ 这部小说基于一篇牛津大学的博士论文（参见 Brewitt – Taylor，2012）。做文章应当针砭时弊。

⑯ 这一点我们将在第十一章再次讨论，考虑到宗教在当今世界越来越引人注目，这个问题就日显重要。

⑰ 在后来的回顾研讨会中，可以找到对这一报告有意思的新认识。参见，例如：http：//www. timeshighereducation. co. uk/story. asp？storyCode ＝ 204583&sectioncode ＝26（2014 年 8 月 1 日访问）。另参见"为共同信仰联合起来"（Together for the Common Good）的倡议：http：//togetherforthecommongood. co. uk/（2014 年 8 月 1 日访问）。

⑱ 说到这，雅克伯维茨爵士回忆起犹太移民自谋出路摆脱贫困的历史，他希望那些新近的移民，不论是什么背景，都应该这样。但有人不同意他的这种说法。他的观点与《城市中的信仰》的观点针锋相对，后者认为应从整体上改变少数群体的困境。

⑲ "民族一体保守（托利）党"（One – nation Tory）这一说法与本杰明·迪斯雷利（Benjamin Disraeli）有关，源自 19 世纪中叶。这一理念强调社会不同成员间互惠互利的关系。

⑳ 卡米拉·帕克·鲍尔斯是离过婚的，因此，这一婚礼是世俗仪式，但他们却是在温莎的圣乔治教堂接受祝福。

㉑ 参见 Winter（2013）关于教会在占领圣保罗大教堂广场活动中的表现的精彩描述。

第三章
现实情况与相关数据

一 引言

这一章的目标简单明了。首先，提供研究的基础，换句话说，提供足够的、关于英国宗教选民的真实资料，使我们可以更有根据地讨论信仰问题及因信仰导致的问题。其次，从长期角度，突出强调1990年代以后出现的变化。为了实现这两个目标，就需要有丰富的资料，而这也反映了一个重要现象：在近十几年，有大量的此类信息，包括统计数据。探究为什么会出现大量的关于信仰的资料，是本研究的一项重要内容。

《1945年后英国的宗教》在很大程度上依赖基督教研究所（Christian Research）及其前身欧洲马克研究所（Marc Europe）提供的数据。它们的研究工作仍在进行，尽管其组织基础不同了。[①]特别要提及的是，1998~2008年出版的7期《宗教趋势》（*Religious Trends*）都是由布赖尔利组稿编辑的。[②]现在可以利用一项相对较新也非常有用的资料来源，其中包括上面提到的这些书，就是叫作"英国宗教数据"（British Religion in Numbers）的网上数据库，这是当初宗教与社会研究计划的一个成果。[③]数据库的内容经常更新，它提供了关于英国宗教的大量信息和非常专业的评论。还有很多资料来源，其中包括2001年至2011年的人口统计资料。在2001年人口统计中加入关于宗教的问题（2011年也

Religion in Britain：*A Persistent Paradox*，Second Edition，Grace Davie. 2015 Grace Davie.
© Published 2015 by John Wiley & Sons，Ltd.

是），这本身就再次说明其重要性。能精确比较 2001 年至 2011 年的情况，这非常有益。

基此，本章的结构如下。首先，概览现今的实际情况，这主要基于 2001 年至 2011 年的英国人口统计数据，并指出了这十年间的变化。之后，将更详细地介绍英国的一些突出的宗教选区，从而更新和丰富第一版中的民众形象。最后一节（实际上是一篇附录）将引入另一种视角——将通过那些经常登上头条的各种事件，考察媒体对宗教的印象。这也难免地会引出这样一个问题：要怎样做，才能纠正在该领域出现的很糟糕的曲解呢？本章只介绍大致的情况。第五章将更具体地介绍苏格兰、威尔士和北爱尔兰的情况。第四章将介绍关于信仰的统计信息，以便我们讨论"信仰但不从属"这一概念。同时，也会介绍相对更虚空的范畴——"灵性"。对于世俗选区的规模和特点的介绍自然也不可或缺，这些将在第九章展开。

二　人口统计调查反映的宗教数据：2001 年和 2011 年

佛朗西斯（Francis，2003）和韦勒（Weller，2004）已经很好地讲述了，在 2001 年的英国人口统计调查中，涉及宗教的问题选项所展现的"故事"。研究其中反映的现实自然是很重要的。对此类问题的研究本身，就说明人们正越来越多地认识到，关于宗教的精确统计，对于相当多的人——教会内的，与教会外的——来说，都是很重要的。这也充分证明：宗教确实是公共事务，我们需要关于宗教的准确信息。在宗教多元的社会中，这就更加必要了。下面就是最新的状况。由于在人口统计调查中设置宗教类问题而引发争议，最强烈的声音来自英国的其他信仰群体的人们，特别是穆斯林。正如我们所见，英国的穆斯林群体由于族群和国籍的不同而呈多样化。而基于族群和国籍的统计分散了他们重要的宗教性身份，也淡化了穆斯林生命中重要的部分——他们的信仰。英国的穆斯林希望在公共生活和私人生活中他们的穆斯林身份都得到认可，并由此设立满足他们需要的法规。而适当的法律应根据确定的统计信息才能产生，而不是基于其他变量的估算或推算。

那么人口统计调查是怎么做的，它又能告诉我们哪些关于这个国家宗教概况的信息呢？人口统计调查用"自我认同"来衡量个人的宗教特征。正如第一章介绍过的，这是一种关于宗教从属的"软的"而不是"硬的"指标，需要进行相应的解释。在英格兰和威尔士，人们被问及"你的宗教是什么"。他们并没有被问及宗教活动或宗教信仰。[④] 这里要插上很重要的一点，在苏格兰的普查中，问题的表述与其他地方不同，也产生了非常不同的结果。[⑤] 在两种情况下，关于宗教从属的情况都与多种其他变量（年龄、性别、族群、国籍和经济活动）相关；也能够发现地方性特征（包括显示区域性差别），而且可以取得（国家的、地域的和地方上的——直到最小抽样单位[⑥]的）各种"层级"的数据。

有很多关于 2001 年人口统计调查所反映的宗教概况的文章。最突出的是，人们没有料到自认是基督信徒的人如此众多（72%）。这充分支持了那些特别强调宗教认同的积极方式和消极方式的人的观点。此类观点及其带来的问题，将在第四章具体分析。在由英国国家统计局（Office for National Statistics）出版的两本统计文献（ONS，2012，2013）中，可以找到 2011 年的人口统计调查数据，基此也可以进行相对于前次调查的有意义的比较研究。一目了然，对基督徒的自我认同下降了，由 72% 下滑到 59%（见图 3-1）。同样引人注目的是，自称

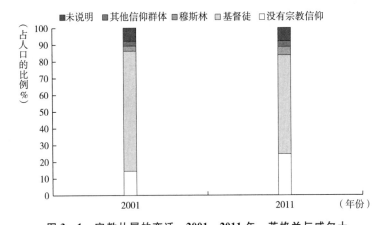

图 3-1 宗教从属的变迁，2001～2011 年，英格兰与威尔士

资料来源：2011 年人口统计调查数据（Census 2011, Office for National Statistics licensed under the Open Government Licence v. 2. 0）。

"没有宗教信仰"的人口比例的增长，从 15% 上升到 25%。这引起了广泛的公众讨论。应怎样解释这一转变呢？这是否显示了一种明显的代际变化？统计也清楚地显示了，其他信仰群体明显的，也较为平缓的增长。这些加起来，使我们对上一章的关于英国社会的讨论有了更深的理解。这个传统上的基督教国家正在快速变化。相当多的人自认是世俗的而非信教的，同时宗教正越来越多样化。

另外两幅图有更多关于宗教从属颓势的细节。第一幅图（图 3 - 2）填补了空白，其中包括了那些拒绝回答有关宗教问题的人的数目（数目较小）。^⑦第二幅图（图 3 - 3）的细节更多，涉及名为"宗教少数群体"（minority religious groups）的构成情况。后者当中穆斯林人数最为众多，且比其他群体多得多。下一节中会更加详细地描述每一个宗教少数群体。现阶段需要重点关注的是，这些群体在总人口中所占比例还是相对较小，其他信仰群体加起来占总人口的比例不到 10%；同时，在英国的不同地区宗教少数群体占当地人口的比例变化很大。

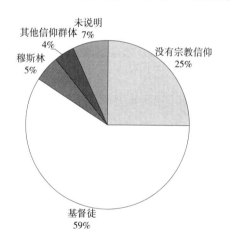

图 3 - 2　宗教从属，2011 年，英格兰与威尔士

资料来源：2011 年人口统计调查（Census 2011, Office for National Statistics licensed under the Open Government Licence v. 2.0）。

第四幅图涉及了一些地域性差异，请注意这里呈现的数据掩盖了重要的内部差异：在这么大的地域内各地方鲜有同质性的。由此发现一些有意思的特征。比如说，伦敦特色鲜明。伦敦是英国宗教最为多样化的地方，在那儿自我认定为犹太教徒、锡克教徒、穆斯林、印度

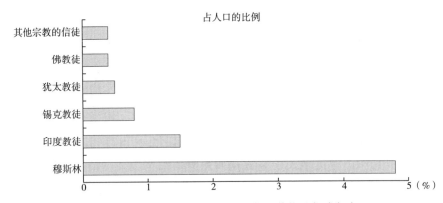

图 3 - 3　宗教少数群体，2011 年，英格兰与威尔士

资料来源：2011 年人口统计调查（Census 2011, Office for National Statistics licensed under the Open Government Licence v. 2. 0）。

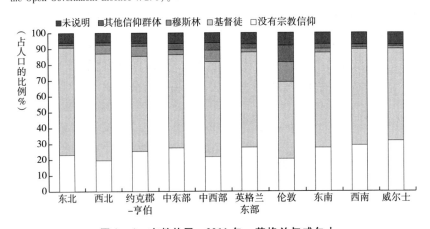

图 3 - 4　宗教从属，2011 年，英格兰与威尔士

资料来源：2011 年人口统计调查（Census 2011, Office for National Statistics licensed under the Open Government Licence v. 2. 0）。

教教徒和佛教徒的人最多，这不奇怪。让人始料未及的是，伦敦市民中，宣称自己没有宗教信仰的人数相对较少。的确，伦敦的整体情况需要细细思量：其宗教面貌跟任何别的地方都明显不同，下面有详细的信息介绍，我们可以更容易看清这一事实。

　　整体来讲，英国东北和西北是基督教徒比例最高的地方，这跟威尔士形成对比，威尔士是自称没有宗教信仰的人比例最高的地方。这两个现象都不是顺理成章的。东北和西北有各种后工业时代的城市，二战后，这些地方被认为尤其不适宜宗教生长。更值得注意的是，本书 1994 年第一版中揭示的全国范围内的差异（信息选自 Brierley and Hiscock，1993：251）表明：虽然衡量的单位不一样，但威尔士有相对较多的人信教（实际上整个凯尔特地区都是如此）。在英国的这些地方人们已经明显偏离传统的宗教信仰模式——第五章中将会论述这一点。然而诺里奇（Norwich）这座城市再一次创下纪录：自述没有宗教信仰的人口比例最高，数字是 42.5%。要找到一个令人满意的解释并非易事。

三　现代英国的宗教信众构成

是时候简要描述英国现有的主流宗教群体了，好让这些干巴巴的数据更生动一些。资料分成两块儿：相当多样化的基督宗教教派，以及其他信仰群体。第一部分包括有关英国圣公会教徒、罗马天主教徒、东正教和自由教派（包括非洲 - 加勒比的教众和各种"独立"的、"新兴"的教会）的信息。第二部分涵盖非基督教的主流宗教（犹太教徒、锡克教徒、穆斯林、印度教教徒和佛教徒）。跟第一版一样，这些描绘只能算是概貌性的素描，需要参照各种补充性的资料才能令其丰满。而且，既要从共通性，也要从差异性这两个方面去解读这些概述，也就是得特别关注那些在短短的结论中被糅合到一起的贯穿各部分的主题。从中可以发现重要的问题。能不能认为，最主要的分界线并不是在各教派之间，而实际上是在各个信仰群体之间？这些细节又如何跟第一章中列出的要素相吻合？

在描绘这些之前先展示三幅图，它们形象地展示了英国宗教生活中正在发生的变化。图 3 - 5 描绘的是根据出生年份统计的宗教从属的变迁。显而易见，这一变迁对英格兰圣公会的影响格外大。最年长的受访人群中有一半认为自己是圣公会教徒，而在最年轻的人群中则占到 20%。很明显，那些处于中立地位的人发生了转变。这些数字并没有考虑性别的因素，但是该领域越来越多的研究表明，在各个年龄段中女性信教的人数都更多，并且这些研究也在探讨对此如何解释（Walter and Davie，1998；Woodhead，2007；Aune，Sharma and Vincett，

2008；Trzebiatowska and Bruce，2012；Voas，McAndrew and Storm，2013）。图 3－6 和图 3－7 的时间轴不同，关注的都是宗教仪式的出席率而不是宗教从属（而且这两幅图仅限于英格兰）。整体上，出席宗教仪式的人数在明显减少，但是具体"走势"不同。尽管各个教派之间、各个信仰群体之间可能存在差异，但差异也不大。

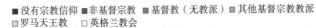

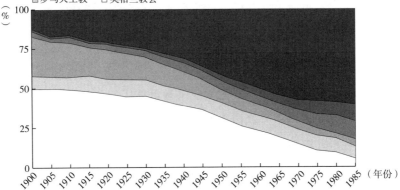

图 3－5　基于出生年份统计的宗教从属情况（5 年同龄人群组）

资料来源：British Social Attitudes surveys 1983－2011，pooled；Chart created by Siobhan McAndrew，British Religion in Numbers（http：//www.brin.ac.uk/figures/）；Creative Commons Attribution－Share Alike 2.0 England and Wales（CC BY－SA 2.0 UK）。

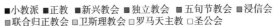

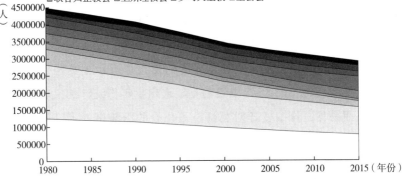

图 3－6　基于年份和教派统计的基督教教会出席人数，英格兰

资料来源：Peter Brierley，2014。*UK Church Statistics No.2，2010－2020*，Tonbridge：ADBC Publishers。

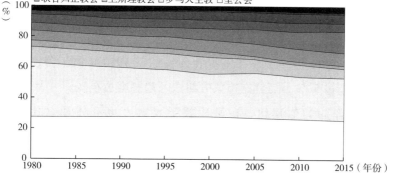

图3-7　基于年份和教派统计的基督教教会出席率（总数的百分比），英格兰

资料来源：Peter Brierley, 2014。*UK Church Statistics No. 2*, *2010 - 2020*, Tonbridge：ADBC Publishers。

（一）　纷繁多样的基督教

1. 安立甘宗（圣公会）

就联合王国而言，"安立甘宗"（Anglican）一词不仅包括英格兰教会（the Church of England），还包括威尔士教会（the Church in Wales）、苏格兰圣公会（the Episcopal Church of Scotland）和爱尔兰教会（the Church of Ireland）；严格说来，还应该包括英格兰自由教会（the Free Church of England）、新教圣公会改良教派（the Protestant Episcopal Reformed Church of England），还有其他一两个要顺便提及的类似教派。下面这一小节主要论述英格兰教会，在联合王国的非属英格兰的圣公会群体将在第五章中介绍。

从数据上看，趋势确定无疑：英格兰的圣公会教众在减少。[8]选民名册上的数字、领受圣餐的人数、存活新生儿的洗礼、坚振礼、在教堂举办婚礼的人的比例，以及某种程度上，参加葬礼的人数，都在讲述相似的故事。然而整体性的数字需要仔细剖析，各项数目减少的速率不同，时间和地点也不同。而且详细的情况明显取决于具体的指标。比如，洗礼的人数——这个指标大体上反映了圣公会融入社会的程度——自1950年以来呈现下行的趋势。[9]1950年，每1000个新生儿中受洗的有672个（比1940年略有上升），1970年下降至466个。到了

1980 年代这一数字不足 40%，并且此后一路下跌：1990 年跌至 27.5%，2011 年为 12%。[⑩]圣公会坚振礼的举办则呈现不同的规律。战后那段时期举行坚振礼的人数稳步上升，直至 1960 年，但此后急剧下跌。1960～1982 年每年举办坚振礼的次数从 191000 次下降至 84500 次，降幅超过 50%，而鲜有迹象表明这一趋势会被扭转。[⑪]二战后先上升随后下降的类似规律，在圣职授予仪式上也有体现（Hastings，1986：535）。然而，近年来有些不同：每年候补圣职的人数都在回升，不要忘了"候补圣职的人"这个类别已经更加多样化，现在包括越来越多的女性。耐人寻味的是，现在英格兰教会里许多领授圣职的人都是自掏腰包。[⑫]实际上，在很多方面真正的问题是缺钱，而不是缺少圣职空缺。

综合这些数据，必须得承认 1960 年代以来发生了急剧的衰退。正如黑斯廷斯宣告的那样："1960～1985 年，英格兰教会在人们日常生活中的分量萎缩了，其规模仅略大于之前的一半"（Hastings，1986：603）。此后颓势大致还在继续，虽然没有以前那么急剧（Brierley，2011），但情况依然严峻，而且越来越严峻——正是意识到这一点才在 2012 年启动了"教会增长研究项目"（见注释⑧）。因此有三点值得注意。第一，衰退的影响不均衡，因为有的地方的英格兰教会显然比在其他地方的更脆弱。第二，上面提及的趋势至少有的是因为教会政策所致，而非社会现实所致，或者不单单因为社会现实。第三，英格兰有的地方出现的情况令人感到出乎预料。这几点将分别论述。

在第一版中我援引了主教教区新闻简报上一位主教的信件，以证明英格兰教会的多样性。该信发表于 1992 年，但这种多样性在今天依然没变。实际上现在甚至有着更为广泛的可能性——这一事实在本书的第三部分会变得清晰起来。这封信通过一位巡访主教的眼睛描述了现代圣公会礼拜仪式的出人意料：

> 我们碰到过各种英格兰教会批准使用的仪式，有时候用的仪式似乎是从别的来源借用的，或者仅仅源于现任牧师的灵光一闪。有的地方乌烟瘴气；有的地方神职人员谨小慎微，圣袍上的稍许

差池都能让他们倒吸一口凉气。在有的聚会中，教众的回应就像背景中传来的窃窃私语；在有的聚会中，与会者的踊跃参与让人无所适从。我们的音乐，从圣公会高雅的圣歌到震耳欲聋、热情洋溢的合唱，应有尽有。有时，我们在一间小教堂里对着散坐四处的寥寥二十来个人高声讲话；有时，我们凭借藏在法衣里的技术设备与挤得像沙丁鱼般的数百人轻声细语。我们有时置身于美丽无比但却完全不实用的中世纪建筑中，也有时团聚在现代的、方便举行仪式的会堂。我们唱过的赞美诗集、听过的圣经翻译版本之多是约翰·卫斯理（John Wesley）和约翰·威克里夫（John Wycliffe）无法想象的。在静心的准备阶段我们可以给教众最浅、最淡的微笑，然后迅速走到圣坛那儿安下心来；或者我们还得跟每个教会成员道声好，仿佛他们是久别重逢的亲人。（Davie，1994：54）

这段话也表明圣公会礼拜的出席情况好坏不一。总体的趋势可能是下滑，但某些教区无疑是兴盛的。值得一提的是——就数目而言（还有很多其他标准）——郊区的教区聚集了想法类似、通常为中产阶层的福音教徒，他们构成了还算大的、人口众多的教会社区。1990 年代初期，出现了另一种不太一样的教会社区，而且这一趋势已然加速。大教堂正在吸引各方面的注意：信徒、朝圣者、观光客的数量都在增加。评论者以前没太注意到这一趋势，但现在对之的评论越来越多（比如这就是"教会增长研究项目"中的一条线索）。理解这些看似差异巨大的元素为何依然活跃在 21 世纪的英国是本书的一个重要旨归。

相关的问题还有洗礼。正如第一章中指出的那样，这一仪式的性质正在发生改变。它日益成为加入一个自愿群体的象征而不是英伦范儿的标记。不妨将之称为"协定"，这一称谓逐渐取代"交托"。不少教区都鼓励这一转变——这些教区对洗礼有严格规定，并且仅给按时出席礼拜的人的孩子做洗礼。然而并非每个教区都效仿这一做法。由此，不难理解，英国洗礼政策的巨大差异导致了困惑。相邻的教堂有鼓励婴儿洗礼的，有不鼓励的。令人费解的是，往往是那些大的、兴旺的、通常为福音教派的教区会给出席礼拜的人的孩子洗礼，而不是严格意义上的"教区教民"。恰恰是这些人，在为教会提供额外的钱和人员的同时，压低了该教区婴儿受洗的数字，这意味着需谨慎地解读数据。

1994年就已经清楚一点：有的地方的英格兰教会比其他地方的表现要好。然而我的故事里并未预测到伦敦的重要性，就我所知其他人也没有。伦敦宗教的整体面貌已经被勾勒出来。伦敦的情况非常独特，参照圣公会的数据后就变得更加鲜明。有两份报告包含了这些数据（Jackson and Piggott，2003，2011；另见 Wolffe and Jackson，2012）。第一份报告名为《首都之思》（*A Capital Idea*），出版于2003年。该报告试图描述和解释自1990年代以后伦敦圣公会主教区经历了哪些发展。证据确凿：1977年主教区的选民名册上有77000人，到了1990年跌至45000人，但是到了2010年又回到了1977年的水平。为什么会如此？第二份报告，《另一种首都观念》（*Another Capital Idea*）发表于2011年，重做了该项实验，并细化了早期的发现。到了这个阶段测得出席礼拜的数据略微下降，但成员数目持续增长。显然两者都需要谨慎解读。第二部分有更多有关伦敦情况的细节。这里要指出的重点是：预料之外的事情可能发生，也的确发生了，而且并不总是发生在貌似最可能发生的地方。

如此说来，活跃的圣公会教徒依然是整体人群的一小部分。有多小取决于测量单位，但是定期礼拜者徘徊在一百万人左右的水平。[13]然而，英格兰教会依然是教区教会，在英格兰有着独特的根基。如果将消极的（以及积极的）教会存在都考虑在内的话，信徒众多的全国性教会这一概念——情况正在迅速发生变化——会更有意义（见图3-5）。然而2013年的民调显示，三分之一的民众依然认为自己是圣公会教徒，虽然他们的追随是名义上的，但并非没有意义。依据这些数据，琳达·伍德海德（Linda Woodhead）描述了圣公会内部的各类群体，带有几分激情力挺这一身份认同：

很多人不看好英格兰圣公会。尽管在走下坡路，圣公会教徒依然占到英国人口的三分之一。其他宗教的信徒加起来占到三分之一，剩下三分之一说自己"没有宗教信仰"。圣公会教徒也不仅仅是名义上的。他们笃信、践行，并且有归属感——因为他们仍然认为自己是圣公会教徒，即使已无任何社会压力让他们这样做。完全有理由更加认真地对待他们。（Woodhead，2013a）

最后还要谈到教会本身，即便是对英格兰圣公会做最简短的讨论也不能忽略这个问题。显然二战以后英格兰圣公会的性质有了相当大的变化，但是本质上的联系还在。第五章将对其进行讨论。统计数据得出的概况是争论中很重要的一个因素。圣公会活动的显著式微冲击了教会的尊崇地位，但相对较多的名义成员至少在短期内对抗着这一冲击。不管事实如何，延续（虽然在衰落）依然是国教的突出特征。即便洗礼明显没有以前受欢迎，但不给一个死去的英格兰人置办某种宗教仪式的情况还是比较少。[14]在那些无人照顾的人走到生命尽头之时，英格兰教会都会对之负责（就算生前没有负责）。履行这一职责要求不低、有难度，而且耗时，多数是在火葬场举行的。"协定"的服务兴许会慢慢挤入洗礼机构，到目前为止在葬礼的举办中这一现象还较少。

2. 罗马公教（天主教）

20 世纪晚期我们对英国的（至少英国部分地方的）天主教有了更多社会学意义上的了解，几乎比对其他任何宗教教派的了解都要多。在很大程度上这得归功于迈克尔·霍恩斯比－史密斯（Michael Hornsby－Smith）的研究，他对英格兰和威尔士的天主教做了大量扎实的实证研究，这些资料可以在一系列很不错的出版物中找到，这些出版物很多都重新发行过，要详细了解天主教应该查查这些出版物（参见 Hornsby－Smith，1999，2008，2009）。本书选录了部分数据。

下面的选段总结了霍恩斯比－史密斯有关战后英格兰和威尔士天主教的基本论点：

> 总之，本书中回顾的证据明显指向一个结论：过去的三四十年间英格兰天主教发生的变化可以理解为这样的一种进程——曾经捍卫天主教鲜明的亚文化不受世俗社会污染的界限而今逐渐消

退。将这个过程视为衰退太过草率，因为它表明的是二战以来教会与英国社会之间的关系发生了深远的变化。这些变化必然导致英格兰和威尔士的天主教徒的自我认同发生性质上的剧变。(Hornsby–Smith，1987：214)

霍恩斯比–史密斯的研究主要考察的是天主教社群与更广阔社会的关系，并且试图评估两者发生的变化对彼此造成的影响，因此他的论点与此处所做的论述非常契合。

从 1970 年代晚期至 1980 年代早期所做的一系列调研中，可以获取相关的数据。也就是说霍恩斯比–史密斯描述的"社会肖像"（social portrait）始于二战后的第三个十年。天主教社群的成员都比较年轻，以工人阶层居多，这些人有较低的房屋拥有水平，对工党的支持率高于其他人。被调查的天主教徒样本中，25% 的人都是第一代移民，这个比例是其余人口中第一代移民比例的六倍。大约 40% 的样本人群每周都会做礼拜，而这在非天主教徒中则只有 8%。出席礼拜的人中，女性多于男性，年龄因素（年纪大的人比年轻人多）也很明显。也可以看出社会阶层的差异，跟从事体力劳动的天主教徒比，从事更专业性职业和管理职业的人出席礼拜更频繁。战后，人口出现了明显的地域流动和社会流动，即人们从北部和西部迁徙到南部和东部，也就是从旧的、传统的工人阶层教区和大量的爱尔兰教区，迁往各大城市圈的卫星城区。

这样的社会刻画揭示了在很多方面天主教徒仍旧主要为移民群体的特征。这不单单是因为他们保留了礼拜的常规——这是他们与其他人口的重要区别，还由于他们教众集会的规模也远比任何其他教派都庞大。不过霍恩斯比–史密斯的著作要强调的不是这些。他的目的在于考察——借助仔细搜集的实证数据——天主教可以"继续被视为一种特色鲜明的亚文化，它有着强劲的社群生命力、清晰可辨的宗教信仰和道德价值体系"（Hornsby–Smith，1987：46）。从这些数据可以看出，战后经历的各个年代中，各类信仰源头、信仰内容和信仰实践彼此更容易区分，国内的多样性变得愈发显著。

霍恩斯比－史密斯向我们展示了天主教的演变是由两种相互作用的因素决定的。首先，因为跟所处环境以及迅速变化的社会接触增加，英格兰天主教社群发生变迁。其次，便是第二次梵蒂冈会议带来的天主教内部的蜕变。此次会议在战后意义非比寻常，前文已经说过了。不足为奇，二战后1970年代以降，对此次会议精神的贯彻都是天主教议程的重头戏。更重要的是，它改变了英国各教会之间相互发生关联的整个框架。

自那以后发生了什么？可以从以下来源了解新近的统计情况：彼得·布赖尔利以及"基督教研究"（Christian Research）所做的工作，BRIN网站上的总结，《英格兰与威尔士的天主教社群数据摘要1958–2005》（*Digest of Statistics of the Catholic Community in England and Wales, 1958–2005*）（Spencer，2007）[15]，以及由琳达·伍德海德所做的一系列调查（Woodhead，2013b，2013c）。从这些来源可以看出三点：天主教人群现在占英国人口的8%（这比1980年代霍恩斯比－史密斯提出的11%要少了一些），望弥撒的人在减少（见图3–6），信仰偏离所谓梵蒂冈式的天主教（Vatican style Catholicism）越来越远[16]。就社群生活而言，为数众多的波兰人的到来显然让情况有了不同。人口涌入始于波兰加入欧盟后，持续增长至2008年。随着经济下行，不少人已经离开英国，但绝非所有人。2011年的统计调查显示英国有超过50万的波兰裔人，较2001年有了相当大的增长[17]。这样看来，波兰人和活跃的天主教徒之间没有一一对应的关系，比如到了英国之后不再信奉天主教也是完全有可能的。同样清楚的一点是，天主教移民非常多样化，当然不是只有波兰人；而且尚未成定局，有人离开，也有人到来，不是一次两次民意调查或者简况调查便能捕捉到所有这些人的。然而，天主教活动的衰退似乎在某种程度上因为移民而中止了，得承认现在的移民来源国跟二战刚结束时的来源国非常不一样了。

天主教社群的相对繁盛不只是数据上的。积极的一面就是诸多曝光度很高的皈依天主教的事件，最突出的是托尼·布莱尔卸任首相之后皈依天主教。而且英国媒体对国内和国外的天主教事件都极为关注，包括前面讲的2005年约翰·保罗二世的离世，媒体同样对其继任者的选举感兴趣。大概八年后本笃十六世以前所未有的方式卸任，媒体对之进行了连篇累牍的报道，接下来对弗朗西斯一世的当选也同样如此。红衣主教凯斯·奥布莱恩（Keith O'Brien）（英国当时唯一的红衣大主教）未能参与弗朗西斯一世的选举，此事让人们意识到一个更为困难的问题：越来越多的证据表明，虽然为数很少，但影响并不小的一群天主教神父有不恰当的行为。[18]尤其是有关虐待儿童的争议给英国和其他国家的天主教造成了致命打击。很大程度上这些争议仍未平息。

通过比较英国人对约翰·保罗二世来访（1982 年）的反应和对其继任者本笃十六世来访（2010 年）的反应可以建立一个有关天主教社群变化的有趣指标。1982 年的造访显然是标志性的，因为这是自宗教改革以来第一位到访的教皇，不要忘了在其任职期间约翰·保罗二世已经去过很多地方，不管他去哪儿都有可装满数架航班的媒体记者追随。那么造访英国有什么特别的吗？此行并非波澜不惊，因为其时恰逢马岛战争（the Falklands War，也称福克兰群岛战争）爆发（取消访问是完全可能的）。但是一旦成行，英国人还是欢迎的：只有少数的北爱尔兰新教徒进行了抗议，其中包括伊恩·帕斯李（Reverend Ian Paisley，北爱尔兰议员、强硬派新教牧师）。同样有着积极意义的是对基督教各教派统一的促进。

2010 年的反应就不太一样，要知道这是一次国事访问而非教事访问。还是能听到新教徒们表示不快的声音，但是更多的反对者则是那些日益突显的世俗主义者，他们反对的事情之一是把公众的钱花在这次访问上。在伦敦举行了"抗议教皇"的集会，集会上主要议论的是道德问题，包括虐童、平等问题，尤其是两性平等和同性恋关系。这些场合中世俗的声音明显比以前更加激烈。然而此次访问整体上还是被认为成功了，而且不只是天主教社群这么认为。有意思的是，教皇来之前媒体的报道颇有微词，但是访问当中以及其后明显变得更加正面。本小节结束前再唠叨句题外话，值得一提的是，自 2013 年当选后弗朗西斯教皇采取的举措明显颇受好评。

3. 正教（东正教）

我 1994 年所写有关正教人口的一小段话当中包含以下内容："截

至目前，英国正教社群的多数人都有着希腊传统（多为希腊族塞浦路斯人），但是 1989 年的东欧剧变可能改变了西欧在这个方面的宗教版图。越来越多的人可能会来到西欧——包括英国——他们带来各种正教传统，这一趋势只会让英国的宗教生活变得更加丰富"（Davie，1994：60）。现在，大概 20 年后，英国的正教人口显然比以前明显要多，也更加多样。[19]即便如此，为数不少的俄国人的涌入还是给正教社群带来很大矛盾。让人难过的是伦敦的苏洛左教区（the Diocese of Sourozh）实际上已经分裂。贝希尔主教（Bishop Basil）2006 年的离开导致出现裂痕，因为主教无法让自己受制于统一基督教教权（the Ecumenical Patriarchate）而不是俄式教权（the Russian Patriarchate）的管辖。斯考诺更加详细地讲过这个耐人寻味的分裂故事（Scorer，2006）。这件事情折射出正教的性质，以及正教与民族身份的关系（这种关系有时让人疑虑），特别是在俄国和东欧有的地方——这一特征最近几十年日益凸显。

4. 自由教会

在很多方面，自由教会都是这一概述中最难处理的一个类别，因为得出什么样的结论几乎完全有赖于包括了哪些教派，不包括哪些。"自由教会"这一标题囊括了那些努力挣扎的群体，但也包括了成长迅速的群体。更困难的是，那些蒸蒸日上的教会之所以办得好原因却不尽相同：整体而言，非洲－加勒比教会服务于由种族定义的社群，各种各样的"独立"或者"新兴"教会吸引的人群则不太一样。关键的问题由此产生。哪些人受到后者的吸引？他们实际上就是现有教会中离心离德的成员吗？如果是这样，又是哪些教会中的呢？他们之所以"新"是因为相当数量的人之前与宗教机构没有任何关联吗？

首先来看旧的非国教教派（Old Dissent）和循道宗，不要忘了严格说来后者应该与英国更早的非国教（Non‑conformist）传统区别对待。在很多方面循道宗是新教内部一个独特的派别，如果涉及欧洲，这一情况就变得更加重要。苏格兰的长老会、英格兰的联合归正教会[20]、浸礼会都跟欧洲的宗教改革传统有着非常明显的关联，但循道宗却没有。它们的传统——由圣公会衍生而来——有不同的取向。在 20 世纪

大半的时间里，英国主要的非国教教会都经历了成员的减少，循道宗
也无疑深受其苦；成员减少的趋势在战后出现加速。下面的引文能让
我们有清晰的认识：

> 英格兰和威尔士的主要自由教会——循道宗、公理会、浸礼
> 会、长老会——在一战即将爆发前的年月里达到成员人数的顶峰：
> 具体是哪年每个教派不一样。1914～1970 年，他们的成员合计下
> 降了三分之一……二战后这一衰退比以前更加猛烈：1914～1939
> 年，英格兰和威尔士的平均降幅是 6%（英格兰要稍微高一些）；但
> 在 1939～1970 年，英格兰和威尔士的平均降幅则为 30%（英格兰稍微
> 少一些）。(Thompson, 1989：100, 数据来自 Currie, Gilbert and Hors-
> ley, 1977)

1970 年后下行的趋势依然持续，虽然有的更严重（见图 3 - 6）。
具体来讲，浸礼会比多数教派更扛得住。循道宗和长老会则未能扛
住——过去 20 年里它们的衰退非常迅猛，不要忘了这还是有地区性差
异的。除了长老会在苏格兰的存在外（见第五章），循道宗直至 20 世
纪末期在某些地区依然享有让人吃惊的影响力。例如在西南的一些地
方，到了 1980 年代中期，依然有可能发现循道宗的存在与投票给自由
民主党之间存在统计上的相关性（Davie and Hearl, 1991）。

就统计趋势而言浸礼会多少是个例外，从很多方面来看这并不让
人意外，因为浸礼会在旧的非国教与更新的教会生活形式之间搭起某
种桥梁，尤其是那些名头各异凑到一起的教会，包括家中教会、独立
教会、新兴教会、五旬节教会等。在第一版中我的讨论援引的是安德
鲁·沃克（Andrew Walker）对"复辟主义"（restorationism）及其与家
中教会运动关系的讨论（Walker, 1985）；其后是对英国较大卫星城镇
中黑人领导的教会的一个短小介绍。本书中我采纳的是古德休（Good-
hew, 2012a）设定的类别，他对教会增长的分析从主流教会入手（尤
其是伦敦的主流教会），包括少数社群、少数族裔以及多样化的"新兴
教会"。然而需要注意的是，古德休编辑的文集关心的是教会增长，而
我的讨论则是关于教派生活的某个特定领域。两者之间并无必然联系。

正如古德休自己指出的那样，增长与衰退完全跨越了教派界限。即便这样，以下段落中涉及的会众类型呈现的统计规律从整体上看还是跟目前为止归纳出来的那些规律明显不同。

尤其重要的是五旬节教会的现状，得放到全球语境下才能准确理解这一教会。在全世界范围内，五旬节教会都是基督教增长最为迅速的一支〔更多信息见 2006 年皮尤宗教与公共生活论坛（Pew Forum on Religion and Public Life 2006）〕。全球的五旬节派信徒估计大致为 2.5 亿人，而这些人多数居于南半球（Davie，2002）。然而欧洲也有重要的回应，包括英国，尤其是那些在海外有分支的教会。非洲－加勒比教会就是一个很好的例子，虽然绝非唯一的例子。古德休文集中奥斯古德（Osgood）所著的那章概述了非洲－加勒比教会的会员构成情况，及其 1980 年以来发生了哪些演变。这些教会极具多样性：基督教各个教派与多种独立教会并存，并不局限于某个地区的元教会（mega－churches），教会活动跟不妨称之为着眼于社群的集会一道并行不悖（Osgood，2012：110）。由于多样性和类别的重叠，总体上的数字难以估计。不过古德休（Goodhew，2012b：3）还是提出英国以黑人为主的教会成员人数估计为 50 万人。[21]

"新兴"教会这一类别同样弹性很大，包括从旧的传统衍生而来的教会，组合成伞形组织（umbrella organizations）的教会，强势独立的教众集会，在家里、学校或者会堂集会的人群，现有教派的分支，以及一个将自己描述为"崭露头角"（emerging）的正在增长的群体。彼得·布赖尔利（Peter Brierley，2011，2014）在其近作中用的是以下类别："独立教会"（independent churches）、"新兴教会"（new churches）、"五旬节教会"（Pentecostal churches）以及"小一点儿的流派"（smaller denominations）。显然将教会或教众划归为某个类别有些主观，并且随着时间流逝会改变，但是——依据布赖尔利的最新分析——独立教会和新兴教会兴许已经达到鼎盛，更小的派别尚未定型，五旬节教会持续强劲增长。泛泛而言，布赖尔利用的三个指标都表明了这一点：教会成员、教会建筑、教会领袖。还有三点需要注意。第一，这些教会（多数）为小教会，这意味着增长的比例可能失实，总体上人数依然不多。第二,他们是"聚在一起的"(gathered)教会——意思是与场所和区域都没什么大的关系。第三,地区性差异非常明显,这一点在讨论伦敦、苏格兰、威尔士、(一定程度上)北爱尔兰时将会体现得更明显。

(二) 其他信仰群体

在日益互联互通、急剧变化的世界里,宗教多样性广泛地存在着。在很多地方多样性是一种常态,而非例外。然而这一现象的本质在不同国家明显不同,在论及欧洲各地的宗教情况时已经提到了这个事实。实际上就欧洲而言,从宗教这点上看,英国有着更多而非更少的多样性:英国有着多种多样的"世界宗教",每一种的发展路径都不一样。这些差异有赖于许多因素:特色鲜明的神学,来源国家,到达英国的日子,相关社群的种族、经济和社会概貌,外部事件,等等。因此抽象出一般性的结论来不大可能有实际意义,实际上这种泛泛而论可能更有害。我在写后面内容的时候,就考虑到了这一点。在寻找关于其他信仰群体状况的资料时,我发现伍德海德和卡托(Woodhead and Catto,2012)著作的第三章尤为有用,为了方便读者参照阅读,我的介绍采用了与其相同的排序。2011 年英格兰和苏格兰人口统计调查的近期数据则为我提供了最新的统计依据。

1. 犹太教徒

跟英国其他大多数的少数族裔宗教群体不一样,犹太教社群较少有成员是在战后移居到英国的(Waterman and Kosmin,1986)。在这个方面英国的情况跟法国的显然不同:二战后到达法国的北美犹太移民几乎翻倍。在英国,犹太人口于 1950 年代达到顶峰,将将突破 40 万人。随后就下降了,有很多原因,其中包括移民到以色列、与非犹太教的人通婚、家庭规模缩小等。目前其人口规模略微低于 30 万人,占总人口的 0.5%。总体上看,犹太人成功融入主流社会,人口很大程度上老龄化,且集中在特定的城市,如伦敦、曼彻斯特、利兹、格拉斯哥。

然而事情并非完全如此。有迹象表明人数的下降可能在减缓,还有可能会回升。这是因为犹太社群严格的正统派（*haredi*）的增长，这一派别将建立庞大的家族奉为圭臬，反映了一种全世界范围内的趋势。由此得出第二点：正统派比其他的犹太人群更有可能抵御归化，以此对抗第二种长期趋势。此外，极端正统派的这种特殊性也体现了英国犹太教整体上四分五裂的特性。绝非所有犹太教徒都践行礼拜，那些践行的人分裂为清晰可辨的六股势力，这六股势力又可分成两大类别：正统派和非正统派。格拉罕（Graham，2012：91－92）详细论述了这些区别，特别关注了1990年以降各股力量的此消彼长。他还提出了一个棘手的问题：如此分裂的成员构成情况下谁为谁发声。尤其是当关乎以色列时，这个问题越发变得微妙。但不管怎样，有一点是清楚的：英国的犹太人构成了世界上第五大犹太社群，位居美国、以色列、法国和加拿大之后；其重要性不应被低估。

2. 锡克教徒

跟犹太人一样，英国的锡克族人既是族群性的人群，也是宗教性的人群。在锡克族社群的自我认同以及战后适用法律的过程中，这一事实都具有重要性。就后者而言，少数族群受到"种族关系法案"（Race Relation Acts）的保护，这一系列的法律早在人们关注基于宗教信仰的歧视的几十年前就有了。如此一来，锡克族人常常被视为英国文化多元主义的先锋，因为他们宣扬、捍卫文化（宗教）习俗、族群习俗。

很大程度上锡克族人来英国定居是因为英国战后经济恢复推动了对劳动力的需求。锡克族人来自南亚，注意，有为数不少的人是从东非来到英国的，非洲化（Africanization）的政策将其从肯尼亚、乌干达和坦桑尼亚赶了出来。有意思的是，那些走这条路线到达英国的人带来了独特的习俗，其中包括锡克教的穿戴标志——那些已经居住在英国的锡克族人已不再遵循这些习惯，但这些习惯能让人立刻辨识其身份，有时候需要小心翼翼地对待这些差别。[22]2011年的人口统计调查表明，英国有超过40万的锡克族人，比起2001年几乎增长了10万人。他们多数（2011年为56.6%）出生在英国。锡克族社群高度集中在伦敦、英国的东南和中西部。而且显然来源国对于该社群而言依然是一个重要因素。锡克族人直接或间接来自旁遮普省，1947 年印巴分治时该地区遭受严重损毁，时至今日依然是印度次大陆上一个有争议的、有时爆发暴力冲突的地区。1984 年 6 月印度军队进驻阿姆利泽的金色庙宇，这在英国的锡克教社群中造成极大影响，也促使他们成为侨居世界各地的锡克族人的领袖（Singh，2012：107）。

3. 穆斯林

穆斯林是英国最大的非基督宗教少数群体，而且他们的人数还在继续增长。2011 年的统计调查显示英格兰和威尔士有 270 万穆斯林（占人口的 4.8%）——自 2011 年以来增长不少。[23]英国的穆斯林来自多个国家，但是最大部分来自印度次大陆，尤其是巴基斯坦和孟加拉国。1994 年我发表过有关穆斯林的言论，这反映了萨曼·拉什迪（Salman Rushdie）的小说《撒旦诗篇》以及第一次海湾战争所引发的对伊斯兰世界的关注。自那以后，又发生了很多事。很快人们就知道了：拉什迪引发的争议不过是欧洲各国中接连发生的几起类似事件之一，这些都是因欧洲主流社会与穆斯林社群之间具有不同的观念而引发的。这些事件的起因以及难以找到合适的解决之道将成为第四部分讨论的中心议题。第一次海湾战争之后西方又数次侵入伊斯兰国家，并非每次入侵都被视为合法的。这些行动，加上行动引发的反响，造成的一个明显后果就是英国国内对穆斯林社群有了更多感知。

这就更需要小心地求证现状与数据了。吉利亚特-雷（Gilliat-Ray，2010，2012）煞费心血的研究提供了极好的借鉴。她关注自己写作时的背景，故采取的视角比多数评论者历时更长，目的在于考虑英国穆斯林人口迁居的起源与规律、其内在的多样性，以及为社群生活提供聚焦的机制。可喜的是，她的材料强调的是英国穆斯林的日常生活，而不是那些充斥新闻的危机事件。在《英国的穆斯林》（*Muslims in Britain*）一书的第五章她详细描摹了英国的穆斯林社群：包括社群大小、地域分布、族群特征、年龄与性别、来源国与语言使用、家庭与居住模式、就业、健康及福祉等方面。该章大量引用了 2001 年人口统计调查的数据，认为穆斯林人群的存在对于推进宗教问题的合理应对具有重要意义。

她的研究发现这个相对年轻的人口群体有将近一半都出生在英国。此外，出于多种交织在一起的原因，这个少数族群受到社会－经济不利条件的影响。同样清晰的一点是，英国各地的穆斯林社群差异显著，这也解释了为何"思想流派"（schools of thought）和实践活动都很多样。然而也有统一的时刻，其中之一便是拉什迪争议。这是英国穆斯林理解自身的一个至关重要的事件，事件（理应如此）也引起了业内人士、反对者、政策制定者和学者的关注。后者中的塔里克·莫杜德（Tariq Modood）在争议尚早时就做了如下让人动容的陈述：

> "拉什迪事件"无涉萨曼·拉什迪的生活，也无关言论自由，与伊斯兰原教旨主义、焚书、伊朗干涉英国事务等更无关。它关乎的是世俗霸权语境下的非欧洲宗教与文化少数族群的权利。欧洲的启蒙思想的合理性，是否容得下先于启蒙出现的宗教热情，抑或能扼杀所有对其璀璨的思想和人文观并不仰视的人方能成立？（Modood，1990：160）

更早些时候，奥利弗·莱曼（Oliver Leaman，1989）以不同的方式表述过同样的观点：我们（西方的评论者）如何接纳"我们社会中非同寻常的现象、严肃对待宗教的人"，以及那些因渎神行为而被冒犯的人？这是一个关于"生活在一个多元化的社会中意味着什么"的核心问题。这也是需要许多不同群体持续加以关注的、复杂而艰难的问题。

4. 印度教教徒

2011 年的统计调查表明英格兰和威尔士有 816633 位印度教教徒，较 2001 年的 558342 人有了明显上升。该社群的成员绝大多数来自南亚，而且有相当一部分人是通过东非来到英国的，原因则跟锡克教教徒一样。印度教教徒大多为城市人口，集中在伦敦和中部地区（尤其是在莱斯特）。相较而言，印度教教徒在经济上表现出色——他们受过良好的教育，也为商业和各行业做出了重要贡献。经济富足的一个表现就是他们逐步迁往郊区居住。

扎沃斯（Zavos，2012）勾勒了印度教教徒这一鲜明身份在英国的出现，强调其朝着宗教而非种族或者民族称谓的转变（比起亚洲人或者南亚人这样的称谓，他们更偏好印度教教徒这一称谓）。这一过程中南亚次大陆上的政治动荡有时候变得重要起来。不足为奇，这些政治风云也波及英国，包括印度教教徒和穆斯林之间不可否认的敌意——分治的记忆犹新，在英国如此，在别的地方也是如此。在当地和全国范围内设立印度教的机构则更具积极意义，有的建筑项目值得一提——包括150座神庙，其中便有内斯登（Neasden）著名的斯瓦米纳拉扬神庙（Swaminarayan Temple），以及沃特福德附近莱奇莫荒原的巴克蒂维丹塔庄园（Bhaktivedanta Manor）。涌现了第一批公立的印度教学校。跟其他的宗教少数群体一样，印度教教徒注重其信仰投射在媒体上的形象，并且会大费周章更正不够准确的地方。

5. 佛教徒

跟印度教教徒一样，佛教徒的种族成分驳杂，但原因却不同。2011年统计调查时自我认定为佛教徒的24.8万人中（自2001年以来增长了三分之一）有相当数量的人是皈依者，而非移民。几乎40%的佛教徒为白人。此外，皈依者和移民践行佛教的方式并不一样（Bluck，2012）。实际上，此处必须提出一个更加极端的问题，即：佛教是否应当被视为一种宗教？鉴于佛教对修行而非信条的重视及其本质上的无神论特性，佛教在某些方面更接近于第八章中讨论的其他灵性信仰，而不是一种世界宗教。

不管实际情况如何，战后20世纪七八十年代因为内部和外部的原因，人们对佛教的兴趣增长了。新的精神信仰形式，尤其是那些源于东方的形式，对于某类英国人来说无疑是有吸引力的——多数为受过良好教育、有着高端专业化背景的人。大约在同一时期，为数不多但颇为重要的移民群体从斯里兰卡、泰国、缅甸和中国西藏来到英国。21世纪末期，更多的佛教信徒则从东亚（日本和中国）涌入，创价学会（Soka Gakkai）的活动［其全国总部在伯克郡的塔普罗苑（Taplow Court）］在这方面是个重要因素。布鲁克（Bluck，2012：141）是这样定义西方的皈依者与后来的教徒之间的差异的："亚洲的佛教徒看重传承宗教的根、文化的根，而皈依者则受到佛教强调个人责任的吸引。"

对于后者而言，佛教是他们选择的，而非承袭的，他们以更加个人化的方式来践行佛教教义。

（三）小结

这部分的梗概不难表述。就基督宗教信众构成而言，显然较少有英国人属于某个教会或者定时参加宗教礼拜，而那些做到其中之一的人则可大致均分为圣公会教徒、天主教徒、自由教派这几个类别（假定非洲－加勒比教会与"新兴"教会包括在最后一类中）。鉴于事情的现状，当然可以认为不管哪个基督宗教教派，积极信教的人彼此有着更多共同的地方，比他们与其他多数人口共同的地方要多。这一陈述可能也适用于有其他信仰的人口。简言之，这些人是英国社会中将宗教当回事儿的人。但是严肃对待宗教越来越成为一种例外，而非常态。本章回顾的数据说明了这一情况，公共生活中有关宗教的讨论以及日复一日在讨论中流露出来的确实的不解之情也同样表明了这一点。能做些什么呢？

这些人与英国大多数人之间的关系兴许可以作为出发点，因为显著的转变已然发生了。下面这段二十多年前的话依然有道理："英国基督教内部相当高的多样性以及各种信仰的多样性底下是基督教或多或少的唯名论（nominalism），至少在英格兰唯名论倾向于表现为圣公会"（Davie，1994：69）。与之相对，世俗化——至少是任何改进意义上的世俗化——依然是为数不多的少数派的信条。现在早已不是这样了。基督教的唯名论依然存在，但却在较快地消亡——第二部分将会阐释这一点。世俗化反而甚嚣尘上，不过需要对其进行细致区分（见第九章）。

还有一点就是要把宗教信众构成放到更广阔的视角下去看。宗教群体的成员人数及其出席礼拜的次数持续下滑——对此已无任何异议。然而成员身份与参加礼拜依然是一种比较受欢迎的"从属"（belonging）形式（类似于某个自愿组织的会员身份）。即使随便翻翻长期开展的"英国社会态度"（British Social Attitudes survey）调查得出的信息就可发现这一事实，尤其要注意的是政党、工会乃至酒吧也都在同时

第三章　现实情况与相关数据

衰落。海伦·卡梅隆（Helen Cameron）认真研究了不同类型的自愿组织（一个应该避免一概而论的领域），她的研究得出同样的结论（Cameron，2001；另见 NCVO，2011）。简言之，不管怎样，许多不同种类的宗教组织依然是英国当代社会的一个重要特征。因为这个原因（哪怕没有别的原因），宗教机构都值得认真研究。

四 媒体对宗教的刻画

在前文中，我尽量清楚地介绍了英国的宗教概况。在此过程中我使用了各种来源的资料，所有这些来源都是该领域内的评论者可以获取的。因此，为什么媒体对宗教的刻画十之八九给人一种不太一样的印象，有时甚至到了严重失实的地步？从某种层面上来说答案并不复杂，跟第一章列出的那些要素有关。第一章引入的六个要素在不同方向上牵扯推拉，如此一来这些要素需要一并考虑，如果牺牲其他要素只选择其中之一并将其过分突出，整体的面貌就会扭曲。这一倾向性最明显的表现便是要么过分强调世俗化，要么放大穆斯林的存在（这又跟夸大移民问题有关）。

为了更加详细地回答这个问题我将援引给人启发的"宗教与社会研究计划"中的一部分。"媒体对宗教的刻画以及世俗的神圣"（Media Portrayals of Religion and the Secular Sacred）是一个特别有意思的项目，因为它复制了 1982～1983 年做过的一个早期研究。[24]用的方法与早年研究类似，该项目详细审视了三份英国报纸（《太阳报》《泰晤士报》《约克郡晚报》）一个月的内容以及三个电视频道（BBC1，BBC2，ITV）七天的电视内容。第二次研究中，研究人员扩大了媒体报道的种类：《卫报》、《每日邮报》、BBC4 频道以及《天空新闻》。此外，研究团队调查了更大公众范围内的焦点小组。特别关注的是媒体对两个事件的报道：2009 年禁止荷兰议员威尔德斯（Geert Wilders，极右的自由党领导人）入境英国，2010 年教皇本笃十六世造访英国。有意思的是，在时间上第一个项目与 30 年前教皇约翰·保罗二世的来访碰巧重合。

他们的研究成果颇为丰硕。第一点就是确认了在这段时期内媒体对宗教的报道增加了。鉴于上文给出的事实与数字，要问为什么增加了是件有意思的事情。可预料的是，这一增长很大程度上是因为对伊斯兰世界的关注，虽然不完全是，而几乎所有对伊斯兰世界的关注都是负面的（这是过分关注的一个绝佳例子）。更让人吃惊的是对基督教报道的增长，尽管整体而言英国社会的基督教会显然在节节败退。然而最让人震撼的是两种说法同时存在。一种指出有争议媒体才活得好："报纸和电视聚焦冲突、偏差，当然还有名流。"[25]对宗教的报道也相应进行了建构。同时，在一个日益对宗教（包括基督教）一无所知的国家里，媒体相应成为有关宗教问题的重要信息来源。这两点并举给人的启示是震撼的，以后的章节也会多次论及这些启发。

注释

① 彼得·布赖尔利（Peter Brierley）是这方面的推动者。2007 年，他从基督教研究所退休，但仍积极从事该领域的研究。关于他近期的成果，可参见：http：//www. brierleyconsultancy. com/index. html（2014 年 8 月 5 日访问）。

② 参见：http：//www. christian – research. org/for more details（2014 年 8 月 5 日访问）。2006 年，布赖尔利还出了一本题为《走出衰落：当代教会图景》（*Pulling Out of the Nosedive*：*A Contemporary Picture of Churchgoing*）的书（Brierley, 2006）。正如其题目所揭示的：布赖尔利强调现实的紧迫情况，说明除非在近期采取些行动，教会将不可避免地面临衰落。

③ 参见 http：//www. brin. ac. uk/（2014 年 8 月 5 日访问），这一网站的数据库囊括了大量资料，并资助严肃研究。可以在以下网址找到对《宗教趋势》中披露的资料的深入研究：http：//www. brin. ac. uk/news/2011/church – attendance – in – england – 1980 – 2005/（2014 年 8 月 5 日访问）。

④ 想了解这一问题，可以查阅《2011 年英格兰和威尔士的宗教》（*Religion in England and Wales, 2011*）这篇摘要论文中关于宗教性测量的段落，本章就利用了这篇文献的内容（ONS, 2012）。也可以通过 BRIN 网站获取关于人口统计调查问题文本和调查方法的信息。也可以通过下面网址，查看题为《2011 年人口统计调查——寻求解释》（*2011 Census – Searching for Explanations*）的报道，参见：http：//www. brin. ac. uk/news/2012/2011 – census – searching – for – explanations/（2014 年 8 月 5 日访问）。戴维·珀费克特（David Perfect）为平等权与人权大会（Equality and Human Rights Commission）准备的简要文章《宗教与信仰》（Religion and Belief）也有助于理解这一问题，该文章列举了关于英国的宗教与信仰的统计数据的各种资源（Perfect, 2011）。

⑤ 在苏格兰的普查中，关于宗教的问题比在英格兰和威尔士的更具体。后者只是问了"你的宗教是什么"。而在苏格兰，接下来又问"你属于什么宗教、教派或宗教团体"。而结果也非常不同。在 2001 年统计调查中关于个人成长的宗教环境的问题，在 2011 年则没有了。

⑥ 最小抽样单位（Output Areas, OAs）包括大约 125 个家庭。关于这一概念的解释可参见：http：//www. ons. gov. uk/ons/guide – method/geography/beginner – s – guide/census/output – area – – oas –/index. html（2014 年 8 月 5 日访问）。

⑦ 统计调查中有关宗教的问题只是选答题。这样做是因为法律原因。参见：ht- tp：//www. brin. ac. uk/news/2012/2011 – census – searching – for – explanations/（2014 年 8 月 5 日访问）。

⑧ 概述基于如下来源：*Statistics for Mission 2011*（2013）；*Statistics for Mission 2012*（2014）；英格兰教会"教会增长研究项目"（Church Growth Research Programme）网站上汇总的资料，参见 www. churchgrowthresearch. org. uk/（2014 年 8 月 5 日访问），这一项目的发现值得认真对待。

⑨ 大卫·瓦尔斯（David Voas, 2003）认为，在 1930 年代人数就已经开始减少了，1950 年出现的人数明显减少是由统计原因造成的假象。

⑩ 参见 *Statistics for Mission 2012*（2014），Table 16 and Figure 32。

⑪ 参见 *Statistics for Mission 2012*（2014），Table 22 and Figures 39 and 40。在 BRIN 网站上可查到采集自各类来源的长期数据：http：//www. brin. ac. uk/news/wp – content/uploads/2011/04/Confirmations – 1872 – 2009. jpg（2014 年 8 月 5 日访问）。

⑫ 参见：http：//www. churchofengland. org/media/1370733/2010ordination sreaderad- missions. pdf（2014 年 8 月 5 日访问）。参见 *Statistics for Mission 2012*：*Ministry*（2013）获取关于英格兰教会教务活动的其他资料。

⑬ 参见：*Statistics for Mission 2012*（2014），和 http：//www. brin. ac. uk/news/2011/church – attendance – in – england – 1980 – 2005/（2014 年 8 月 5 日访问）。有些东西取决于出席的频率以及是否将工作日的活动算在内。

⑭ 参见 *Statistics for Mission 2012*（2014），Table 19 and Figures 36 and 37。

⑮ 更多近期数据，参见：www. prct. org. uk（2014 年 8 月 5 日访问）。

⑯ 这是伍德海德调查的主要发现。在《备忘录》（The Tablet）中她做总结时指出：现在总体上只有 5%、30 岁以下只有 2% 的人符合天主教会真理传授权威（Magisterium）规定的"忠诚的天主教徒"的典范。关于天主教样本人群的数据表可查看：http：//d25d2506sfb94s. cloudfront. net/cumulus _uploads/document/k0rbt8onjb/YG – Archive – 050613 – FaithMatters – UniversityofLancaster. pdf（2014 年 8 月 5 日访问）。

⑰ 参见 http：//www. ons. gov. uk/ons/dcp171780_229910. pdf（2014 年 8 月 5 日访问）。

⑱ 参见 http：//www. bbc. co. uk/news/uk – scotland – 21580885（2014 年 8 月 5 日访问）。

⑲ 就社群规模和出席率而言都是如此（Brierley，2011；Perfect，2011）。

⑳ 奥察德（Orchard，2012）解释了英格兰长老会如何联合英格兰和威尔士的公理教会中的多数教会，以组成联合归正教会。

㉑ 大卫·瓦尔斯 2014 年与我交流时，认为估计偏高，除非这一数字包括了非洲—加勒比人居多的那部分主流教会。

㉒ 这方面最让人敏感的是遵守教规的锡克族人必须佩戴"kirpan"——一种礼仪佩剑或匕首，其他人佩戴这些武器会被视为违法。

㉓ 可在"皮尤宗教与公众生活论坛"发布的数据中看到很有价值的比较。参见：http：//www. pewforum. org/future – of – the – global – muslim – population – regional – europe. aspx（2014 年 8 月 5 日访问）。

㉔ 参见：http：//www. religionandsociety. org. uk/uploads/docs/2011 _03/1301305944 _Knott_Phase _1_Large_Grant_Block. pdf（2014 年 8 月 5 日访问）。这一网址又提供了其他一些资料来源。另参见：Knott、Poole 和 Taira（2013），Woodhead 和 Catto（2012），第七章。我个人对这个项目感兴趣，我清楚记得它的出发点，即：1982 ~ 1983 年开展的有关媒体对宗教之刻画的早期研究，在一定程度上这一研究影响了我写的第一本书（Ahern and Davie，1987）。

㉕ 这些引文的出处参考注释㉔。

第二部分　宗教遗产

第四章
文化遗产、信仰但不从属、代理式宗教

　　英国人生活在一个多变的社会中，宗教的变化尤其巨大。然而有的东西却是不变的，这些东西构成英国人日常生活及其相随假定的底蕴。英国人关于时间的期许便属于这一类不变的东西。对于英国多数人而言，每个星期都是周一到周五上班，周末主要用来休闲，英国人觉得这是理所当然的。在有关"遵守周日惯例"的立法中可以找到折射这些变化的一个焦点。在周日英国人能做什么和不能做什么经过了一步步调整，这样的调整被普遍理解为世俗化的标记。的确如此，因为在二战刚过的岁月里连想都不敢想的活动现在可是平常得很。这些活动既包括大型的体育赛事、寻常的逛街，也有让那些不喜欢在周日工作的人感到不爽的调整。背后的道理耐人寻味：发生变化的是周日，而不是其他任何一天，这源于英国旧时代里基督教的时间框架。

　　可以从另外一个角度来看待每周上班的节奏。周一到周五忙于生计，周末的时间做点不同的事情，这跟英国多数人的生活一致，不管这些人信教与否。多数情况下，活跃的基督徒在礼拜日（主要是周日）都有空参加礼拜活动，而没把宗教看得这么重的人则随他们的便了。对于宗教少数群体来说就没那么容易了，尤其是那些文化传统不同、礼拜时间表不一样的群体。比如说，正统的犹太教徒星期五日落时分

Religion in Britain: *A Persistent Paradox*, Second Edition, Grace Davie. 2015 Grace Davie.
© Published 2015 by John Wiley & Sons, Ltd.

便开始了安息日，冬天里这离工作日的结束还早着呢。对穆斯林来说星期五祷告的义务（实际上是每天）可能要求他们在工作场所做出特殊安排。英国现有很多信仰群体，他们的重大节日不可能跟英国人所谓的"假日"重合——多数人不知道"假日"这个词的宗教词源。不奇怪，工作场所的管理多元化已经成为英国社会的一个重要议题，并且包括了一个重要的法律维度（见第十章）。

就空间而言，也有类似的期待。当提议修建一座新建筑时，实际情况会跟想当然的不一样。如果该建筑的外形和布局被认为有异域风格，而且要用做一种不常见的宗教礼拜场所时，会有人抗议，会引发争论。这揭示了抗议者——有时候是无意之间——默认的假设，这些假设有很多源自独特的历史。在这个方面，建筑规划申请和当地的媒体都是非常好的信息来源。就声响而言，亦是如此。诚然，偶尔会有人抱怨教堂的钟声，但对一般人来说钟声早已成为一种熟悉的背景声音。而穆斯林宣礼的声音——于伊斯兰文化的节律而言不可缺少——则会引起完全不同的反应。

上文所说关于空间的争论早已不新鲜。一座神圣建筑物坐落在哪儿可是关系重大，而且向来如此，因为处所意味着权力——真正的以及象征性的权力。这样的建筑常常耗资不菲，更不用说建造用的土地。学会"阅读"一个城市，甚至一个村庄，成为理解宗教历史的一个关键因素（Martin，2002）。就本章而言，有两点尤其应该注意。第一点是英国随处可见的基督教建筑，以及由此产生的视觉联想；第二点是不同宗教群体命运的变化，包括基督教群体和其他宗教群体，这从他们各自的所在地可窥一斑。简言之，仔细观察一个城镇或城市的天际线，你可以了解很多有关宗教在该地社会中的地位的信息，以及这样的地位是怎样发展形成并继续变化的。

这些建筑物的组成部分和里面发生的活动同样揭示了很多信息。宗教艺术和艺术品的累积、分门别类的礼拜仪式以及伴奏的音乐，这些对欧洲文化都有影响，并外溢到社会上。欧洲大陆各处的艺术馆和音乐厅里都充满了这些东西，只是数量不同而已。千百年来一直都是这样，基督教的形象弥漫于英国人的见闻、阅读，这也不足为奇。至于阅读，圣经的各个译本和祷告文本的权威版本对语言有着深远的影响——它们的抑扬顿挫已深深嵌入英国人的说话方式，英国人几乎没意识到它们的存在，以至于忘了源头所在。而正经学习艺术、文学和音乐的学生常常得上一门基督教神学课才能欣赏他们所学科目的内涵。这个领域里矛盾的现象多着呢。艺术和艺术品作为道具或提示物是为熟知基督教故事但不会读写的人群而创作的，现在读写能力俱佳的人早已不再接触这些故事，因而也就无法理解这些艺术和艺术品。

这样的陈述引入了这本书的一个中心议题，即：不仅需要理解历史遗产本身，而且要理解它如何以复杂的方式影响现在的情况。英国人既依恋这一遗产，又怀疑它：古教堂的物理存在和文化存在是一回事，在英国人的日常生活中发挥实际作用则是另一回事。我们怎样才能探索这一变幻无常的中间地带？本章以两种方式来分析这个问题。先是确定该地带，意思是确定那些承认对基督教还残存依恋但很少践行其信仰的人，他们的数目相对较大。从这个意义上讲，这补充了第三章中确立的事实和数字。接下来的各小节介绍有助于更好地理解这一人群的关键概念。首先要看一看"信仰但不从属"这个概念，这部分内容密切关注本书第一版引发的争论。接下来是对"代理式宗教"的一个概述——该想法既有对早先方法的完善，也有对之的质疑。此时的讨论最大限度地利用了例子。同一问题的体制维度（教会与国家之间延续至今的关系及其对社会不同部门的影响）将在第五章中加以讨论。

一　宗教信仰的证据

进一步深入之前应该澄清一点："信仰"这一概念本身就是英国人参与历史的一部分。它源于英国人的基督教历史，但对于其他宗教而言则不能这么说，不管是对于英国本地的还是别处的其他宗教。但即使是在"基督教"的英国，信仰也是个棘手的词：什么应该包括或者不包括在这个笼统的类别里，如何才能最好地捕捉到它？本书1994年的版本援引定量和定性的资料来阐释这个问题，并从个体和集体的视角进行了分析。本节更新了介绍各种来源的数据资料。①然后回顾引发我对该领域兴趣的特定调查，最后再看更新的研究。

宽泛地讲，发现的规律比较清楚：一半到三分之二的人口继续相信某种神或者超自然的力量，但在这一类别之内，那些相信人格神的人在减少，而偏向不那么具体的表述的人在增多。同时没有信仰的人数目有所增长。在某些但并非所有欧洲社会中也有类似的变化发生。表4-1、表4-2②，图4-1展示了这些趋势，这些趋势设定了本章的讨论框架；这些发现同样会在第八章和第九章中用到，第八章有关多样的灵性信仰，第九章有关世俗的反应。

表4-1 英国信仰上帝的人口比例（1991年、1998年和2008年）

单位：%，人

	1991年	1998年	2008年
信且一直信	45.8	47.6	36.7
现在信，以前不信	5.9	4.2	5.1
以前信，现在不信	12.1	11.6	15.2
一直都不信	11.6	13.2	19.9
无法选择	22.7	21.7	21.7
没有回答	1.8	1.7	1.5
总 数	100.0	100.0	100.0
样本量	1222	815	1975

资料来源：British Social Attitudes, 1991 – 2008；Table created by David Perfect 2011. *Religion or Belief*. Manchester：Equality and Human Rights Commission Briefing Paper. Table 4.1；http：//www. equalityhumanrights. com/publication/briefing – paper – 1 – religion – or – belief；Used by permission of the Equality and Human Rights Commission（EHRC）。

表4-2 部分欧洲国家或地区报告的信仰数据（2010年）

单位：%，人

	相信有上帝	相信有某种灵性或生命力量	不相信有任何的灵性、神和生命力量	不知道	样本量
奥地利	44	38	12	6	1000
比利时	37	31	27	5	1012

	相信有上帝	相信有某种灵性或生命力量	不相信有任何的灵性、神和生命力量	不知道	样本量
塞浦路斯	87	9	3	1	502
丹麦	28	47	24	1	1006
芬兰	33	41	22	3	1001
法国	27	26	40	6	1018
德国（之前西德部分）	52	27	17	4	1002
英国	37	33	25	5	1009
希腊	79	16	4	1	1000
冰岛	31	49	18	2	501
爱尔兰	70	20	7	3	1007
意大利	74	20	6	0	1018
马耳他	94	4	2	0	500
荷兰	28	39	30	3	1018
北爱尔兰	59	23	15	3	302
挪威	22	44	29	5	1037
葡萄牙	70	15	12	3	1027
西班牙	59	20	19	2	1004
瑞典	18	45	34	3	1007
瑞士	44	39	11	6	1026

资料来源：European Commission（2012）；Eurobarometer 73.1（January - February 2010）；Table created by author from cross - tabulation provided by David Voas，Institute for Economic and Social Research，University of Essex。

　　尽管各个调查的测量单位不一样，但这些数据清楚反映了一个已经做出的区分，即：在测量宗教时硬性和软性变量之间的差异。对"信仰"或"从属"的定义越严格，涉及的人就越少。然而趋势是清楚的：一方面是趋向更大的异质性，另一方面是趋向更多的世俗性。而且两者都源于同一过程，也就是不断远离任何可以被称为"正统"的、要去教堂礼拜强化的东西。

　　有关异质性的情况显然如此。在连续体的一端，信仰与基督教教义有着清晰可辨的联系，受到时不时的（就算不是定期的）活动——

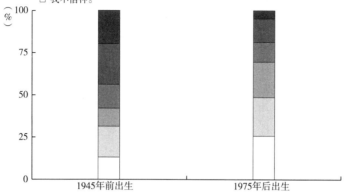

■ 我知道神真的存在，对之我没有怀疑。
■ 我有怀疑，但我觉得自己是相信神的。
■ 我发现自己有时候信神，但有时候又不。
□ 我不相信人格神，但我相信有某种更高的力量。
□ 我不知道是否有神，我不相信有任何方法可以搞清楚。
□ 我不信神。

图 4-1　老年人和年轻人对神的信仰

资料来源: British Social Attitudes survey 2008. Chart created by David Voas, Institute for Economic and Social Research, University of Essex. Used by permission of David Voas。

多半是在大型节日或者特殊场合的仪式中——的支撑。另一端的信仰则五花八门，沿用 1980 年代一次非常详细的调查中使用的类别，包括治愈、灵异、算命、宿命和命运、死后的生命、鬼魂、精神体验、祷告和冥想、运气、迷信。③更晚近的调查用的是不太一样的词语（见第八章），但要点是一样的。这些调查都有充足的证据证明非理性的存在，但其形式与基督教的教义几乎无关。那么它们算不算信仰呢？对此没有统一的看法。而且正统和不太正统的信仰之间的界限也并非泾渭分明。

接下来有个例子。参观宗教建筑的人常常被敦促祈祷或者被要求倾听祷告。④如果他们愿意，会有人邀请他们写下愿望，并放在指定的地方；告知他们将定期收集他们的愿望，并且把这些愿望加到跟该建筑相关的定期集体祷告中。这样的安排司空见惯，不同类型的人都在使用。哪怕最不经意的翻阅都会发现这些愿望内容多样，而且并不总是跟基督教的教义一致。然而这些愿望的表述却暗示了某种期待：不仅提出请求是一件妥当的事情，而且祷告因身处的场所而得到加持，会更加灵验。⑤同样清楚的是，很多的这些愿望跟治疗有关，这是个跨越很多边界的概念：跨越科学和宗教，跨越常规药物和替代疗法，跨越"传统"宗教形式和其他的世界观，跨越个体的理想和集体的信仰。各种机构对这些不停的边界调整做何反应，将在后文讨论。在这里指出宗教信仰的复杂性就够了，并且要认识到：对严格意义上的基督教和其他形制之间做出截然区分有时候会造成误导。

而这一点正是我 1960 年代晚期在艾灵顿（Islington）进行的一个小型研究中领悟到的，这个研究对我的思想有不小的影响（Abercrombie et al.，1970）。虽然研究的范围有限，而且现在看来有些过时，但是该项研究的严谨性赢得了颇高的声誉。研究还贡献了该领域文献中最好的引言之一。研究对受试者关于神的信念进行了探测，问的问题有"你相信有一个能够改变世间万事进程的神吗？"有一个受访者的回答是："不相信，我只信那个一般上帝。"这样的答案值得思考，它们点出了这个问题的核心，一种矛盾。一位"一般的"神在社会学或者其他方面意味着什么？这是不是宗教信仰的证据？如果不是，那需要什么样的类别来理解英国生活这一持续存在的维度，这些又跟更加正统的信仰维度，包括实践，有何关联？艾灵顿研究的结论中有一些有意思的评述：

> 从上面那部分的分析暂时可以得出这个结论：由于去教堂礼拜往往跟迷信相对立，如果不包括那些积极参加教会活动的人的话，人们的宗教信仰往往跟迷信的想法联系在一起。而且我们有一些证据表明对于那些不去教堂却说自己虔诚并经常祷告的人而言，宗教信仰已经远离了正统的教会立场，事实上更为接近通常所说的迷信。（Abercrombie et al.，1970：124）

由此得出第二点：在这个复杂的领域里发现的规律源于个人选择的累计效应，很多的这些选择包含了模糊的区别以及对基督教教义的一种大概其的理解。观察者也许希望将这些高度个人化的因素集合中的正统和不太正统的东西分离开来，而信仰者对此大都没什么兴趣。同样意味深长的是社会和文化因素的影响，这再次反映了历史在英国人思考方式中的分量。概念性的类别不是从天而降的，它们经历了漫长的时间才得以形成和革新。因此，看似非常个人化的一套信仰并非由个体自行生成的，而是反映了一种独特的文化遗产，就像宗教教义的"官方"说法一样。

因践行宗教活动的衰落，信仰的异质性进一步增长，世俗性的增长与之相伴而行。但正如卢瓦·李（Lois Lee，2015）指出的那样，不信可以跟信一样多样化，同样需要仔细审视，如果想要正确理解它的话。就语境而言，卢瓦·李的工作反映了将世俗化本身作为研究课题的兴趣不断增长，因为西方世界不同地方的学者都在反思他们国家里发生变化的境况——这将是第九章重点介绍的一系列文献。卢瓦·李的研究的一个核心主旨在这一阶段还是重要的。这个主旨跟理解世俗性要区分缺席与在场有关，她将其表述为从"空洞无物的世俗性"（hollowly secular）转向"有实质内容的非宗教性"（substantively non-religiouis）。换言之，没有信仰或者没有宗教信仰不仅是宗教的缺席，更是某种积极的表达，多数时候是当别人在场时这样表达。

卢瓦·李还指出世俗与宗教之间有着复杂的关系，这两者不仅与社会密不可分，而且都有鲜明的特征。简言之，文化遗产对世俗性的形塑，与其对宗教性的形塑一样明确。一个明显的结果便是，那些没有宗教信仰的人常常明确地意识到他们拒绝相信的是哪一个神明。这种抵触可能来得决绝，被称为"新无神论者"的群体就属于这种情况；然而这种拒绝也可能是淡化处理，就像对许多被丢弃的信念一样。正如卢瓦·李不无道理地指出的那样，这些立场不应该被简单视为理性化的认识论，它们源自日常生活的复杂性。

二 信仰但不从属

"信仰但不从属"这个概念已经介绍过了。它源于对虔诚"硬性"和"软性"测量之间明显的不一致，是为了帮助理论家和实践者理解这一现象和现象背后的规律。本书的第一版把这种不一致作为一个组织性的主题，特别关注该差异如何体现在社会的各个部分当中，所做的对比现在依然有意义。比如，在受过更好教育的人群中，信念和实践更好地统一起来，现在依然如此；那些相信的人更可能会做礼拜，那些不信的人则更可能过着一贯世俗化的生活。而且女性跟男性还不一样，她们在两个变量上的得分都更高。同样可以预测的是代际转变，年轻人更加远离承袭的模式。所有的这些特征在本书从头到尾都有体现，从书中可以看到"信仰但不从属"的证据，在英国的不同地区、在城市和乡村、在不同体制环境中都存在。

然而这里要讲的要点不是这个，而是要理解为什么一个表达法——用在本书 1994 年版本的副标题中——会引发如此多的人的想象。为什么这个生动（如果不够准确）的短语"迅速传遍了世界，跨越了学术研究的边界"？（Voas and Crockett，2005：11 – 12）。在网上的搜索引擎中键入"信仰但不从属"就能发现讨论有多热烈。这个表达法出现在各种文本中：全世界的学术论文、英国和其他国家的关于教会的通俗文章、宗教领袖的陈述、宗教报道、A－Level 教科书、学生考试论文。很显然，"信仰但不从属"引起了很多非常不同的信仰群体的共鸣。为什么？

在开始一系列的基于实证的评述之前，瓦尔斯和克罗克特（Voas and Crockett）将这一讨论分成两类，强版本的"理论"和弱版本的"理论"。这样做有助于研究，我们也沿用瓦尔斯和克罗克特所做的区分。鉴于近年来信仰者的比重鲜有改变，强版本认为除了数目相对较小的无神论者外，欧洲人（包括英国人）仍然相信上帝，仍然有宗教的（至少有精神上的）情感。换言之："对超自然的信念盛行，坚定且不过火，而宗教践行却差了很多，且更加迅速地衰落"（Voas and Crockett，2005：12）。弱版本则承认信仰的内容有更大的转变，但很快却成了循环论证，因为把这样、那样或者别的宗教信仰的类型都包括在内的话，论点就会得到证明，如果不包括在内就不能得到证明。瓦尔斯和克罗克特认为，强版本的论断所依据的证据基础，常常更支持弱版权的阐释。他们很宽宏，在他们众多的辛辣批评中，没有提到我。

我非常尊重大卫·瓦尔斯和其他人在该领域所做的详细的实证分析，[⑥]大体上我也同意他们提出的问题。说完这些，现在回到那个曾经促使我思考，现在在一定程度上依然还在思考的核心想法。1994 年我对此做了如下表达：

> 对"信仰"和"从属"这样的词语不应该做太过死板的考虑。变量之间的不延续是为了捕捉一种情绪，暗示一个调查的区域，一种看待问题的方式，不是为了描述一套详细的特征。对这两种变量中的任何一种或者两种都进行太过严格的操作必然会扭曲事情的本来面貌……但是这个问题很快变成一个语义的问题：因为英国人显然需要某种方式，即便没有这一种，来描述当代社会对神圣的坚守，尽管去教堂的人少了，这不可否认。（Davie，1994：93 – 94）

这一段的核心短语是"对这两种变量中的任何一种或者两者都进行太过严格的操作"，以及如果这样将会出现的扭曲。并非每个人都听从了该建议。但是不管实证调查方面的情况如何，潜藏的不一致依然存在。去教堂的人少了，这是真的，各种趋近基督教正统的东西亦随之衰落，然而中间地带并未消失。基督徒群体虽然比过去变小了，并更为多元，但在英国和欧洲多数其他地方它依然是宗教谱系上最大的一部分，单单因为这个社会学家就需继续给予关注。[⑦]为深入讨论这一点我引入了第二个分析工具：代理式宗教（vicarious religion）。在直接运用这个工具之前有必要反观两个非常不同的社会群体对之前对话的反应。

第一类群体是各种各样的教会带领人。不难理解，在英国和其他地方为数众多的负责宗教机构维护的个人欣然接受"信仰但不从属"这个概念，至少部分原因是为自身的持续存在正名。事情并没有表面看上去那么世俗化。实际上，我认为教会在英国社会起着重要作用，在可以预见的未来将继续发挥重要作用，但原因需要认真、仔细的考虑。具体来说，教会人员需要领会的是：被描述成信仰但不从属这种情况，既不比更加直言不讳的（如果可以用这么个词的话）世俗社会好，也不比之更糟，仅仅是不同而已。那些为半信仰（half – believing）而不是不信仰（unbelieving）社会努力的人将会发现，半信仰这种境况有利有弊，就像任何其他境况一样。要为这个不停变化而又定义不明的情况找到合适的策略是宗教从业者核心而又艰苦的任务，对社会现实扎实的、必要的了解只是开始。

第二类人群可以在一群特定的社会思想家中发现。多数时候这些人是被称为理性选择理论家（rational choice theorists）的美国学者。我概述过他们的方法（David，2013），在此总结如下。宗教机构在一个激烈竞争的市场中更有可能繁荣发展。在那种情况下，每个宗教机构都得为自己的生存而竞争，最适应的——也就是那些能够吸引足够多的成员以维持财务等开销的机构——就可以存活下来。普遍认为这种方法在美国较为管用，因为美国有着数以万计的独立教会（free-standing congregations）并存，并且没有一个一枝独大或者历来享有特权的教会。在大西洋的这边，这个方法不太适用。

合适不合适暂且不论，理性选择理论家用搜集来的数据支撑了信仰但不从属这个论点（即，有更多的人相信上帝，但不去教堂），以证明他们论述的一个核心：在现代和不太现代的社会中，都有着对宗教较为经常性的需求。这种需求在欧洲很多地方没有得到满足——原因就在这些理论家视为"懒惰的垄断"（lazy monopoly）的东西（即，历来占主导地位的教会），它不能激发或者满足所负责人口的潜在宗教需求。如果允许自由市场或者更开放一些的市场得以发展，欧洲人包括英国人自己都会跟美国人一样变得积极信教，活跃、有竞争力的宗教机构会俘获、留住没有教派的信仰者。我不像理性选择理论家那样坚信事情会如此发展，原因后面会说，但他们的论述值得记住，因为宗教经济在演变，选择的范围也在增加。理性选择方法现在比过去更为切题。[8]

爱碧·戴（Abby Day，2011）为现代社会的信仰之争做出了不同凡响的贡献。在《在从属中信仰：信仰与现代世界的社会身份》（*Believing in Belonging：Belief and Social Identity in the Modern World*）一书中，她致力于理解西方世界各个地方的基督教名义信仰（nominalism）。书的标题表明她借用并挑战了信仰但不从属这个概念。在英国，她重点关注的是 2001 年人口统计调查时勾选了基督教徒这个类别的人群。为什么有这么多的英国人选择这个称谓？他们这么做的时候想到了什么？戴对这个问题做了理论和实证上的回应。她援引几个学科（主要有人类学和社会学）的资源阐述何为信仰。她也记录了自己在这一领域的研究结果：在一个北方小镇上对名义信仰的性质跨越三代人的调查。戴的结论言之有理，最重要的结论是她将信仰理解为一种社会而非个人的行为；而且是在实践中起作用，不同的人方式不同。[⑨]据此，名义上的信仰并不是一个残留的类别，而是自身包含了相当的多样性：可以是"生就的"（natal），"族群的"（ethnic），或者"渴望的"（aspirational），其细微之处需要认真研究。第一个是出生或洗礼时给定的；第二个是宣称的，有时代表着英国的国民性；第三个是理想化的，因为它带来体面。[⑩]

除此以外，戴的研究中对从属及信仰的强调为英国人提供了向代理式宗教的完美过渡。

三 代理式宗教：原则和实践

将信仰和从属分开无疑提供了有益的方式以便理解和组织那些有关现代英国宗教的材料，提出了相关的问题，也不乏有趣的发现。然而我一直都在反思如何更深入地思考这些问题，而且要从两个方面来考虑。一方面，我认识到信仰和从属都有硬性和软性版本（第一章中有解释）。另一方面，我也意识到论述很大程度上围绕着两个群体之间的关系展开：一个是相对有限的积极信教者的社群，他们多多少少有规律地去教堂，以此表达自己的信仰；另一个是数量更庞大的依然持有某种信仰的人群，他们希望与那些自己认同的机构时不时进行接触。

代理式宗教的概念正是从这些考虑中脱胎而来，它的中心思想是：人数较少的群体代表更大的群体在做某些事情，而更大的群体意识到了这种关系（哪怕只是模糊地意识到）。第一章对之进行了定义，第一章的讨论简要概述了这一概念的四种操作方式：教会和教会带领人代表他人举行仪式，教会带领人和去教堂的人代表他人信教，教会带领人和去教堂的人代表他人体现着道德观，教堂有时候能为现代社会未解难题的辩论提供空间。值得注意的是，这些功能的共同之处是将教堂看作一种公共设施,即一个为居住在某个特定地方(地区或全国)的人群提供服务的机构(或者更准确地说是一套机构),如果未能提供这种服务,人们会觉得它缺失了什么。

以下将遵循这一思路考察这四点的每一点。最没有争议的一点就是,在人们人生的关键时刻,教堂和教会带领人替形形色色的个体和群体举行仪式时所扮演的角色。最明显的表现便是,即使在一个还算世俗化的社会里,每逢出生、结婚以及死亡,人们依然要求有某种宗教仪式。第三章中呈现的事实和数据表明,现代英国对前两种功能(出生、结婚)的需求已经大幅减少,但是远未消失。同样的数据表明,死亡时的需求则很不一样。⑪在有人去世时,相当多的人与自己的教堂有了直接的接触,如果他们的要求遭到拒绝便会非常生气。拒绝为治丧家庭或社区提供葬礼仪式或者应有的牧师关怀,将违背那些被坚信的预期。

但是教堂和教会带领人不只是举行仪式:他们还代表他人信教,意思是他们为整个社会"持有信仰"。因此,他们的公开声明会被仔细审视。教会带领人越年长,知名度越高,他们的发言就越被审视得仔细。很好的一个例子便是 2008 年坎特伯雷大主教罗万·威廉姆斯(Rowan Williams)有关伊斯兰教法(Shari'a law)的评论被误读之后,公众一片哗然。⑫显然威廉姆斯主教在这个场合的介入与基督教教义本身无关,但他试图创造性地思考宗教少数群体在英国法律体系中的位置,这引发了如此极端以至难以解释的反应。然而重要的一点是,2008 年 2 月罗万·威廉姆斯在议会就"英格兰的民事和宗教法律:宗教的视角"发表了极有见地的演讲,此后他在一档新闻节目上无心发表了一个评论,非理性的爆发很大程度上是由这个评论引发的,而不是演讲引发的。单是大主教在第 4 电台说出"伊斯兰教法"一词便让媒体慌乱无措。

有关行为规则的类似压力还有:宗教从业者,地区性和全国性的,应该秉持某些行为标准。在新教文化中,包括英国人自己的文化中,这些标准常常关系到对家庭生活更为(而不是没有那么)传统的表征。在这个方面没有做好——离婚或者家庭破裂——会被指责为道貌岸然,而且令人感到大失所望。英国人对宗教从业者的要求比对自己要高。这种期待有时候会变得不理性，尤其是事关从业者个人的伴侣和孩子时。天主教文化有着不同但同样大的压力：单身很难成为一种容易的选择。有趣的是，公众对不结婚的牧师及其角色的苛刻性普遍抱有一种同情。然而很不同的是公众对侵犯儿童的反应。侵犯这一现象本身以及未能对之做出很好的处置都被视为骇人听闻。原因很简单：辩论的核心在于个体（不管哪个派别）对信任的亵渎，以及个体所属机构对信任的亵渎。

最后一种有关代理式宗教的表现方式有些不同，也更惹争议。有没有可能教会为某个（通常是有争议的）话题，提供了辩论的空间？而这些话题在别处难以展开辩论。21 世纪早年间，有关同性恋的激烈辩论便是个很好的案例。至少有的话题在一系列有关英格兰教会高级职务任命的痛苦争议中得到表达，第六章将进一步讨论这个主题。问题的关键不在于争论孰是孰非，就教会而言大体上对错依然没有定论。关键是再问一遍这个问题：为什么对一个被认为是边缘化的机构，全国甚至国际媒体会有如此多的关注。正是这种不断的关注促使我提议：这是社会作为一个整体理解和应对道德风气的深刻变化的一种方式。议论的话题会随时间而变化，但背后的问题依然存在。

罗万·威廉姆斯恰恰道出了这一点，这一次是因为 2011 年 "占领伦敦" 的争议，第二章的末尾有介绍：

> 有时候有人说英格兰教会仍然被英国社会用作一个舞台，在上面通过代理去争论那些社会自身不知道该如何处理的问题。这当然有助于解释，人们为何对教会如何评说性和性别问题着了迷般感兴趣。兴许也有助于解释过去两周中圣保罗大教堂周围发生着的事情。[13]

前任大主教事后声称 "未曾料到后来的巨大冲击"，但并未否定基本的一点："英格兰教会是这样一个地方，在社会上没能被表达出来的焦虑常常能在这里找到人为其代言，好也罢，歹也罢。" 这些焦虑包括拉大的贫富差距，某些人似乎被排除在经济救助之外。

代理式宗教的概念在教会内部和学术讨论中都引发了持续的争论，虽然争论的规模比不上对"信仰但不从属"的争论。多数时候反响是积极的——尤其是在大西洋这一边的宗教从业者当中。欧洲，包括联合王国各地，历史悠久的教堂中那些负责布道的人立即认同了这个概念。这不意外，因为他们可是每天都在遭遇它。在整个欧洲，对这个主题的呈现做出反应，举出自身环境中相关例子的人为数不少。这让我始料不及。甚至当我通过口译人员工作时也是如此，这位译员为了找到自己语言中与之对等的词语得思虑再三。⑭

学者的反应更为多样。明智的说就不该笼而统之，但整体上那些抵制"代理式宗教"这个概念的人跟那些抵制"信仰但不从属"这个概念的人同属一个类别，而且原因是一样的。大致说来，他们做的事情也类似。他们（这部分人依然松散地依附于欧洲的主流教堂）拿了一个意图于把注意力引向某个群体的宗教习惯的概念，将其转变成某种比我本意严格得多的东西，下一步便是以并不总是恰当的方式来"测试"这个"改装过的"概念。与史蒂夫·布鲁斯和大卫·瓦尔斯的深入交流可以说明这一点（Steve Bruce and David Voas，2010；另见 Davie，2010a）。我欢迎这样的争论，我也依然坚信这一（探索数量依然可观的一个群体与欧洲历史悠久的宗教之间存在的隐性和显性的关联的）概念仍然是一个有益的贡献。由此得出两点结论。第一点是方法论上的，第二点有关时间跨度。以下依次说明这两点。

已经清楚的是，可以用不同方式来探讨作为社会学实体的代理式宗教，其中之一便是数据或者量化，以确认相关人群。如我们所见，各种类型的实证调查一致指向中间地带：在该地带可以找到那些自称为基督徒但很少付诸实践的人。这就足以说明问题了。要理解这一捉摸不定的现象要困难得多。要理解代理式宗教的"面目"还真得要点有创意的东西——一种领悟了人生的微妙、多层次和不断变幻的工作方式。这就意味着研究者不但要对个体敏感，还要对体制、传统、预期、情绪以及性情敏感，包括无意识中的这些东西。这种方法可因地制宜，但首先需要一个发达的社会学的想象力，以及文化和宗教意识。

一种可能性是描述代理式宗教"工作"的方式——上面列举的例

子便是如此。另一种可能性是观察某个特定时刻的社会演化，这时"正常的"生活方式因为这样或那样的原因暂停了，某种更为本能得多的东西呼之欲出。第一章中已经提到，戴安娜王妃的早逝引发的反应是经常被引用的例子。真人秀电视节目明星嘉德·古迪（Jade Goody）在生命走向终点时（2009 年她 28 岁时因癌症去世）采取的一系列出人意料、意味深长的行动能够提供第二个例证。这是一位年轻的女性，她的生活方式相去传统的圣公会教义十万八千里。[⑮]但是当病情恶化时，她不断转向教会：为了给孩子和自己洗礼，为了与杰克·特韦德（Jack Tweed）举行有些非同寻常的婚礼，最终为了她传统得多的葬礼。嘉德做出这些决定的原因以及她如何阐释这些，我们自然无从得知。然而，她找到了一家机构——英格兰教会，教会对她的请求做出了大度的回应。

英格兰北部的一位牧师让我注意到了第三个例子。[⑯]下面描述的是一个让人震撼的事件，是用他的话而不是我的话写的，对这段描述的解读方式会有不同，比如神学家的反应跟社会科学家就不一样。就本章的论述而言关键在于要关注时刻，个体或者集体的时刻，在这些时刻或者通过这些时刻隐性的（隐藏的）东西变成显性的（外露的）。

觉 醒

依安·瓦里斯（Ian Wallis）

"我们把肯尼抬进来了！"话音未落，四位有着领导风范的年轻男子从一大群哀悼的人中间走了出来。线条分明的黑裤子，擦亮的鞋子，新洗烫的白衬衣，认真擦洗过的皮肉，抹过发胶的头发。不用说，他们的仪表瞬间让葬礼主持者相信他们是认真的，有决心的。主持者让正式抬棺木的人下来。

朝圣般的人群慢慢朝着圣马可教堂进发。教堂的长椅很快就坐满了，站的地方也很快没了，剩下不少人只能站在外面。社区的人聚在一起，向一位自己人致敬和表达悲伤。一种扑面而来的亲情和团结的感觉四处弥漫，把各个年龄段和不同人生观的人凝聚在一起，除此以外这些人鲜有共同之处。家人，朋友，邻居，老师，社会工作者，那些由于职业原因而感兴趣的人，犯罪同伙，对立帮派的成员，由狱警陪同的囚犯，不安的、不想惹人注意也未被发现的个人。显然，对有些人来说到场可是件奢侈的事情，并非没有危险。

这些人自然有理由紧张，因为肯尼远不是个"厌恶风险"之人。上个星期六傍晚，一起汽车盗窃案以高速追车收场。在警察的追捕下，肯尼把一辆新偷来的宝马车撞毁在路灯下，他于车祸中身亡，另一个同伙也受了伤。在场的人心中想得最多的并非事件的这一处理。对多数人来说，肯尼是个牺牲品：一个狂热的汽车爱好者，没钱买自己的四驱车，死的时候开着别人的车追寻自己的信念。为葬礼挑选的飙车党标志性歌曲的歌词中回荡着这一信念，"以每小时一百英里的速度疾驰在沙漠中"。

然而不管以哪种标准衡量肯尼，没有人掩饰自己对他的深深喜爱之情。看不出人们因他道德上的含混或者玩世不恭而影响对他的钟爱，人们似乎能够包容这些特点，并且通过这样做，赋予了他的人生一种在外人看来不配得到的尊严和价值。这在赞礼时表现得最明显不过，那些把肯尼抬进教堂的人又一次围在他的棺木四周，紧紧抓住木制的外壳，好像那是他的血肉之躯一样，他们与牧师一道进行嘱托："出发踏上你的旅途吧……"

因为年轻男子的离世而备感伤痛的人中，没有谁比他的伴侣卡姆遭受到的打击更大。之前她已经怀有身孕。一个月后一个男婴平安降生。他的名字当然会叫肯尼。卡姆需要标记小肯尼的生命初始，就像她纪念他父亲的生命终结一样。从肯尼最亲近的兄弟中挑选出了教父，但他们没有哪个受过洗礼。"皮特、苏西、克吴，还有山姆，怎么着？给你们提提速，有几期课要上。既然你们都已成人，那咱们要说的就不只是洗礼了，还有坚振礼。"

他们脸上带着坚定，跟第一次在灵柩旁相遇时同样的坚定。我们为肯尼和他的亲友团安排了一次无所不包的入教仪式。皮特、苏西、克吴、山姆穿着同样的行头出现在仪式上。他们自豪地站在主教面前，看上去对背负基督徒的义务和信仰感觉很好。

当荣耀再一次压在肩头，他们似乎凭着直觉知道对自己的要求是什么。之前委以他们重任送了兄弟最后一程；现在，他们的任务是参与养育他的子嗣。对那四个"什么也不是"的人来讲，世事变化多大呀，由于他们控制不了的情况，他们开始更加宽容地看待自己。

岁月流逝，肯尼墓地上的花从未谢过，他的儿子前途充满希望。

上面引用的这三个例子（戴安娜王妃、嘉德·古迪和肯尼）都涉及早逝。在这样的时刻，生活的"世俗"日常暂停了，同时——换个方式来表达同一点——至少短期内非正常的（用话语和行动来宣示宗教）成了正常的。单单因为这个原因，这些时刻就值得社会学认真关注。

一位随军牧师让我注意到了一种不太一样的例证。[17]资料是从审视最近一次军事行动中（地点在阿富汗）礼拜仪式的性质和含义的一章中摘取的（Ball，2013；另见 King，2013）。在讨论礼仪本身之前有些有趣的数据。首先要清楚地意识到大多数的军人在其平民生活中与宗教信仰和宗教实践的关联非常少，博尔（Ball）指出激烈的军事行动非常显著地会让一名士兵专注思考自己人生的目的和潜质。具体说来："与在联合王国的统计数据相比，在军队中宣称自己是基督徒的人的比例更高：2008 年，军队里 93%的人登记的是基督徒（不足 1%的人信仰其他宗教；6%的人宣称是无神论者、不可知论者，或者没有信仰）"（Ball，2013：118）。[18]

造成这一情况的原因不一而足，但首当其冲的——又是如此——便是死亡的临近。这又导致了军队人员中更多地拥有祈祷文，即便是那些很少去教堂的人，在有军事行动时也会随身带着祈祷文。

接下来讲述的是军队（实际上是所有三种公共服务）对这种情况的反应及其对随军牧师角色的影响，随军牧师是仪式不可替代的提供者，博尔的叙述让人着迷。第二个因素与之类似。马岛战争之后军队的做法就改变了，英国士兵的遗体现在要运送回国，而不是葬在他们牺牲的国家。这一变化已经导致新的仪式，新的仪式跟葬礼不同，因为葬礼要在英国或英联邦国家的某处举行。冲突的性质也有影响，至少牺牲士兵的伙伴有时就无法送他们的战友回到基地了，而正式的告别是在那里举行。由于这个原因，更简单的仪式（守夜服事）已经开始在偏远战区使用，其形式可以让军官或高级兵士在没有牧师的情况下主持仪式。[19]博尔的这一章全是有关正式和非正式仪式的例子，很多例子非常感人。这些例子至关重要的一点是：军队的随军牧师，不管在阿富汗还是别处，尽力为发生的任何事情赋予意义，"不管是胜利、失败、受伤，还是导致受伤和死亡"（Ball，2013：131）。仪式是这一过程中的有力工具。

为了说明许多潜藏的信教现象在 21 世纪的英国仍然存在，证实代理式宗教这一概念提供了一种更好的看懂这一捉摸不定的现象的方式，已经说得够多了。但是未来又会怎样呢？我称之为代理式宗教的东西在 21 世纪还会存续吗，会存续多久呢？这个问题可以从不同的角度去考察，而且必须放在具体语境中，尤其要注意代理式宗教只是理解英国宗教生活复杂性必须要考虑的几个因素中的一个。代理式宗教讲的是某种信教的方式，这种方式源自特定的历史遗产，盛行于某种特定的教会中，其性质在第五章中将会讲到。它并非现代英国信教现象的总和。

尽管如此，有足够证据表明这一概念更多引起老辈人而不是年轻人的共鸣——这一过程让人想起第二章中论述的代际差异。[20]宽泛地讲，那些在二战前出生的人最容易对代理式宗教做出反应。不足为奇，因为该年龄群中相当多的人，尤其是女性，与教会有着广泛的联系（Day，2013，将出版）。那些后来才出生的人——"婴儿潮"当中出生的人——则没有这么坚信。"X 一代"（generation X，出生在 1960 年代）对继承的模式反抗得更猛烈，但至少还存留了一些对以前发生事情的了解。"Y 一代"（generation Y，"X 一代"的孩子）则没有这些了解了。柯林斯－马悠、马悠和纳什富有洞见的著作《Y 一代人的信仰》（the Faith of Generation Y）（Collins-Mayo and Dandelion，2010；Savage et al.，2011）在这方面做了饶有兴味的研究，作者发现了残存在年轻人中的从属和信仰的证据，并将其发现与代理式宗教联系在一起。他们的数据大多数都很明确："Y 一代"已经没有了早几十年间普遍存在的对正式宗教的反叛和敌意。原因很显然：没有什么可反叛的东西了。宗教，代理式的或是其他宗教，在他们日常生活中大致是一种无关紧要的东西。

然而对于面临各种困境的人来说，这就不是那么无关紧要了。境况改变情由，柯林斯－马悠等人的著作和上面的例子已经表明了这一点。它们聚焦的都是个体或者"Y 一代"主导的社会群体：嘉德·古迪在特殊事务的机构中找到安慰；肯尼的家人和朋友不仅想为自己的朋友举行一场基督徒的葬礼，而且积极参与其中；某种程度上在阿富汗服役的年轻人对抗了数据所呈现的趋势。这三个例子都引人思考。

注释

① 可在 BRIN 网站"英国宗教的变化"（Changing belief in Britain）栏目找到大量资料，网址：http：//www. brin. ac. uk/figures/#ChangingBelief（2014 年 8 月 5 日访问）。其内容定期更新。

② 表 4－2 中与欧洲的比较仅限于前西欧国家。更多数据见欧盟民意报告（Euro-barometer Report）：http：//ec. europa. eu/public_opinion/archives/ebs/ebs_341_en. pdf（2014 年 8 月 5 日访问）。

③ 项目名称为"利兹的传统宗教与常见宗教"（Conventional and Common Religion in Leeds），该项目于 1980 年代早期启动。由（当时的）"社会科学研究委员会"（Social Science Research Council）资助。利兹大学（University of Leeds）社会学系以系列论文的形式不时发表该项目的研究成果。

④ 有意思的是祷告本身的频次保持不变。参见例如 2012 年第 6 轮欧洲社会民意调查［Round 6（2012）of the European Social Survey］的数据。对英国的个人祷告（在宗教服事之外）频次的（加权）统计，可参考：http：//www. brin. ac. uk/news/2013/prayer－and－other－news/（2014 年 8 月 5 日访问）。

⑤ 这方面塔妮娅·爱普·锡昂（Tania ap Siôn，2009，2010）的研究很重要，详见http：//wrap. warwick. ac. uk/view/author_id/7801. html（2014 年 8 月 5 日访问）。

⑥ 这之后出现的研究成果，可参见例如：Gill、Hadaway 和 Marler（1998），Bruce（2002），Gill（2002），Voas 和 Crockett（2005），Glendinning 和 Bruce（2006）。

⑦ 例子可见大卫·瓦尔斯自己有关"模糊的忠诚"（fuzzy fidelity）的研究。瓦尔

斯（Voas，2009）用这个词来表示欧洲多地对基督教传统随性而为的忠诚（casual loyalty）。他承认残存了相当一部分的参与者，但宗教在这些参与者的生活中扮演着次要角色。

⑧ 值得注意的是，在这方面，信仰但不从属这一概念开始在美国引起反响（在英国实际上也是这样），因为"没有宗教从属的人"（nones）在增加。"没有宗教从属的人"一词的意思是没有宗教性依附（religious attachment），但以为没有宗教依附就是没有宗教信仰是错误的。参见"皮尤宗教和公共生活论坛"（the Pew Forum on Religion and Public Life，2012）。

⑨ 爱碧·戴和鲁瓦·李（Lois Lee）非常相似。两人都将信仰或者没有信仰视为"表达性的"（performative），即在日常生活中表现出来的东西。

⑩ 有关出生时的身份、族群身份和理想身份的更多细节见戴（Day，2011：182.及后文）。关于人口统计调查中的基督教身份认定也可参见瓦尔斯和布鲁斯（Voas and Bruce，2004）。

⑪ 仅举一例，2009 年 43% 的成年人去了某个教堂或礼拜所参加一位逝者的纪念仪式。参见 http：//www.churchofengland.org/about－us/facts－stats.aspx（2014 年 8 月 5 日访问）。

⑫ 关于此事及其余波的完整叙述参见 http：//www. archbishopofcanterbury.org/articles.php/1135/sharia－law－what－did－the－archbishop－actually－say（2014 年 8 月 5 日访问）。有意思的是，在《质问世俗主义：比较的视角》（Contesting Secularism：Comparative Perspectives）这本文集中，琳达·伍德海德（Linda Woodhead，2013d）将该事件作为讨论英国情况的出发点。她认为英国既非宗教国家亦非世俗国家，而是两者的一个复杂糅合。

⑬ 见《是时候反对过度金融化了》（Time for us to challenge the idols of high finance），http：//www.archbishopofcanterbury.org/articles.php/2236/time－for－us－to－challenge－the－idols－of－high－finance。全文刊于 2011 年 11 月 1 日《财经时报》[The Financial Times on 1 November 2011（2014 年 8 月 5 日访问）]。

⑭ 这些例子有几个来自北欧国家，通常认为北欧国家是世界上最为世俗化的国家。然而某种形式的教会税或自愿捐献还存在，这保证了民众整体上还在继续投资全国性的教会，即使从前教会与国家的正式纽带已走到尽头（瑞典便是一例）。

⑮ 对嘉德·古迪精彩生活的全面叙述，参见 http：//en.wikipedia.org/wiki/Jade_Goody（2014 年 8 月 5 日访问）。

⑯ 这个案例研究是在 2005 年 8 月"小群"（Littlemore Group）的一次会议上呈现

的，并收入我的文章中（Davie，2008）。"小群"是一群有着教区工作经验的牧师－神学家，有的教区要求很高。感谢依安·瓦里斯允许我复印这篇节选文章。长时间通信之后才得知版权归作者所有，而不是出版商。

⑰ 我的信息来自帕德·安德鲁·托腾骑士勋爵（Padre Andrew Totten MBE, Assistant Chaplain – General）。

⑱ 2013 年的统计数据表明 2008 年以来基督徒的比例已经下滑；金（King，2013）还指出随着年龄和地位的增高、宗教投入的指数在下跌；尽管如此，其总的数字依然比整个人口明显要高。详见：http：//www. dasa. mod. uk/index. php/publications/personnel/combined/diversity – dashboard/2013 – 10 – 01（2014 年 8 月 5 日访问）。

⑲ 顺便提一下，不管采用何种仪式大多数士兵都更倾向于更为传统（而不是更不传统）的规格（Ball，2013：128），这也是值得考虑的。

⑳ 代理式宗教的衰落与依据年龄分组确定为圣公会教徒的人的减少紧密匹配。见图 3 – 5 以及伍德海德（Woodhead，2013e）的书中呈现的数据。

第五章
领地、政治与机构

第四章主要讲的是文化遗产及其对信仰和无信仰的影响。本章讲的东西类似，但是出发点不同：本章也关乎过去的遗产，但尤为关注领地、政治和机构。要点已经说过了，即认识到存在于全欧洲的"恺撒"和"上帝"之间的矛盾和伙伴关系，以及宗教和民族身份之间相应的关联（Martin，1978：100）。那么这些长期的过程又是如何在联合王国的各地展开的呢？这个问题的多元性很重要：英格兰、苏格兰、威尔士和北爱尔兰在历史和政治安排方面很不一样，必须区别对待。

一 英格兰的情况

有关英格兰宗教历史的一个显著事实便是，政治分裂并未导致重大的宗教分裂。各个宗教传统之间的互动频繁，经济和政治的变量种类繁多。这可从贝克福德（Beckford）称之为英格兰宗教活动的伟大时代中看出[①]，该时代开始于16世纪中期，结束于18世纪晚期，在此期间涌现了圣公会、贵格会、公理教、长老会和循道宗。结果便是早期便存在着相对发达的宗教多样性（主要形式为背离国教），这跟多数欧洲国家不一样，由此产生事实上的宽容。贝克福德指出这种局面对政治生活有间接影响："宗教团体的多样性和多元化，使英国政治并未受

Religion in Britain：A Persistent Paradox，Second Edition，Grace Davie. 2015 Grace Davie.
© Published 2015 by John Wiley & Sons，Ltd.

制于教会与国家、政治与宗教，或者教会与教会之间的单一的、主要的对峙"（Beckford，1991：179）。

这个局面产生的后果我们权且称为有限垄断，"散布于整个人口中的有着相当实力的非国教阵营对抗着国教"（Martin，1978：20）。这里说的国教是新教革中的一个变体。②它诞生于亨利八世与安·波莱恩结婚之时。这个故事的梗概尽人皆知：亨利决心要娶安，教皇拒绝取消他的前一次婚姻，亨利便以宣布独立进行报复。后来所说的"与罗马的决裂"也成为英国历史上的一个决定性时刻。它不仅拂逆了教皇的权威，而且将君主确立为英格兰教会的实际首领，英格兰教会也变得名副其实了。接下来数十载有很多的曲折变故，但国教的特殊性质逐渐得到巩固。"伊丽莎白的宗教解决方案"（Elizabethan Settlement）反映了国教的本质，该方案拒绝向罗马低三下四，拒绝臣服于日内瓦，结果便有了著名的"中间道路"（via media）。这一模式体现的是一个本质上属于英国、旨在满足英国人精神需求的宗教（Moorman，1980：213）。在很多方面今天依然如此：英格兰教会仍然还在满足着为数不少的（哪怕人数在减少）英国民众的精神需求，虽然他们不愿意去教堂礼拜。

就神学而言——实际上就教会学而言——英格兰教会跟它的欧洲邻居不一样，跟天主教或者其他新教都不同。就领地而言则没有不同。所有这些教会都有一个共同之处：其管辖范围在民族、区域和地方水平上界定，这一安排有着重要意义。对民族来说结果很清楚：不仅联合王国跟它的欧洲邻居不同，英格兰、苏格兰、威尔士和北爱尔兰彼此也不一样。此种差异日益表现在政治中（见下文）。然而需要指出的是教派因素——以及与之相伴的思维定式——则早于这些政治运动好几个世纪。由此带出一个有趣的插话。苏格兰和威尔士日益高涨的独立呼声让"英国性"这个说法变得吊诡：这到底是什么意思？第四章中介绍的戴对信仰与从属的研究跟这个问题是相关的。那些她称为"生为"基督徒的人多数并不关心信仰，也不关心实践；然而他们的确以为自己的宗教皈附感（religious affiliation）（表现为英格兰教会的洗礼）与英国性之间有着一种关联（Day，2011：55－56，182）。正因如此，他们中很多人在 2001 年的人口统计调查中勾选了"基督徒"这个选项。

这样的关联当然是发生在地方而不是全国层面上的。洗礼是在当地教堂，一般在教区教堂进行，婚礼和葬礼自然也是。实际上，在历来占主导地位的欧洲教会——包括英格兰教会——的生活中，教区的重要性怎么强调都不过分。数百年来，教区在这些教会的演变中起着核心作用，也带来了利和弊。先说利，在英格兰的每个地方（北方和南方、城市和乡村、穷的和富的地方、扩张和收缩的地方），一所教区教堂的存在都有好处。教区体系构成了一种几乎无法匹敌的综合性网络，其性质本身就表示着稳定：它已经在那儿数百年了，比与之相对应的政府单位还要久。然而存在与稳定是要付出代价的：存在就需要各种意义上的花费，稳定则有僵化的风险。这些要点每个都需要展开。

前文已经提及围绕《城市中的信仰》展开的辩论（见第二章）。此次漫长的讨论中采信的数据，还有委员会观点的权威性，都直接源于英格兰教会通过其教区体系在英国城市某些麻烦最多的地方的持续存在。证据就在那里，所有每天在个人和社区生活中都遭到严重剥夺的人看到了，教区牧师自然也看见了。乡村地区也一样：《乡村的信仰》（*Faith in the Countryside*，1990），虽然没有城市信仰报告争议性大（从文献引用的次数上就能看出来），但对"经济、环境和社会变化对乡村社区的影响"做了第一手的报道。20 多年以后这项工作还在继续，比如最近对社区信贷联合体的讨论。这不是什么新发明。然而，2013年夏天这一社区金融领域受到瞩目，成为发薪日贷款（payday loans）之外的一种可行选择。问题的关键不是一系列竞争的公司，也不是一系列信贷联合体的竞争，而是在草根水平上提供专业服务，并且——甚至更重要的是——提供渠道（outlets）。③

说了这么多，教区体系以及与之相关的约 15000 座建筑的维护，各种各样的维持这一事业的专职人员（世俗的和圣职的），都是要花钱的事情。目前，就我们所知几乎可以肯定英格兰教会自身承担不起这些。提供普世的礼拜让人们按需享用是昂贵的。如果对之负责的教会成员继续减少就会更加困难。那么该怎么办？英格兰教会巧妙利用了免费和有偿的员工，而举国上下的社区显然也都愿意维护那些仅有较少的人在定期使用的建筑。然而关闭和合并还是不可避免的。很多教堂已然关闭或合并，更多的还会跟随。大家已经接受会发生这样的事情，争论的关键在于是什么导致这些变化。核心便是一种历史意识，当地的和民族的历史意识，还有必须深刻思考我们会失去什么。继承的体系有什么好？什么东西应该不惜一切代价保留下来？什么东西仅仅是边缘性的？不可能每种情况下结果都一样，也不可能每个人对提议的东西都赞同。[④]

值得注意的是，在欧洲很多地方同样的问题也在引起关注。《天主教报告》（*Portraits du catholicisme*）（Pérez – Agote，2012）呈现了仔细搜集的有关比利时、法国、意大利、西班牙和葡萄牙的天主教会的数据。就历史和文化而言这五个都是天主教国家，一千多年以来这五个国家的教会都以教区为基础组织。这还能继续维持吗？统计数据体现的紧迫形势日益严峻，即经常去教堂的人数下降，资源基础变得薄弱，牧师的年龄段普遍偏高。答案不一而足。[⑤]在意大利和葡萄牙，传统的模式照旧；西班牙则彷徨在变化的边缘；然而在比利时和法国情况已经到了危机的地步。具体来说，与领地的关系正在被重新思考：在法国产生了"新的"教区，实际上是老教区的混合（amalgamations）（做出变革的教区差不多是没有做出的两倍）；在比利时则是"联盟"（fédérations）或者"联合教区"（unités pastorales）。不论是解决了问题的主教教区，或者试图解决这个问题的教区，都产生了五花八门的解决方案（Pérez – Agote，2012：266）。简言之，这并非英国才有的问题。

稳定是一回事，故步自封则是另一回事。以工业革命引发的动荡为例，那时英国人口的大部分都从乡村迁移到了城市。基于教区的教堂墨守前工业革命时期的领地模式，未能跟随人口的迁移。假以时日，体系还是做出了调整：不得不这样。新的教区在全国各地的城镇和城市建立起来，教会建设的方案也让人耳目一新。在19世纪末期去教堂礼拜达到了高潮。英格兰为数不少的教区教堂在少有人住的地方继续存在着，而且这些教堂的建筑价值常常相当高，这只会加剧问题的严重性。由此产生两难的境地：那些保证了英格兰教会的教区（在 20 世纪晚期的中心城区和最近几十年遭受重创的农业社区）得以持续存在的特征，也阻碍了该教会迅速适应经济变迁以及与之相随的人口流动。

有关世俗化的经典陈述由此而来。这些陈述认为传统的宗教形式既不能够抵御工业革命的冲击，也没有经受住工业革命前启蒙运动对其哲学上的挑战。这些急剧的变化加在一起无疑构成了严重打击，欧洲教堂至今都未从中完全恢复过来。这么说也对，但经常得出错误的推论，即以为宗教本身与现代生活，主要是城市生活，两者必然不可兼容。全然不是这样。比如，在美国发生的事情就不太一样，在那里从未发生领地划分，多元化似乎激发而非妨碍宗教活动，在城市当中更是如此。同样不一样的还有发展中国家的全球化地区，在那里一些大城市中存在一些规模宏大的教堂，更不用说成千上万的小的教堂。

更为直接的是，理解英格兰城镇和城市中出现的新宗教形式是很重要的，有的城镇几乎与其所属的大都市圈一样增长迅速。19 世纪，非国教教会和天主教会都如雨后春笋般蓬勃发展，虽然原因不一样。前者填补了由老教会留下来的空白，后者则满足了来自爱尔兰的新劳动力的需求。在这两种情况下，一个新生的市场已经日益显露。就此有两点很重要。第一点是领地划分的成败与之前宗教组织的存在或缺失有关。事实上，自由教会正是通过接纳圣公会教区顾及不到的社会板块，才能够迅速迁入城市化过程中的英国市镇。然而最近几十年间自由教会（至少以老一些的形式）体现的迁移性，已经消退了。第二点是这个陈述的细化，意思是说新的"自由"教会的形式已经出现并取代了它们，在那些刚到这个国家的人当中更是如此。21 世纪里让人眼花缭乱的各种选择超越（但并未取代）教区体系，而且大致上说，城市越大选择就越多。如我们所见，伦敦是再典型不过的案例。就宗教而言，就其他很多东西而言，伦敦已经成为一个真正国际化的都市。

（一） 对"国教"的思考

那么关于"国教"（establishment）又能说些什么呢？国教的意思不是说英格兰教会与国家是一体的。[6]然而它的确表示教会与英国的政治秩序至少有着某种特殊关系。但就跟所有的关系一样，有两方面需要考虑。一方面，英格兰教会的国教身份使其成为联合王国内（唯一的）有某些"权力和特权"的教会；另一方面，同样清楚的是，这些权力和特权带有相应的"局限和限制"（Welsby，1958：45）。

例如，英格兰教会的 26 位主教目前有权力（在任何时间）列席上议院，[7]这为其提供了一个高调的发言场所和别的东西。但主教不管日程如何安排，一年中都要花几周的时间出席上议院的会议，这样利用时间明智吗？或者不去履行更重要的主教义务，而花时间去搞懂某次关键论辩的一份难懂的简报？不是每个人都会认为这是明智之举。第二个问题与其说是有关"权力和特权"本身的存在，还不如说是这些权力如何落实。有利的一面是数十年以来主教和大主教都利用上议院进行过反复的、有价值的、整体而言反响积极的干预，关于这一点的证据很清楚。[8]然而，2013 年的 6 月，有点不同的事情发生了。有关同性恋结婚的辩论让主教很是不安，尽管出席会议的人数非同寻常地多，但实际上他们很多人只是作壁上观。[9]两天以后贾斯丁·威尔比大主教（Archbishop Justin Welby）告诫宗教委员会（the General Synod）在这个方面不要自鸣得意。社会对待同性恋的态度正在急剧改变，这让教会——不论是不是国教教会——日益与现实脱节。[10]第六章还会再次说到这场复杂、持续的辩论的影响。

同时还有别的论述需要考虑。其中很多在查普曼（Chapman，2011）的著作中已有说明，该书考虑的是在一个宗教多元化的社会中，国教教会的角色和其他主题。有意思的是，这呼应了本书第一版中介绍的一点，这一点的最好表述莫过于：对"正常的"问题做逆向思考。不是主张限制当前的特权，而是问有可能扩展这些特权吗？如果国教的主教们可以（多数时候）非常有效地利用上议院的一个席位，那么为什么不把这个机会也提供给其他基督教教派的长老们，或至少提供给其他信仰群体的一些代表们呢？他们在伦理或者道德问题上对政治辩论不仅有帮助，而且是必要的，在一个宗教多元化的社会中尤其如此，并不是可有可无。如果具体的知识和观点体系得到我们的（即社会的）关注，考虑到异议——比如有关婚姻的本质、胚胎的地位和所谓的"临终问题"——可能继续存在，那么公共讨论会因此变得更充分和全面。

自从 1990 年代以来，塔里克·莫杜德（Tariq Modood）在这些方面已经有了让人信服的说法，他也将关于国教教会的讨论向前推进了一大步。以他对研讨温和世俗化的贡献为例，他出版了《开放的民主》（*Open Democracy*）（Modood，2011a）一书，在书里他主张像英国这样的国家完全有可能在确保满足种类多样的宗教需求的同时，不用取消英格兰教会的国教地位。一旦开了头，莫杜德就把论述进行到底，直至得出合乎逻辑的结论：为什么提升层次而不是降低层次？换言之，有没有可能将政－教的链接多元化，而不是斩断其间的联系？

这样的陈述显然会引起争议。然而，它借用了一个我觉得有吸引力的观念，我自己也考虑过这个观点，即：一个"弱"而不是强的国教的概念（Davie，2008，2010b，2014）。强有力的国教教会有着排他和不包容的风险，就跟强权政府一样，这已经十分清楚。这两者的例子可以在现代欧洲的各个地方找到。[①]另一方面，弱势的国家（或者国教）教会则有能力海纳百川。认清自己源于独特历史的优势——部分垄断的过去，国教可以形象地利用这些长处来欢迎而不是排斥，来鼓励而不是谴责。这种方法与下面经常重复的声张相对立：现在的体系（国教教会）再也站不住脚了，因为它歧视基督教的和其他宗教的少数族群，而这些人群现在是并将一直是英国生活必不可少的一部分。这是个诱人的论述，莫杜德在更早的文本中巧妙利用过，该文本对有利于国教地位多元化的证据做了仔细回顾（Modood，1994）。然而结论却出人意料：

> 我不得不陈述一个残忍的事实，那就是我从来没有碰到过任何少数派信仰发表的赞成去除国教地位（disestablishment）的一篇

文章、一次演讲、一个论述。考虑到世俗的改革者将满足这些少数派的诉求说成改革的一个重要动机，这个事实非同寻常。（Modood，1994：61–62）

莫杜德在此后的很多场合都重复了这一论述。[12]它源于在拉什迪争议时发挥了作用的逻辑。他声称多种信仰并存的真正危险不在于一个相对无力的国家教会（对圣公会教徒来说这不是什么安慰），而在于"一个实质上无法被挑战、文化上迟钝的世俗中心，它对所有信仰提出要求，尤其是对西方化最少的信仰提出要求，而此时少数派信仰正通过张扬自我进行文化防御"（Modood，1994：66）。换言之，去除英格兰教会的国教地位有着始料不及的后果：不仅会将英格兰教会边缘化，同时还会将那些选择严肃对待信仰的人边缘化，不管他们信奉何种宗教。这不应该被视为儿戏。莫杜德的方法强调了另一点：创造与维系一个宽容和多元化的社会需要创造性而不是破坏性的思考。换言之，为了确保健康的多元化并给予机制性的承认，我们需要创造什么。第九章中将进一步论述这一点。

在1990年代，一种富有远见的看待这些相关问题的方法构成乔纳森·萨克斯（Jonathan Sacks）著名的雷斯演讲系列（Reith Lectures）的一个主导思想，该系列后来发表在《信仰的坚守》（*The Persistence of Faith*）（Sacks，1991）一书中。那时萨克斯勋爵是当选的大拉比，英国最为古老的其他信仰社区的一位代言人。在一个多元化的社会，他主张我们的确应该承认彼此的差异，但是除了社区当地的语言，同样重要的是寻求一种公民身份的公共语言，用这一语言来表达共同的价值观、强调我们共同持有的东西。按照英格兰的传统，这项任务是由包括国教在内的机构来完成的。但是时代已经变了，当前社会的多样性"让很多人，国教教会外和教会内的，对该机构感到不安"。然而说到这儿，萨克斯的论述——挺像莫杜德的——话锋一转，他声称去国教化不会让情况好转，只会适得其反，因为它象征着"一种重要的倒退，从我们尚有任何共同价值观和信念这一概念的倒退"（Sacks，1991：68）。再一次从圣公会的视角来看这一陈述并非那么令人宽慰，因为它暗示一种国立的教会是较轻的恶，而不是积极的善。另一方面，萨克斯也提供了另一种声音，警示要谨慎处理去国教的过程。⑬

君主制的地位同样也是这些讨论必不可少的一部分。莫杜德自己在上面提及的那篇文章中就有讨论（Modood，2011a）。继戴维（David，2007a）之后，他首先指出查尔斯王子，王位的继承人——因此也是英格兰教会最高领袖这一职务的继承人——已经表明作为君主他将更喜欢"信仰的捍卫者"（Defender of Faith）这一称号，而不是历史上的"此信仰的捍卫者"（Defender of the Faith）。媒体经常重复这一点。⑭莫杜德也回顾了当今女王反复做出的肯定：宗教多样性是一种让社会变得多姿多彩的东西；因此应该将其视为财富，而不是威胁⑮。关系到英联邦就更是如此。一座特权的堡垒竟然成为一场持续的、有时微妙的讨论中一个关键的和非常积极的观点影响者，这是个悖论。

在结束这一节之前，有必要指出：以上的对各方讨论国教教会地位的概述相对温和，现实中的争论并非如此。在讲领地、政治和机构方面过去的遗产的这一章中，简单概括一下就行了。更为犀利的批判性的声音——教会内部和外部的——将在合适的时候出现：内部人士的观点在第七章中介绍，世俗主义者的观点在第九章。

二　西进

北欧宗教的"西进"是贯穿大卫·马丁作品的一项主旨：从斯堪的纳维亚占据压倒性主导地位的国教教会到英国有限的多元性，再到美国竞争性的教派。关于英国的凯尔特边区，要点如下：

> 虽然现在英格兰自身依然保留了贵族等级制的一些因素，也保留了教会与国家关系的某些因素，但威尔士、苏格兰和阿尔斯特的新教地区，以及海外的加拿大、澳大利亚和新西兰，各自朝着更为接近美国体系的方向转化。（Martin，1990：19）

简言之，苏格兰、威尔士和北爱尔兰在这个过程中都迈出了一步（或者说往西迈了一步）；它们显然都比英格兰更加新教化，更加平等化。自从本书第一版付梓以来，这三个地方都有了明显的变化。1994年苏格兰和威尔士就宗教成员数目而言明显多于英格兰（相关数据参见 Davie，1994：50）。现在可不是这样，成员人数的下降（正如皈附感的减少）在这两个地方都很突出。就整体数据而言北爱尔兰依然是个独行客，但是也已经发生重要的变化。具体来讲，随着"和平星期五协议"（指《贝尔法斯特协议》）的签订，政治局面进入了一个新阶段。教派纷争已经减少，但无论如何都未消失。也应该关注在苏格兰和威尔士的政治权力下放，苏格兰更是一步步走向了 2014 年的独立公投。

本书第一版中关于苏格兰、威尔士和北爱尔兰各自信奉宗教的证据缘引自布赖尔利和希斯科克的著作（Brierley and Hiscock，1993）。参照布赖尔利更近的著作来看待这些证据还是挺有意思的。例如，在《英国教会数据 2005－2015》（*UK Church Statistics 2005－2015*）一书的介绍章节，布赖尔利（Brierley，2011）记录了那些衰落和增长最迅速的教派。[16]确定了这些名单之后，他又做了如下评论：除了一两个例外，显然，在这段时期（2005~2015 年）衰落得最厉害的教派几乎都位于威尔士或苏格兰，而且它们都是小教会，苏格兰教会除外。换言之，苏格兰教会成员人数的急剧下降几乎可以解释边界北部所有宗教成员人数的下降。[17]与之相反，英格兰的教会成员则相对稳定，减少的跟增加的大体持平，增加的很多是因为移民。这些关于教堂数量、教派数目以及牧师数量的数据都有着大致相似的规律。[18]

考虑到这些，苏格兰和威尔士的情况兴许可以描述为迟发的世俗化：这一过程比英格兰的来得迟些，但当其到来之时则尤为猛烈。推迟和随后的变迁都需要仔细思考。而且，数据上的下降只是整个局势的一个因素，不同地方对此的体验是不一样的。

（一）　看懂苏格兰的宗教

苏格兰的事情过去跟英格兰不一样，现在依然不同（Morris，2009）。[19]这里没有圣公会的中间道路。因为苏格兰大部分地区——虽然不是整个地方——几百年来都不折不扣地信奉新教，它的新教教徒依然绝大多数都是长老会教徒。他们分布于多个不同的教派，其中苏格兰教会，"国立然而自由"，既是最大的，也是最重要的。它是"国立的"，因为它与1560年改革后的苏格兰教会一脉相承，它享有的自由权受到1707年"联合条约"（Treaty of Union）的保护。但是苏格兰教会"依据法律规定独立于政府"，因此在性质上与其边界南边的国教教会很不一样。布朗的《苏格兰宗教社会史》（Social History of Religion in Scotland）（Brown，1987）概述了，但并未过于简化，英国这一部分的宗教和民族身份之间的历史关联。[20] 布朗比其他的评论者更为强调苏格兰宗教内部的多样性。他还指出，就究竟是神学或者教会治理的哪些特征塑造了苏格兰的特色，可能存在异议；因为这样的塑造关系并不是不证自明的。然而，苏格兰从1603年开始就没有自己的驻任政府首脑，从1701开始没有自己的立法会议。因为这两个原因，国立教会，与法律和教育体系一起，成为民族意识的主要载体。

的确，1998年宪法改革之前，苏格兰教会代表大会是苏格兰人能够审议苏格兰事务的唯一场合。全国媒体密切报道大会讨论的事情，尤其是那些关乎更广泛社会人群的事务，这不足为奇。尊贵的访问者出席大会，其中就有撒切尔夫人，她在1988年选择这个渠道发表了她的"芒山演讲"（Sermon the Mound）。十来年以后（1999年）时任财政大臣戈登·布朗（Gordon Brown），一位长老会牧师之子，在代表大会上发言说明他有关国际债务的想法；2008年他以首相身份再次来访。2009年，戴斯梦德·图图（Desmond Tutu）让与会者兴奋不已。代表大会考虑的事务依然还在为那些希望跟进的人直播，但是在苏格兰进行辩论的场所已经转移了。辩论现在在苏格兰议会进行，议会的功能和角色由1998年的"苏格兰法案"规定。宗教以"反省时间"（Time for Reflection）的形式残存于这个组织，这为各个宗教和其他信仰体系的代表们提供了一个每周跟参会人员对话的机会。[21] 然而目的并不在此。

统计上也能看出类似的变化。2001年苏格兰的人口统计——与英格兰和威尔士的人口统计一样——包括了一个有关宗教的问题，2011年也将这个问题包括在内。但是这个问题的措辞不一样，也就是说要跟英国其他地方进行比较会有困难。[22] 先不做地区间的比较，这些数据告诉我们：54%的苏格兰人表示自己是基督徒（比2001年减少了11%），37%的人宣称自己没有宗教信仰（自2001年以来增加了9%）。[23]基督徒中，苏格兰教会依然是最大的群体（占人口的32%，但自2001年也下降了10%）；接着是天主教徒，占16%，没有变化。也应该注意其他信仰群体的存在，但他们相对较少，只占到总人口的2%多一点，其中1.4%为穆斯林。跟英格兰和威尔士一样，这些数据可以用各种各样的社会经济和地理变量来进行分解。

　　说到这儿布朗有关多样性的评论开始引起共鸣，不要忘记地区性差异让教派差异变得复杂，苏格兰的地理还有西海岸临近爱尔兰都强化了地区差异这个因素。19世纪爱尔兰移民的到来是一个重要因素，这场运动给苏格兰带来了一定（虽然并不巨大）数目的天主教徒。这些天主教社区依然集中在西南部一个较小的地方内，并且与该地区的教派纷争历史脱不了干系。在其他方面也能继续感受到宗教信仰的影响。例如在西赫布里底群岛（Western Hebrides），宣称自己是基督徒的人口比例明显比该国的多数地方要高，他们的信仰也渗透到日常生活中。恪守礼拜日的习俗——曾经遍及苏格兰——至今得以坚持。在这片尚有加尔文宗残留的飞地，2006年将礼拜日出航（Sunday sailings）推广到哈里斯岛（the Isle of Harris）的决定是有争议的。不同岛屿上的人们对此的态度也不同。再往南，天主教的影响还在，渡轮每周七天都受欢迎（Seenan, 2006）。古老的习俗似乎在慢慢死去。

　　结论是，如果2014年9月有一场"支持"（脱离联合王国）的投票，苏格兰的宪法地位显然会有重大改变。没人提议要对任何宗教和苏格兰诸教会的法律地位做出改变，[24]但是要求独立的投票却无疑有着更为广泛而又深远的影响。然而在辩论的过程中，苏格兰教会（仅举一例）小心翼翼地在这个问题上保持中立。教会鼓励积极参与，但并没有导向。[25]教会决定在公投之后的星期日，在爱丁堡的圣吉尔斯大教堂为各方主办一个和解的仪式，这也值得一提。

（二）威尔士的非国立教会

　　威尔士的情况又不同。跟苏格兰一样，威尔士有一种非国立教会或者新教文化，但是没有全国性的教会。的确，威尔士的非国立教会坚持在教派和语言上将自身分裂为诸多更小的团体，每个小团体在人数上都比不上带有英格兰色彩的（去国立化的）威尔士教会，也比不上天主教会。然而在历史上小礼拜堂和小教堂文化有着巨大的意义。它们过去相当于马丁所说的"主流非国教"（established dissidence），因此成为威尔士身份的重要载体。具体说来，它们提供了一种文化背景，从中源源不断涌现出20世纪的政治领袖，多数为自由民主党和工党，他们注定要前往威斯敏斯特（Martin，1990：34-35）。现在再也不是这样了。

目前威尔士的天主教和圣公会的确是最大的基督教社群，但是总的数目不仅不大，而且还在下降。[26]威尔士长老会的成员和威尔士独立联盟的成员徘徊在人口的1%左右，威尔士浸理会联盟更小。此外，这三个都在布赖尔利的衰败教会名单上，而威尔士天主教也位列其中。[27]人口统计的数据展示了类似的规律，虽然总的数目要大得多：2001年大概70%的人口认为自己是基督徒，2011年这一数字跌至57.6%。换言之，降幅比英格兰和苏格兰要大。威尔士是有着最多"没有宗教信仰"的人的地区（见图3-4）。跟苏格兰一样，有其他信仰群体的存在，但是人不多。可以预见的是，穆斯林构成了最大的其他信仰群体，多数穆斯林社群位于卡迪夫，也门海员于19世纪晚期到达那里。有意思的是，英国最古老的建于1860年的清真寺就在卡迪夫。

应该怎样解读这些数字呢？在一套系列出版物中，钱伯斯（Chambers）对威尔士的宗教做了更为深入的解释。[28]他的方法与本章的整体框架相吻合。例如，在对世俗化的讨论中，钱伯斯强调了威尔士情况的特殊性，具体说来"现代化和工业化是驱使本土宗教机构稳步增长的发动机"，这样一来便颠覆了"通常的"假定（Chambers，2012：221）。而且原因也很清楚，这些机构不是固守前工业时代领地的教区教堂，它们是来自不同教派的自由教会，能够迅速移动到威尔士的新兴工业区，并为权力而竞争。建筑方面的证据在那里，大家都能看见。然而反过来说也对：这些小教堂及其维系的让人印象深刻的当地文化也跟着它们所属的社区一起迅速衰落了。1980年代，钢铁制造业和采矿业的急剧崩溃造成毁灭性打击，南威尔士的社区以及相关的宗教机构至今都未能从中恢复过来。钱伯斯把自己的发现与威尔士正在变化的政治局势相连，试探性地提议：在基于社区的社会行动中，宗教组织会有一个更加光明的未来。他认为权力下放现在给教会提供了新的机会（Chambers and Thompson，2005）。是不是这样呢，让我们拭目以待。

（三） 北爱尔兰的政治变迁

在北爱尔兰，20世纪多数时候保守的新教价值观在政治领域占据了显赫地位。的确，从一开始北爱尔兰的创立就跟1921年成立爱尔兰自由邦（Irish Free State）时阿尔斯特的新教民众拒绝被纳入其中大有关系。因此，将北爱尔兰的利益与其占多数的新教徒的利益等同对待也就不足为奇了，而且这种看法统治此处的政治思想几十年。此外，这一局面似乎仍在延续，每当一套更为博大、更为自由或者更为世俗化的假定一提出来，反对就开始了。阵线僵化了，对联合主义（Unionism）——体现在像伊恩·帕斯李这样的政治家不肯妥协的观点上——的支持也加强了。

当本章最初的版本还在起草时（也就是1990年代早期），情况当然是这样的，那个时候没有人预见到不到十年后要发生的政治巨变。但是在1998年，这段时期后来被称为北爱尔兰的"动荡时期"，随着历史性的"和平星期五协议"的签署，西方世界最为漫长、最难处理的冲突之一实际上降下了帷幕。协议最直观的成果便是：暴力的结束（或者多数暴力的结束），建立权力共享的政治安排，武器禁运，改革警察制度。爱尔兰共和国放弃了对组成北爱尔兰的六个郡的领土要求。因为上面这些原因和更多的原因，说"和平星期五协议"标志着北爱尔兰土地上的一次巨变并不夸张，以至于北爱尔兰已经成为其他地方解决族群－宗教冲突的一个样板。同样明显的是，该协议及其时而发作的余波（并非一切都顺利）已经引发了潮水般的评论和反思。[29]

要对这一功垂千秋的时刻进行全面分析却非本章篇幅所能及的，然而有必要理解宗教在之前的冲突以及随后的15年中的意义。得承认协议本身对宗教几乎没有提及，然而因此以为宗教根本不是此次巨变前爱尔兰分裂的核心因素，也不是主要分裂活动者动机中的核心因素，却是极端幼稚。其他因素当然重要，但是冲突的持续和难以处理皆源于这一事实：爱尔兰相互冲突的人口群体奉行不同的宗教传统，这又创造了自恰的、外人似乎难以穿透的生活世界（Bruce，1986：249）。

这些差异尚未消失。虽然从政治上讲情况很不一样，但宗教依然是北爱尔兰一个至关重要的用以标记身份的东西。米切尔（Mitchell，2005，2012；see also Mitchell and Ganiel，2011）对这一点说得很清楚，他驳斥了关于北爱尔兰冲突缓解必然会导致宗教信奉减少的看法。事实并非如此。统计数据显示的情况很复杂。米切尔——布赖尔利（Brierley，2011）也支持他——认为（从大范围的宗教指标来看）北爱尔兰信奉新教的人口群体依然存在，但他承认天主教徒中有着程度显著的世俗化。望弥撒的人已经急剧减少，对教条的理解也变得日益个性化（Mitchell，2012：240；也可参见注解⑯）。然而从人口统计的数据来看又是另外一番情形，因为测量的单位不一样，人口统计关心的是社区大小，而非信仰和实践。⑳1991年、2001年和2011年依据宗教教派做的划分（在数目和比例两个方面）却也揭示了很多情况。㉑天主教人口有了稳定增长。然而整体上新教教徒依然是稍大一些的群体：北爱尔兰48%的人口为新教教徒，或是由新教教徒抚养长大（比2001年的普查时少了5%）；45%的常住人口要么是天主教徒，要么是由天主教徒抚养长大（增加了1%）；只有7%的人不在这些类别之中。

然而更重要的是北爱尔兰人口整体的独特性，不仅仅是在宗教方面。民族身份（在2011年的人口统计中引入）的问题在联合王国的这个角落里引发不同的反响。在北爱尔兰将宗教从属与民族身份等同起来也不明智——这两者测量的是不同的东西。出生率、年龄层次，还有移民的规律也很重要，因为它们可以在较短的时间内改变新教和天主教之间的势力平衡，最显著的莫过于特定地区的年龄层。㉒最近几十年里，北爱尔兰的南方和西部已经稳步变得更加天主教化，而新教教徒则日益集中在东部。也许最能说明问题的差异还是有关宗教的问题。自1861年以后，有关宗教的问题就被包括在了北爱尔兰的人口统计中，这一事实本身就揭示了宗教身份对北爱尔兰人民来说意义深远。

三 地理位置的重要性

人们已经发现在凯尔特边区存在的地方性差异。讲威尔士语的地区明显是讲威尔士语的小教堂的根据地。苏格兰高地和岛屿群与东南部明显不同。即使是在北爱尔兰较为有限的地区内，情形也不一样。英格兰也是如此，但是规模更大。

探讨这个问题的一种方式便是较为直接地绘制教派分布地图，虽然这样做在很多方面都会提出一个基本的问题：某些教派怎么就在一些地方扎下了根，而另一些则没有？第二个差异集合跨越教派界限，比如那些在 2001 年和 2011 年的人口统计调查中涌现出的差异——这一分析可以在很多层面上来做。2011 年人口统计调查中，自我报告的有宗教信仰或者没有宗教信仰的分布是有街区差异的，大卫·瓦尔斯恰恰就指出了这一点。[33]在各个行政区（平均人口在 6500 人左右的小地区）之间，统计数据差异常之大。但是为什么呢？这是构成的问题还是环境的问题，还是两者皆有？换言之，"信教和不信教的人在地理上的集中并非因为跟宗教直接相关的原因吗（而是因为可能并不明显的个人特征）？还是当地的社会规范和宗教环境非常独特以至于个体会因其生活地点的不同而思考和行动不同？"这样的问题值得进一步探索。

本书第一版中我用了英国两个区域（英格兰偏远的西南部和西北部）作为对照来更加充分地探索宗教问题，重点关注了利物浦市。在某种程度上这两个区域可以视为彼此的镜像。例如在西南部，循道宗的悠久存在就把国教挤到了一边；在西北部，残存的罗马天主教徒（他们拒绝参加国教的礼拜仪式）和来自爱尔兰的天主教移民又把国教挤到了另一边。依然可以察觉到相关的后果。这一版我选择了不同的例子：第一个是约克，相当程度上参考了罗宾·吉尔（Robin Gill）多年来所做的认真分析；第二个是伦敦，再一次指出首都的变迁对于英国宗教的整体局势有着特殊意义。

罗宾·吉尔（Robin Gill, 2012）对约克的研究引人注目，原因有几个。研究是长期的、基于实证的、全面（至少关于基督教是这样）的，既有反思又有趣，随着新素材的出现吉尔不断修正自己的观点。马太·哥斯特（Mathew Geust）对圣马克 - 乐 - 贝尔福莱教堂（St Michael - le - Belfrey）的研究（成果为一本书）（Geust，2007），古德休对约克新教堂的概要介绍（Goodhew，2012c）都很重要。要完整理解吉尔的方法就得把约克研究放在更宽泛的对英国教会衰落的分析中（Gill，1993）。这部著作中的一条主线关系到19世纪晚期英国教堂和小礼拜堂的过度修建，这一次又一次导致了一个完全可以预见的局面：过度供给，空的座位，经济上吃紧，人心越来越散，最终衰退。圣公会和非国教教会都有这方面的过失，但后者尤甚。在约克，和别处一样，建筑上的证据显而易见。有意思的是，天主教会在某种程度上避免了这个问题。约克的天主教堂并未因人员增长而增加座位，他们采取的对策是就在一栋建筑内反复举行弥撒——一种更为省钱和灵活的选择。

漫步约克，可以鲜活地感受到吉尔2012年的文章中的很多东西——泛泛而言，就城市本身而言。本章也为第三部分的讨论做好了铺垫。需要注意的第一点是，约克跟其他地方一样是独特的。首先，它是英国一个大的基督教的中心——约克大主教所在之地，"英格兰北方省份教会"的中心。大家都知道贵格会在这个地方存在很久了，部分原因是生产巧克力（是为了给酒精找个有益的替代物而发展起来的），还因为西伯恩·朗特瑞（Seebohm Rowntree，企业家、管理学家）经常被人引用的、关于20世纪头五十年这个城市的社会状况的报告。这些文档包含了同一时期有关成年人参加教堂礼拜的详细数据——这是吉尔的分析采用的一个重要信息来源。

他解释的出发点可以在24个圣公会的教区中找到，这些教区在18世纪中期统治着约克。这些教区在一个较小的空间内共存，意味着去教堂的人在较早的时候就可以挑选教会（Gill，2012：121）。有足够的证据表明这恰恰发生了。不同教区的命运因此而起落，但也要注意整体上人口的增长还较快，这部分冲抵了容纳能力过剩的问题。去教堂礼拜的高峰出现在19世纪中期（也就是大概100年后），此时天主教的势力已经有了显著发展，自由教会的数目也在迅速增长。的确，到了这个阶段，小教堂的建造迅速推进，在循道宗的各群体当中尤其如此。新的建筑中值得一提的有百年纪念小教堂（the Centenary Chapel），修建于 1840 年，可以容纳 1469 人。这一雄心勃勃的事业不过是许多项目中的一个。到了 1935 年约克已有 22 座循道宗小教堂和 6 座公理会小教堂，3 座救世军讲堂和 5 座其他的自由教会建筑（Gill，2012：143）。

这样的过度供给不是可持续的。然而不同的教派衰落的发生方式也不一样。不足为奇，"传统的"非国教教会受到的冲击最大，几乎就在达到顶峰之时便开始消减。循道宗做了详细的记录，可提供毫不含混的数据。天主教徒和圣公会教徒更有韧性（原因并不一样），但是人数也缩减了，虽然没有自由教会那么快。这两种情况下都有一个额外的因素日益显著：有的——如果不是所有——城市中心的集会相对更有活力。这一特征时至今日依然能看见。例如在 2011 年，吉尔估计三座城中心的教堂——两座属于圣公会（the Minster and St Michael - le Belfrey）、一座属于天主教会（St Wilfred's），多数星期日共吸引大概 2000 人——这个数字大到足以改变约克去教堂礼拜的整体状况。这些类型的教堂目前兴盛的原因将在第七章中加以讨论。

同时有必要记录约克存在的各种各样的"新"教会，其中许多教会的出现是为某个特定的、有辨识度的社区服务，包括增长的学生人口。古德休（Goodhew，2012c）详细记录了这一趋势，他列出 27 所过去 30 年中新出现的教会。并非每个人都同意他的分类，[34] 但在约克进行宗教活动调查却不考虑这些新兴教会将造成严重的缺陷，并且这些发现必须与 2011 年人口统计的数据进行比照。显然，在约克有的教会人气十足，但是宣称自己是基督徒的人口比例在过去十年中已经显著下降了——从 74% 降到 59.5%。还有一点也很清楚，那些声称不信奉宗教的人的数量比全国平均水平要高。[35] 与任何时候都一样，众多矛盾的趋势并行不悖。然而加在一起这些趋势表明某一城市的宗教经济有了重要和持续的变迁。

已经说过伦敦的独特性了：2011 年人口统计调查发现的整体情况引发了思考，伦敦圣公会主教区（the Anglican Diocese of London）的相对成功也引发了思考。类似的趋势在"伦敦教会普查"（The London

Church Census）中也能看出，这是一次全面的调查，于 2012 年进行，一年之后发表结果（Brierley，2013）。总结性报告的开篇语夺人眼球：

> 去教堂礼拜的人数从 2005 年的 62000 人多一点增长到了 2012 年的 72000 人多一点，7 年间增长了 16%。在联合王国的其他地方，去教堂礼拜的人数没有增长得如此迅猛的。这些数字是跨教派的，然而增长尤为显著的是黑人大众教会（五旬节派）和各种移民教会（小一些的教派）。⑯

然而这些评论需要仔细斟酌：增长也许会继续，也许不会，礼拜人数的增长几乎完全是因为城市中较高的移民水平。宗教活动水平的上升还需要与伦敦宣称自己是基督徒的人口比例的下降进行比照，从 2001 年的 58% 降到了 2011 年的 48%，而这一降幅却是英国所有宗教中最小的。

这些提示很重要。布赖尔利报告及其背后的工作在那些听惯了唱衰宗教的人读来却是惊人的。例如，2005～2012 年每周都有两座新的教堂在伦敦开放，注意，其中三分之二为五旬节派黑人大众教会，三分之一面向某一特定的语言人群或族群（有着无穷的多样性）。换个方式来说同一个要点，2005 年后的 7 年中伦敦有 300 座现存的教堂关闭了，而大概 1000 座新的教堂拔地而起。这些新的教堂中，93% 的 5 年之后依然存在，而别的地方新教堂的存活率则只有 76%。布赖尔利提供的有关性别和年龄层的信息同样值得好好关注：增加的多为女性（性别比例严重失调），但是年龄的分布在伦敦则比多数其他地方更为均衡。在这方面教众的人数有重要意义：大的教会比小的增长得快，吸引了更多的年轻人。五旬节派教堂更是遍地开花，现在占到伦敦礼拜者的 32%。

基督宗教就说这么多。伦敦在宗教上自然是多样化的，而且变得更加多样化。在 2001 年到 2011 年间，与其他大的信仰社群有着认同感的伦敦人所占比例增长（或者没有增长）如下：穆斯林从 8.5% 增长到 12.4%；印度教教徒从 4% 增长到 5%；佛教徒从 0.8% 增长到 1.0%；持其他信仰的人从 0.5% 增长到 0.6%；犹太人的比例从 2% 降到 1.8%；锡克教徒没有变化，还是 1.5%。居住模式有很重要的意义：不同的信仰社群住在首都不同的地方。有关这些聚居群落的详细信息可以从人口统计中搜寻得出，可以历时追踪，并比照诸多其他变量绘制分布图。^㉜伦敦东区的多样性比其他任何地方都显著，东区吸引了各种学者的注意力。有两个项目可用作例证。第一个是，一群来自伦敦大学学院的地理学家为伦敦东区绘制了详细地图。^㉝他们的出版物中有克申和沃翰（Kershen and Vaughan）联系过去 350 年间的宗教实践对移民定居规律所做的分析，这提醒我们：移民（及基督教和其他信仰的宗教多样性）在这个地区并不新鲜。第二个例子是"牛津侨民计划"（Oxford Diasporas Programme）的一部分，它也有历史的维度。项目的名称"东部伦敦的宗教信仰，空间和少数族群社区：1880 年至今"（Religious faith, space and diasporic communities in East London：1880 – present）表明这项工作的重点所在，那就是致力于梳理少数族群宗教信奉者的体验。^㉞主要关注的是"漫长的"20 世纪中的基督教、犹太教和伊斯兰教。

很容易找到更多的例子。加在一起，这些项目表明对城市里的宗教重新产生的兴趣，我们案例中的城市是伦敦。地理学家的积极参与和对空间的强调尤为有意思，也跟关乎领地、政治与机构的这样一章相契合，要知道我们的讨论已经有些偏离了本章的出发点：国立教会的领地特征。连伦敦东区都分成了多个教区，在这里教区模式也是有利有弊。最重要的是，我们愿意去发现新的"想象"（image）城市的方式；别忘了传统的世俗化理论假设，即宗教与城市环境必然不会相容。显然事实并非如此，我们需要搞清楚这是为什么。

注释

① 有必要指出该阶段的论述中贝克福德将威尔士也包括在内。

② 马丁·戴维（Martin Davie，2008）对英格兰教会的演变、结构和组织做了清晰、权威的叙述。别搞混了啊，我跟马丁·戴维没有亲属关系。

③ 2013 年的 7 月和 8 月，媒体对这个问题做了广泛报道。例如，2013 年 8 月 2 日

的《教会时报》(the Church Times)。涉及的公司是万家(Wonga),一家提供短期、高成本信贷的发薪日贷款公司。

④ 这一点正是"教会发展研究计划"的核心所在。他们的研究得出有趣的发现。一位领导人领导下的单个教会单位似乎比组合在一起的教会更有可能壮大。这并非排斥联合教会(amalgamations)、牧师团队(team ministeries)、团体圣职(group benefices),但这的确表明有必要当心这些应变调整(accomodations)发生的方式。必须聚焦当地。参见《简报:从传闻到明证》(Summary Report:From Anecdote to Evidence)第 28 页,http://www.churchgrowthresearch.org.uk/report(2014 年 8 月 6 日访问)。

⑤ 有必要指出这种性质的组织性变化多半受钱财或者缺少钱财驱动。同样清楚的是欧洲的教会在这个方面处境很不一样(Robbers,2005)。

⑥ 莫里斯(Morris,2009)的书中有对 21 世纪国立教会宪法方面的精彩讨论。

⑦ 对上议院的神职议员制度的改革的政治讨论几起几落。未来依旧不明朗。几乎可以肯定,如果真要进行改革的话,会对主教在议会中的地位做出一些调整。

⑧ 可以在议会辩论记录中找到这些数据。此外现任大主教的干预相关的网站上都有列出。参见 http://www.archbishopofcanterbury.org/articles.php?action = search&tag _ id = 6,和 http://rowanwilliams.archbishopofcanterbury.org/articles.php?action = search&tag_id = 6(2014 年 8 月 6 日访问)。

⑨ 2013 年 6 月 4 日上议院投票表决"婚姻(同性恋伴侣)议案"的否决性修正案时,14 位主教区主教也在场。14 人中有 9 人赞成迪尔勋爵(Lord Dear)的修正案——拒绝再次审议该法令,5 人弃权。修正案以 390 票反对 148 票赞同未获通过。上议院的完整讨论可参阅《议会辩论实录》。参见 http://www.publications.parliament.uk/pa/ld201314/ldhansrd/text/130604 - 0001.htm(2014 年 8 月 6 日访问)。

⑩ 相关细节,参见 http://www.theguardian.com/uk - news/2013/jul/06/archbishop - canterbury - welby - sexuality - revolution(2014 年 8 月 6 日访问)。

⑪ 东欧的东正教会明显是占据主导地位的机构,法国有着一个强有力的、世俗化意识形态的中央集权政府。

⑫ 塔里克·莫杜德在该领域笔耕不辍。他的个人网站上有参考书目:www.tariq-modood.com/(2014 年 8 月 6 日访问)。莫杜德已成为文化多元主义的一位领军人物(见第九章)。

⑬ 乔纳森·萨克斯 2013 年退休,当时他任大拉比;他的离开与罗万·威廉姆斯卸

任坎特伯雷大主教多少有些巧合。在很多方面两人的职业生涯都有相似之处；两人都是公认的公共知识分子，都在上议院中享有席位。两人（有时）都受到他们受命代表的社群的激烈批评，这也是事实。

⑭ 例子可参见威尔士亲王官网上精心准备的陈述：http：//www. princeof-wales. gov. uk/the－prince－of－wales/promoting－and－protecting/faith（2014 年 8 月 6 日访问）。

⑮ 可在"英国君主制"的官网上找到证据：http：//www. royal. gov. uk/MonarchUK/QueenandChurch/Queenandotherfaiths. aspx（2013 年 8 月 6 日访问）。也可参阅第九章。

⑯ 细节见 http：//www. brierleyconsultancy. com/images/csintro. pdf（2014 年 8 月 6 日访问）。

⑰ 就其成员而言，北爱尔兰较大的天主教会也有着明显的衰落。

⑱ 值得仔细阅读布赖尔利的分析，从而体会教众规模的意义。跟以前一样，小教会的增长让人刮目相看，但对改变整体局势无济于事，起作用的是大教会。

⑲ 莫里斯（Morris，2009）对苏格兰国立教会做了最新的回顾，君主制的地位也包括在内。值得一提的是这不仅跟更往南的情况不同，而且时时有人援引苏格兰模式作为英格兰教会的一种可行的工作方式。这一模式更大程度上是由于独立于政府才吸引人。

⑳ 新的、大幅重新编写的版本出现在 1997 年，题目为《1707 年以降苏格兰的宗教和社会》（*Religion and Society in Scotland Since 1707*）。感谢卡伦·布朗（Callum Brown）为我提供有关苏格兰情况的补充信息。

㉑ 更多细节参见 http：//www. scottish. parliament. uk/PublicInformationdocuments/TimeForReflectionGuidance111011. pdf（2014 年 8 月 20 日访问）。

㉒ 苏格兰问题的介绍参阅第三章，注释⑤。

㉓ 这些数据于 2013 年 9 月发布，可见 http：//www. scotlandscensus. gov. uk/en/censusresults/。更多细节参见 http：//www. scotlandscensus. gov. uk/documents/census-results/release2a/rel2A_Religion_detailed_Scotland. pdf（均于 2014 年 8 月 6 日访问）。

㉔ 参见"苏格兰的未来"（Scotland's Future）栏目，第 590 项常见问题：http：//www. scotland. gov. uk/Publications/2013/11/9348/15（2014 年 8 月 6 日访问）。

㉕ 参见"我们眼中的苏格兰"（Imagining Scotland's Future：Our Vision，2014），资料会集于：http：//www. churchofscotland. org. uk/speak_out/politics_and_government/articles/imagining_scotlands_future（2014 年 8 月 6 日访问）。

㉖ 关于威尔士圣公会的情况，参见 BRIN 网站：http：//www. brin. ac. uk/news/ 2010/church－in－wales－statistics/，和 http：//www. churchinwales. org. uk/wp－ content/uploads/2013/08/Members－Finance－English－on－line. pdf。关于威尔士 的 天 主 教，参 见 http：//www. brierleyconsultancy. com/images/csintro. pdf and www. prct. org. uk。网址均于 2014 年 8 月 6 日访问。

㉗ 参见 http：//www. brierleyconsultancy. com/images/csintro. pdf（2013 年 8 月 6 日 访问）。

㉘ 钱伯斯（Chambers，2012）的书里有更多的参考书目。

㉙ 很好的一个例子就是为纪念"和平星期五协议"签订一周年，英国科学院在利 物浦大学举办的讨论。参见 http：//www. britac. ac. uk/events/2008/gfa/in－ dex. cfm（2014 年 8 月 6 日访问）。

㉚ 2011 年北爱尔兰用的问题与苏格兰的类似。

㉛ 参见 http：//cain. ulst. ac. uk/ni/popul. htm。有必要进一步了解这些表格的资料 来源。关于 CAIN（Conflict Archive on the Internet）的更多信息，参见 http：// cain. ulst. ac. uk/。网址均于 2014 年 8 月 6 日访问。

㉜ 迁移发生在各种层面上：移进和移出北爱尔兰，以及在该省的各个地方之间。

㉝ 更多信息，可参见 http：//www. brin. ac. uk/news/2013/local－variation－in－lev－ els－of－religious－affiliation/（2014 年 8 月 6 日访问）。

㉞ 古德休把四座东正教教堂纳入列表中。这四座教堂对于约克市民来说也许陌生， 但就其被普遍接受的意义而言它们几乎算不上"新"教会。

㉟ 有必要指出其他信仰在约克并不多，但在周边地区较多。

㊱ 参见《伦敦的教会在增长》（London's Churches are Growing）：http：//brierley－ consultancy. com/images/londonchurches. pdf，p. 3（2014 年 8 月 6 日访问）。

㊲ 关于在伦敦统计调查的具体结果，可参见 http：//www. ons. gov. uk/ons/ dcp29904_291554. pdf（2014 年 8 月 6 日访问）。

㊳ 关于这项工作更广泛的后果，参见：http：//www. bartlett. ucl. ac. uk/graduate/re－ search/space/research/mapping－the－east－end－labyrinth（2014 年 8 月 6 日访 问）。

㊴ 这个项目的网址为：http：//www. migration. ox. ac. uk/odp/religion－separation－ exclusion. shtml（2014 年 8 月 6 日访问）。

第六章
存在：谁能为谁做些什么？

这一章分成三个部分。开始是讨论神职人员，特别关注"存在"（presence）。社会中某些职位的存在引出关键的问题：在一个宗教多元化的社会里，谁能为谁做些什么？这个社会里大部分的民众一生多数时候更喜欢生活在宗教的影响范围之外。接下来是神职人员的四个例证：医疗、监狱服事、军队和高等教育。这些阐述没有哪个是全面的；事实上每个强调的是不太一样的点。加在一起它们呈现了各种有趣的问题。最后一个案例研究为其后的一节做了铺垫，这一节在某些方面相当于一个补记。它更为宽泛地看待宗教和教育之间的关系，同时也思考了一个具体的问题：宗教知识水平（religious literacy）的下降，这在英国社会日益凸显。

最后一部分回到教会本身，重新提出了"谁能为谁做些什么"的问题，这次要看的是长老任命，并特别关注性别问题和性取向问题。一连串的问题由此产生，包括：做出相关决定的方式，分裂和脱离的可能性，南半球的信仰同一宗教者的影响，还有——也许最重要的是——与整个社会的关系。教会与现代文化趋势的关系，为什么对教会人数有重大影响？我们从这种关系的逻辑中能发现什么？教会与社会同步是好事吗，还是这种妥协显然背离了宗教机构的特有性质？

Religion in Britain：*A Persistent Paradox*，Second Edition，Grace Davie. 2015 Grace Davie.
© Published 2015 by John Wiley & Sons，Ltd.

一 神职人员

历史上神职人员曾依附于各种各样的机构，公共的（比如医院、监狱和军队）和私人的（比如王室、贵族、体育俱乐部和商业机构），要知道公私的区分有一些主观性。依照英国传统，神职都是由基督教徒任职，但现在也包括来自许多不同信仰的员工——有的情况下还包括持有世俗世界观的个人。神职人员的角色也经历了演变，并欢迎越来越多的非神职人员，多数情况下他们在履行任务前都会跟领受神职的同事一起接受适当的训练。[①]有报酬的牧师常常有志愿者做帮手。

神职人员的日常生活极其不一样，最好是用例子来说明（见下文）。笼统来说，在很世俗化的地方，神职人员的存在往往是为了代表，或者更准确地说为了体现一种宗教传统；他们的存在也是为了"关照"那些无意之间走进一座教堂或者发现自己身处宗教环境当中的人。换言之，这一角色既是先知般的，也是导师般的；关乎价值观和关怀。人们常常争论，给宗教组织的资助是用于灵魂救赎还是生活关照。在一个主流宗教再也不被当作理所当然的社会里，谁应该为神职人员出钱，他或者她的职责又有哪些？有一点非常清楚，相关的筹款机制跟神职本身一样复杂，就像教会机构里的许多其他事情一样，筹款也经常面临压力。

（一） 医疗机构中的神职人员[②]

宗教和医疗之间的关系源远流长。英国医院的命名就表明了其宗教渊源。例如，伦敦的圣托马斯或圣巴塞洛缪医院（St Thomas's or St Bartholomew's）现在都具备顶尖的医疗水平，它们起源于修道院体系及其照料穷人和病人的义务。传统的对世俗化的理解，强调的是将这些功能分开。具体地说，就是将医疗发展为一种世俗的职业，由国家出资（在英国是依靠税收），并且由其自己的职业准则作为支撑。这一过程很少有人质疑，这也是创立"全国卫生服务部"（the National Health Service）的原因。该部门于1948年最终成立，对很多英国人来说这是一个标志性的事件。自该部门成立伊始，神职人员就成了它的一部分。

有意思的是现代晚期对医疗的理解更多而不是更少关注了最广泛意义上的宗教（见第十章）。人们日益将护理看作全人的（holistic），这个词暗示了宗教性和精神上的需求应该与治疗的其他方面一起得到满足，应该同样由训练有素的人来施行。由于这个原因，全国医疗服务部所属医院不仅雇用了神职人员，而且还发表了政策声明来解释他们会如何满足各类病人肉体、精神、社会性、灵性和宗教方面的需求。这些文本用心设计，供公众查看。它们跟那些差异巨大的医院——急诊医院、住院医院、专科机构和临终关怀医院——也有关，对每种医院都有特殊的要求。神职人员需要据此调整工作。

令人费解的是，被认为会对神职人员提出最多需求的人群——有宗教信仰的人，常常是由来自其所属信仰社群（世俗的和领受神职的）代表关照的。这个案例中的关怀是教区或者说教众生活的一种延伸，显然存在距离因素：我们这里说的机构也许是本地的，也许不是。也有为数不少的人不想跟任何宗教有接触，在不在医院都不想。这两种人之间是广泛的、有各种名义上的从属的人，第五章中已经讲过。入院后，病人会把注意力集中到那些"正常"情况下会放到一边的问题上。对于情况好点的人来说，是因为人在此时更加脆弱；对于更不幸的人来说，是因为意外或者悲剧不期而至。

在那样的情况下，神职人员的工作就会被动、紧急、有压力，半夜三更被叫到重症监护室或者新生儿病房绝不会轻松。更常规的情况是牧师参与到医院各个层次员工的医护中，包括保证敬拜和神圣空间，组织一支多种信仰的队伍，训练和支持志愿者。

同样重要的是，神职人员在一个每天都需要考虑具有重大伦理意义的问题以及这些问题对医护的影响的机构中，是一种"极重要的"存在。必须有人做出艰难的决定。替病人保密也至关重要，要知道依据1998年的信息保护法，宗教从属被划分为"敏感的个人信息"，必须尊重这种敏感性。有一点却是没有争议的：几乎所有人在一生中的某个时候都需要专门的医护料理，很有可能会住院治疗。因此，我们多数人还是肯定那些为我们的医护做出贡献的人。这是否应该包括一位神职人员是另一回事。由于医疗体系的成本日益受到关注，这件事可能会变得更有争议性，而不是争议性更小。全国世俗协会（the National Secular Society，NSS）已经对此提出看法：目前花在医院牧师制上的钱可以花得更好。③并不是谁都这样想。

（二） 监狱中的服事

我们更少有人会直接接触监狱中的服事。2013 年 3 月，英格兰和威尔士的监狱人口为 83842 人；战后这一数字猛涨，2011 年达到峰值（Berman and Dar，2013）。④用西欧的标准来看，这个数字不低，但它只占到总人口的一小部分。而且监狱人口也不具有典型性：绝大多数为男性，而且在国籍、种族和宗教方面都各有不同。外国国籍者大有人在，少数族群也是，所占比例都偏高。在宗教从属方面，相对于在总人口中的比例，基督徒的比例较低（50%），穆斯林的比例较高（13%），没有信仰的因犯数目也较高（几乎有 30%）（Berman and Dar，2013）。

从社会学上看，我们对监狱里的宗教状况的了解比对很多机构中的宗教状况的了解都多。这很大程度上是因为詹姆士·贝克福德（James Beckford）和苏菲·吉利亚特（Sohpie Gilliat）的工作，他们1998 年出版了《狱中的宗教：多信仰社会里的“仪式平等”》（*Religion in Prison*：‘*Equal Rites*’ *in a Multi – Faith Society*）。这本书的论述与贯穿本章的问题不谋而合：谁能够为谁做些什么？具体来说，在监狱服事中圣公会神职人员应该起何作用？他们的服事现在要为所有信教和不信教的因犯服务。不要忘记 19 世纪以来国教带头推动了监狱服事的发展。詹姆士·贝克福德和苏菲·吉利亚特的工作是基于实证的，他们考察了传统工作方式引发的争议的性质。然而他们的结论挺有意思。显然，“有的信仰传统的领导人想找个机会替自己说话，想让当局了解他们的呼声”；不过，“他们又不想表现得对圣公会的支持与让步毫不领情”（Beckford and Gilliat，1998：218）。这样的感受又反映了第五章中提到的其他信仰群体的很多代表对国立教会普遍持有的积极看法。

在他后来的著作中，贝克福德延续了对宗教和监狱的兴趣，既有一般性的，又有对监狱神职人员的特别提及。[⑤]吉利亚特（Gilliat，现在的名字是吉利亚特－雷）同样也很勤奋，她主要研究的是：高等教育机构中的神职人员（见下文），伊斯兰教（Gilliat－Ray，2010），最近则是穆斯林神职人员（Gilliat－Ray，Pattison and Ali，2013）。贝克福德的研究为比较性的，强调发生在法国的非常不同的事态，法国监狱里的宗教很少受到关注——这种立场源于法国政府的集权性和世俗主义（laïque）。[⑥]在英国，该领域的活动则由来已久：囚犯的宗教（和族群）身份都有正规的记录，法律要求不但所有监狱都要指派牧师，而且还要求为（不同信仰的）宗教实践提供设施。牧师的工作完全整合到了监狱的管理结构中，跟牢狱生活的其他方面一起，牧师机制的运转也受到仔细监管。这样的做法值得借鉴。

此外多样性日益得到承认，因为其他信仰的代表们发现自己跟基督教的牧师一样享有一席之地，不管是选举神职人员委员会成员还是充当个人信仰的导师。但是此处，跟别处一样，就包括谁不包括谁、怎样划分界线是有一些主观性的：有的新兴宗教运动被接受了，有的则没有。贝克福德也意识到了信仰的异质性常常只是简单采用（也许必须这样做）一套实践标准，在这一传统内少数派的观点几乎没有立足空间。尽管如此，他仍然赞许英格兰和威尔士的监狱服事牧师制，就官方对非基督教信仰的承认而言，该制度处于领先地位。1999 年任命了"在监狱服事的首位穆斯林导师"（Muslim Adviser to the Prison Service），这成为政策发展中一个重要的标志性事件，这些政策充分照顾与回应持其他信仰者的需求。

（三） 军队中的神职人员[⑦]

军队中的宗教信奉者组成又有所不同。在这儿皈附基督教的水平比外边社会上要高，持其他信仰的人因其稀少而变得引人注意。本书也已经介绍过军队的随军牧师了，虽然只是简单介绍——主要提及了军事行动时革新礼拜形式的必要性。本节更深入地探察了随军牧师角色的模糊性。相当程度上本节参考了托德（Todd，2013）书中收录的论文以及金（King，2013）收集的实证数据。[8]

随军牧师的角色从定义上就不清晰。首先，随军牧师也是服务于社会的一部分，他们的功绩要经过时间来检验，最近几十年他们被委派投身于一系列——有时候是同时——的海外冲突：在巴尔干地区（从1992年开始），塞拉利昂（从1999年开始），阿富汗（从2001年开始），伊拉克（从2003年开始），利比亚（从2011年开始）。伊拉克和阿富汗的战争代价尤为巨大，花费高昂，伤亡惨重。在这种情况下，随军牧师的人数、人员素质和受到的重视都已上升。英国在阿富汗的作战行动于2014年结束，军队正从二战后便在德国据有的基地返回。公众对战争的厌倦、经济形势的严峻，都对撤军起了作用。然而裁军是一个复杂的过程，全职人员在减少，预备役军人增加，那些留下来的人的生活性质正在改变。很多士兵和他们的附属人员不再生活在军营里，未来联合王国军队和平民社会间的联系将更加紧密。这对随军牧师完成任务的方式也将会有相应的影响。

更为极端的是随军牧师这一角色背后的模糊性：随军牧师服务于两个不太一样的机构。这必然是一种矛盾吗？就精神上的关怀可能并不是：牧师在那儿是为了服务那些陷入困境（包括军事冲突）的人。他们的工作受到重视（King，2013）。安德鲁·托腾（Andrew Totten，2013）提出了更为重要和棘手的问题：士气（士气本身与道德相连）。如果牧师受命维系或者感到有义务维系军队的士气，那么他们是否有效地参与了军事行动？意思是：他们提高了一个早晚要卷入使用杀伤性武器的单位的能力吗？而且这个问题不可避免地导致另一个问题：这种杀伤力量的使用，在什么时候是正当的，什么时候不是？对这个古老问题已有很多争论，受篇幅所限，本章不会充分阐述这些论证。然而有一点必须指出：随军牧师的"派遣教会"很可能对这些问题有不同的看法——不同于他们每天效力其中的（军事）机构的看法。

大卫·马丁（David Martin，1997，2011）用了一个短语"末世论压力下的视角"（an angle of eschatological tension）来表达对福音的迫切需要跟任何具体情况的特殊性之间出现的不可避免的矛盾。精准地记录和解释这个视角是社会学家的任务。随军牧师的角色为这种矛盾提供了一个特别清楚的例证，因为这里的个体同时经受着和平福音与这个世界最残忍的现实。要弄清楚在一个迅速变化的经济、政治和宗教环境中这一陈述有何含义，需要持续的神学反思。托德正是心怀此念编辑了文集（Todd，2013）。

（四） 高等教育中的宗教

高等教育在战后已经迅猛扩展，实际上已经成为一种大众而非精英体系，这对金融、政府治理和教学来说都有着深远意义。学生群体不仅扩大了很多，而且随着海外学生的大量涌入更加多样化。他们念书的机构同样如此：跟战后几十年的中期（七八十年代）相比，大学的数量增加得相当多，更为多样，（受市场驱动）更有竞争力。有古老的、学院制的大学，有新近的理工大学；有的非常大，有的挺小。对神职人员的安排同样多种多样。苏菲·吉利亚特–雷（Sophie Gilliat – Ray，2000）对多种信仰的校园做了前瞻性研究，她对这些都有详细描绘。充分认识到大学校园比整个社会更加具有宗教多样性，吉利亚特–雷力求搜集更多信息。这些信息有关她评述的机构如何对一系列实际问题做出回应。比如，敬拜场所、饮食需求、时间表；但更深刻的是力求发现大学（或者与之类似的机构）如何应对宗教身份的日益多样化。令人费解的是，在经常口口声声说自己是世俗机构的地方，正在出现清晰的去世俗化的过程，因为校园里的宗教意识在增长，这个过程是局部的，有时不平衡。

作为这个过程的一部分，吉利亚特–雷力求判定神职人员的哪些工作形式效果最好，以及基督教历史上神职人员扮演的角色怎样才能被其他信仰的代表承担。她将后一过程称为"近似化"（approximation），她指的是当一个信仰社区与主流传统进行接触时，角色发生改变的方式。"在'宿主'环境中已经存在的职业角色对其他缺乏此种角色的信仰如何参与公共机构有着决定性影响"（Gilliat – Ray，2000：80）。简言之，其他信仰"神职人员"的不断出现可不像听起来那么简单。有一个相互学习的过程，因为不同信仰的社群要适应英国式的工

第六章 存在：谁能为谁做些什么？

作方式。吉利亚特－雷后来对穆斯林神职人员的研究进一步扩展了这个非常有意思的观点。

大学校园的性质和其中宗教的地位是另外两项研究的重心所在。一项就是"高等教育宗教知识水平领导力计划"（Religious Literacy Leadership in Higher Education Programme，RLLP）[⑨]，这一计划是为了帮助高等教育领导者与各种信仰积极打交道，并且推动大学成为影响广大社会对信仰做出有识反应的地方。关于前者，该计划关心的是具体的政策问题（包括非常实际的建议）。关于后者则是参加了一个更加深入的、有关大学在现代社会中的地位的调查。要重视的一点是，该计划的目标反映了大学的核心（而非边缘）事务，那就是为平等和多样性创造条件，进一步增加参与、学生体验和良好的校园关系。对宗教知识水平的强调也能说明问题。为了不辜负寄予他们的领导能力的期望，大学及其员工需要具备该领域的知识和理解力，这一点全然不是不证自明的。

另一项研究是"宗教与社会计划"（the Religion and Society Programme）的一部分。项目名称为"基督教与大学经历"，着力于探索学生信仰的性质，以及在大学生活历程中信仰改变或者不变的方式（Guest et al.，2013）。研究得到的数据挺有意思。鉴于大学生的年龄层，将自己称为基督徒的人的数目高得让人吃惊（50%多一点的本科生），要知道"基督徒"这个类别本身就是模糊的。更具体地说，整个样本（各类机构的4000多名学生）中有55.7%的人认为自己有信仰或者有精神追求，33.1%的两者都没有，11.2%的不知道。这些比例跟那些自认为是基督徒的人不太一样，后者的分别为：71.6%、15.4%和13.0%。然后研究者们推出一种基督徒类型学，援引了一系列变量，包括参与教会的模式和道德/教义价值观。下面的类别由此而来：积极的坚信者（active affirmers），脱离教会者（lapsed engagers），特定情况时会参与的人（established occasionals），仅仅是名义信徒（emerging nominals），不去教会的基督徒（unchurched Christians）。

这个研究的焦点放在基督徒学生的经历上，但也有一个短小但有趣的关于神职人员的部分，强调的是大学环境的性质正在变化。为了能继续存在，神职人员不得不自我更新。这个研究指出了下面的选择：附属教堂可以成为灵性探索的地方、为跨教派联合而努力的中心、社会凝聚力的化身（特别关注国际学生）、多种信仰和没有信仰的学生的避风港、倡导多信仰意识的领导者、整个社区的公仆（Guest et al.，2013：142）。有意思的是，这些研究者将神职人员与代理式宗教这一概念联系在一起，但只是对为数不多的人而言。似乎与神职人员的接触经常是正面的，但较少有学生（甚至那些自称基督徒的学生）对之加以利用。

二　宗教与教育

英国进入高等教育阶段的学生，已经历过了学校系统化教育——一种正规的过程。在这儿不可能对战后教育做充分讨论，但是有两点值得注意：后现代社会里的教派或者信仰学校（Denominational or faith schools），教室里的宗教教学。两者都有争议。后者与宗教知识水平直接关联，因为 21 世纪英国的大多数孩子都将是从学校而不是宗教机构零星获取宗教知识。信仰学校则提出了另外一点。跟医疗的情况不同，医疗在战后的安置中几乎完全世俗化了，教育则没有。

在英格兰，将近三分之一的学校是某种信仰学校（faith school）——一种重要的机构性存在。其发展，还有宗教教育本身的发展，是在立法框架变化的情况下发生的，最明显的就是 1944 年和 1988 年的教育法案，这两部法案对社会性质的变化做出了反应。自从 2000 年以来，最重要的机构变化是"专科院校"（academies）的逐渐出现——也就是中央政府直接出资兴办的学校，它们不受当地教育部门的控制。到目前为止，这一转变影响的是初中和高中，没有影响小学，然而这一状况会有所改变。有意思的是，英格兰教会的学校明显比天主教的学校更愿意向着公立学校的地位靠拢。杰克森（Jackson，2013）概述了立法框架及其对本节所提问题的意义，很有帮助。

下面的内容多半关乎英格兰的情况。然而需要指出的是——即使只是顺带提一下——苏格兰、威尔士和北爱尔兰情况都不一样。在苏格兰，教派和非教派学校都是由政府出资的，但是有一个例外（犹太学校），而教派学校完全是天主教学校。两类学校的宗教教育有差异。威尔士与英格兰的情况更接近，但在权力下放之后两地学校的宗教教学方法渐行渐远。此外，威尔士至少抵制了某些在英格兰施行的更为极端的政策，包括向公立学校转变。北爱尔兰的体系是由联合王国这块土地上的具体历史情况塑造而成。宗教教育仍然比别的地方更多受到基督教的影响，这不奇怪。在罗斯·甘吉尔、杰克森和伽葛（Rothgangel，Jackson and Jaggle，2014）的书中可以找到更为详细的分别对三个地方的介绍。

（一） 教派或者信仰学校⑩

令人费解的，不过也许也不是那么的难以理解，英国人文协会（the British Humanist Association）⑪一丝不苟地维护着有关英格兰信仰学校的数目和类型的，全面的、时时更新的数据。⑫根据学校的数目、类型和大小、教派和信仰社区、学生的数目对这些数据做了划分，都详细注明了增加和减少的情况。这些表格告诉我们：英格兰超过30%的学校有"宗教特性"（a religious character）（其中23%为英格兰教会，10%为天主教），超过20%的学生在这样的学校中接受教育（其中13%的在英格兰教会学校，10%的在天主教学校）。另外数量有限的学校属于更小的基督教教派和其他信仰群体，这占到教育体系不小的一部分，然而它们也是多样化的。在小学当中教派学校的比例比在中学明显要高。而且乡村里的一所英格兰教会学校与城市里热门的英格兰教会或者天主教中学几乎没有什么共同之处，前者事实上是该地提供小学教育的唯一机构，而在城市里对学校的入学名额的竞争相当激烈。同样清楚的是，较新的、非常有特色的"基督教"学校跟那些属于少数信仰社群的学校也不同。

为什么在一个日益世俗化的社会里，这样的学校还能坚持下来呢？更相关的问题是，为什么这些学校依然受到家长的欢迎，而且比例偏高？这几乎不是个新问题。梅莉·莱维特（Mairi Levitt）在对1990年代早期英格兰西部宗教和教育所做的小规模研究中引用了一位务实的主教教区教育负责人的话，该负责人宣称相当数量的家长因为下面的原因选择教会学校："统一，纪律，传统教育，礼貌"（见 Levitt，1992，1996），似乎并非因为宗教原因。显然为什么会把教会学校跟这一特定的规格联系起来本身就需要解释。大约 20 年后，琳达·伍德海德另辟蹊径，用的是"舆观调查网"（YouGov）的资料，发现情况基本没什么变化。在父母关于教会学校的（假定）选择中，教学水平（77%）、位置（58%）、纪律（44%）排名靠前，接下来是伦理价值观（23%）、名气（19%）、给学生打下信仰传统的基础（5%）、传授关于上帝的信念（3%）。

　　伍德海德的调查还揭示了信仰学校引发争议的性质。几乎一半的民众都明确反对用公共资金办信仰学校。有意思的是，年轻人没有老辈人那么反对。同样清楚的是传统的基督教学校（尤其是英格兰教会学校）比其他有宗教特征的学校（尤其是数目很少的"其他信仰"学校）得到了更多的公众支持，但是——再一次——年轻人对后者更为慷慨。不奇怪，对信仰学校的抵制是英国人文协会和全国世俗协会政策制定的核心要件，因此前者才有动力仔细搜集数据。它们的看法逻辑非常清楚。人们对待宗教性学校的态度是他们为一个真正世俗化的社会开展活动的一部分，这样的社会没有任何基于信仰或者信念的歧视。这暗示着一种包容的、世俗化的学校体系：在这些方面教会学校的入学、员工雇用以及培养方案政策都受到了挑战。

　　然而它们存续着，这让人想起上面暗示过的那个更加深刻的问题。为什么大量的教派学校符合家长偏爱的那种学校的标准，即使家长们的动机几乎不涉及宗教本身？显然，教学水平、位置和纪律比伦理或任何的宗教传承排名靠前，但是实践中这些特征在何种程度上能被分离出来？兴许是伦理、承诺、父母的支持以及围绕这些的动机提升了标准？或者是别的什么东西？有一个调门很高的游说团体就主张好的（或较好的）学习成绩不过是填鸭式灌输的结果。换言之，教会学校吸引的是比例偏高的来自中产家庭的学生，他们在竞争环境中如鱼得水。有那样的父母，为了满足选择的必需标准成了"去教堂的人"，这是事实。中产阶层的父母为了满足入学位置要求而搬家，或者为达到苛刻的入学标准请家教，这也是事实。原因很清楚：这些父母要找"好"学校，不多也不少，有大量教会学校满足他们的要求。良性（或者恶性，看你的喜好）循环由此产生。因此呢，政治家宣传让教会学校消亡就不明智。

信仰学校会制造分裂吗？安东尼·格雷林（Antony Grayling），一位世俗派的领军人物，显然是这样认为的，他的论述很大程度上以北爱尔兰的情况作为依据。[13] 这样的关联就说明了问题。由于跟北爱尔兰自身演变相关的历史原因，联合王国这个角落的教育体系是以宗派为基础组织的，这是事实。必然的结果很清楚：教育体系是这种划分的结果，不是它的原因。以此为出发点认为教派或信仰学校必然会制造分裂就会不得要领。信仰学校，跟其他任何学校一样，都有可能排他，不包容。有的就是如此。然而多数都不是，这一事实也反映了上面做出的论述：多数家长是因为教育而非宗教的原因选择学校。[14] 来自其他信仰群体的家庭经常选择一所英格兰教会学校而不选一所世俗的、条件相当的学校，他们的依据是信仰本身受到重视，而不是对信仰的特定表达。而且他们会完全参与学校的各项活动。

（二）宗教教育

20 世纪后半程宗教教育的发展非常清晰地反映了社会性质的改变。已经提及的两部教育法案背后的假定更好地说明了这些变迁。1944 年的法案引入了"宗教指导协定课程表"（Agreed Syllabus of Religious Instruction）。这是一种非教派形式的教学，对于圣公会和非国教教徒（天主教徒有自己的课程表）来说都还能接受，但却未预见到这一局面会改变。换言之，没有预见到很多英国城市很快（而不是更晚）会有其他信仰的重要社群。1988 年的法案则是在不同的氛围中演变的。早期的初稿中宗教教育只占了草案的几行（是必修科目但不是核心培养方案的一部分）——这引发了强烈的抗议，抗议多由非神职的政治家领导，突出的有柯克斯男爵夫人（Baroness Cox）和一群上议院的支持者。结果便是有关宗教教育的条款占据了法案共 15 页，包括明确提到宗教教学的基督教内容——这本身就标志着基督教再也不可能被当作理所当然的了。来自其他信仰家庭的学生在学校可以走一条不同的路，这不假，但只是绕开被认为是正常的路径。有意思的是，同样的义务——"反映基督教信仰的博大传统"——也应该成为郡县学校宗教礼拜的特征。（顺便说一句，值得一提的是这个领域的很多讨论让宗教教育者和筹划敬拜的人感到困惑。在学校大会的照片旁边放上有关宗教教育的标题并不少见。）

大约 25 年后情况又如何呢？有一点非常清楚：学校宗教教学中的含混在很大程度上依然没有变化。在很多方面这不奇怪，因为还有一系列的问题没有得到解决。宗教教育用来干什么呢？其资源从何而来？它在培养计划中的地位是什么？谁应该来教这个，这些人应该如何受训？由"宗教与社会规划"（Religion and Society Programme）赞助的两个项目提出了这些问题。第一个项目是罗伯特·杰克森（Robert Jackson）领导的，基地在沃维克宗教和教育研究所（Warwick Religions and Education Research Unit）——该研究领域的一个重要中心。[15] 该项目旨在阐明年轻人对待宗教多样性的态度以及教学在这些态度形成中占有的地位。这么做是因为有越来越多的人认识到不能再把宗教简单归到私人领域，宗教教育和公民课程在促进社会凝聚力方面有重要作用。这对制定政策有直接的启示。

说到这些目标，更具体地说，关于该团队有关宗教教育状况的发现，杰克森（Jackson，2012）指出：学生们大体上都认为教室是一个"安全的地方"，在那里可以了解彼此、探索共同的兴趣，但是有的宗教信仰的学生不能认同媒体、有的老师、某些书籍和电子资源对其宗教的刻画。鉴于此，杰克森提出了很多建议：第一，对宗教——更准确地说对各种宗教——的呈现必须相当用心，而关系到宗教内部的多样性时亦需如此；第二，在规划和进行宗教教育时学校的地理和社会环境必须考虑在内；第三，能力（例如对话的能力）跟知识一样重要，不要忘了准确的信息至关重要。简言之，我们还需要在课程体系中，在宗教教育的地位、教师的培训以及资源的传送方面做更好的筹划。

第二个项目得出了相似的结论。项目名称为"宗教教育起作用吗?",由格拉斯哥大学教育学院(School of Education in the University of Glasgow)的詹姆士·康罗伊(James Conroy)负责。[16]康罗伊教授对他的项目充满热情。在研究过程中,他和他的团队发现了宗教教育办得极好的例子,但得出的结论却令人无奈:要取得如此的成功需要克服诸多困难。大体上说,英国的宗教教育资源不足,负担过重(因为被要求传递额外的东西),边缘化(是必修科目,但是核心课程中没有)。[17]这重要吗?答案是确确实实的"是"。好的实践"证明……良好的宗教教育绝对是根本性的东西:一个严肃的、批判性的探索我们人生意义以及价值观的空间。要生活得好,我们需要能够理解这个世界和自己,独自生活和与别人在一起都是如此——宗教教育提供了唯一能够系统地去做这件事的地方"(Conroy,2012:1)。

好的宗教教育看起来是什么样的呢?要提出的第一点就是不同类型的学校里都能发现该领域内好的教学,但是做得好的学校必然与当地社区有往来,且密切关注其宗教构成。还有就是好的老师会跟学生们一起探索他们观察到的或者了解到的仪式、社会活动和个人实践背后的意义。因此呢,宗教被视为生活必需的一部分,在家里和外边都是如此,但也是应该批判性地看待的东西。这一过程需要思想上的严谨。康罗伊用以下这段有力的话结束了他的陈述。

> 宗教教育很必要,比以往任何时候都有意义。没有宗教知识我们就不能理解自己的文化,更别提他人的文化了。随着宗教和世俗多元化的增长,学生们得能够清楚表达自己的信念,并且严肃对待别人的信念,这比以往任何时候都有必要。彼此尊重和社会和谐都有赖于此。(Conroy,2012:3)

代表世俗的机构大致都认可宗教教育,并要求某种程度的再平衡,这让人感到震撼。具体说来,英国人文协会倡导扩展宗教教育,把像人文主义这样的非宗教信念也包括进去。此外,宗教教育在课程体系中应该作为一种全民权利得到充分承认,应该尽量做到包容、中立、客观、公平。为达此目的,英国人文协会的成员奉命积极参与当地的宗教教育常设咨询委员会（Standing Advisory Council for Religious Education，SACRE）的活动。[18]全国世俗协会的看法大概类似，虽然视角更为犀利。应该用"一种新的学习课程来替代（宗教教育），该课程允许学生用更为客观、宗教上中立的方法来考虑道德和伦理问题"。重要的是，宗教和信仰团体不应该在课表中放入享有特权的内容，这应该在全国而不是地方水平上加以确立。[19]

不管出发点是什么，都能隐隐感受到其背后的主旨。在一个宗教多元化和日益世俗化的社会里，宗教教育有必要、很重要，而不是更加可有可无。在这里，学生们不仅发现信息，而且培养了成为有识公民所需的素养。因为这个，如果不为别的，所有类型的学校都必须克服跟教室里的信仰打交道的心理障碍。如果教育部门开展清楚、有效的牵头工作，学校会觉得更容易面对信仰问题。

三　宗教领导权

宗教教育专家面临的是项难度很大的任务。然而他们是教育行业的成员，因此也要（或者说应该）接受训练。[20]对教会带领人的要求不同，他们的角色带来特别的压力。教会带领人不仅负有义务维系变化迅速的社会中古老的机构；同时还要对公众负责，或者说似乎要对其负责。两件分开的但又有关联的事情特别清晰地说明了这些压力：授予女性英格兰教会主教之职，有关同性恋的争议。某些职位和事项有没有必要存在的问题、谁能为谁做些什么的问题，是这两场争论的核心。争论特别关系到圣公会，原因随着讨论的展开自会揭晓。

所有的教会——确实是所有的宗教机构——已不得不考虑西方社会中女性正在转变的角色。他们得出了不同的结论。整体上说，新教教会欢迎这些变化，并且在高级教职的所有阶段都将女性包括在内。到目前为止，天主教会和东正教会还在抵制任命女性，至少在正式任命上依然如此。争论双方给出的理由基于对教会学的不同理解。教会学是神学的一支，关心的是教会的性质、构成和功用，以及神职人员在教会中履行的职责。圣公会在这方面特殊，因为它既源于天主教，又经过宗教改革，因此经历了不同思维方式的交锋。它也是一所全球性的教会，其中每个大主教教区都有着相当大的自主权决定谁能当牧师或主教，谁不能。

本书的第一版付梓之际，英格兰教会的第一批女性牧师得以任命；因此那本书中需要解释复杂的变化过程以及有时对之非常激烈的反应，包括提供一定数量的有关教会决议结构的信息。1994年以来，数目不容小觑的女性已经领受神职，她们在牧师中占的比例在增长，事实证明她们完全有能力履行牧师的职责。无疑她们的"存在"带来了不一样的东西。然而据此以为英格兰教会中两性平等却是不明智的。虽然目前推荐受训的男性和女性的比例在变得平等，但是比男性多得多的女性身处没有薪酬的牧师职位，而且在高级教职层次两性比例依然不均衡。[21]随着时间的推移，有的失衡也许能得到纠正，但还是阻碍重重。任命女性担任主教就是一道阻碍，这在很多人（教会内和教会外的人）看来是逻辑上的下一步。然而这又牵出对圣公会内谁能做什么的不同理解。

争论的焦点是何种程度上那些反对任命女性担任牧师职务的人应该"受到保护"，不受女性在教会内影响的干扰。这个问题在1990年代早期就冒出来了，[22]导致英格兰教会内部某些人倒戈，还导致一个复杂的"选择脱离"的体系，意思是某些教区选择脱离一个主教教区的管辖，将自己置于另一个主教的权威之下。很少数目的教区（一共有3%）选择这样做并维持实际上的并行生存，通过隔离和隔绝以期不受女性牧师的影响。[23]这样的教区多为某种圣公会－天主教徒和更为极端的福音派教徒，两种情况的原因不一样。[24]女性可能成为主教让情况变得更复杂，因为主教对整个主教教区都有管辖权，女主教自己会任命牧师。一方是那些希望至少继续有某种程度"保护"的人，另一方则是主张任何种类的隔离都必然会影响新主教的权威的人。下面的争论多是围绕这些问题展开。

第一次就批准"女性主教"的立法进行最后投票是在2012年11月圣公会的总议会上进行的。通过该法令需要总议会两院分开投票后都达到三分之二的多数——就像1992年投票通过女性牧师法案那样。

1992 年的法令通过了——以微小的票数之差通过。2012 年没有达到需要的多数——以微小的票数之差没有通过。两个案例中的关键投票都在平信徒议会；主教议会和神职人员议会中的多数人态度都比较明朗。对此处的论证来说更重要的是，2012 年公众的反应不仅强烈，而且很生气。对投票本身及其影响，全国的媒体都进行了一边倒的负面报道。媒体将教会描述成搬起石头砸自己的脚。人人失望，这跟漠然不太一样。在我写作本书第一版时教会内部正在做出巨大努力寻找一种新的、简单些的方法前进。过程不断被推动加速，高潮便是 2014 年 7 月的第二次投票。这一次——让大家松了口气——修正后的动议得到三个议会决定性多数的同意。㉕

说到这里，需要指出的是圣公会联合会中已经有 27 位正式任职的女性主教了。这些教会多数位于西方世界，但情况在改变。例如，2013 年 9 月艾歌尼·浦西帕拉提撒（Eggoni Pushpalalitha）成了南迪尔（Nandyal）——南印度教会的一个教区——的主教，她跟古巴、斯威士兰、南非，还有澳大利亚、新西兰、加拿大和美国的主教成了同事。近在国内，苏格兰的圣公会和威尔士的圣公会都支持女性在主教职位上发光发热，爱尔兰教会已经任命了其第一位女性主教。㉖显然，对英格兰教会来说这是一个何时的问题，不是如果的问题。教会和社会上的多数人都会欢迎这个变化。然而对于少数忠诚的人（包括世俗和神职人员）来说会很困难，他们很多人已经为教会兢兢业业工作了许多年。

从根本上讲，这一变化的原因是什么？原因无疑在于西方社会性质的转变，以及对社会平等的日益关注。这将教会——实际上所有的宗教机构——置于困难的境地。负有宗教使命的人在哪些问题上应该从众，在哪些问题上应该抵制？答案远不清楚。起初是缓慢的，而后来快得多的对同性恋的接受就是一例。跟女性角色的演变在某些方面类似，这引出了截然不同的、在很多方面更为难以应对的问题。

这一转变本身已经描述过了，并提及有关同性恋婚姻的争论。从这个角度来看尤为有意思的是公众观点转变之快。捕捉这一变化的生动方式便是留意流行电视剧中对同性恋的表现。在非常短的时期内，肥皂剧的故事脉络中不但包括了同性恋的元素，而且对之的描述方式也是肯定的，这几乎成风。同性恋似乎成了主流。涉及圣公会内的任命问题，有两个事件引起公众对该问题的关注。这两件事都发生在2003年，都涉及已知为同性恋的高级教士。在英格兰，杰弗雷·约翰（Jeffrey John）8月份被提名为雷丁的副主教；他面临相当大的压力，后来退出竞选。之后不久，吉恩·罗宾森（Gene Robinson）被选拔、祝圣成为新罕布什尔的美国圣公会教会的主教。任命立即引发震动，这说明在圣公会联合会中存在严重意见分歧。这些分歧以机构（非官方的）形式表现在了"全球圣公会未来大会"（Global Anglican Futures Confenrence，GAFCON）的成立上，会议于2008年7月在耶路撒冷举行。时间的选择具有重要性：这是在2008年举办兰伯斯大会（Lamberth Conference）的一个月前，该会议是圣公会的"合一工具"（Instruments of Communion）。更有建设性的反应则可以在所谓"温莎进程"（the Windsor Process）中找到。㉗

　　将构成争论本质的那些线（实际上是结）拆解开，需要一本书来专门论述。下面的要点是本章论述的中心。第一，当现代西方社会"传统的"对性恋关系和家庭生活的理解变化显著、受到挑战时，教会该如何选择立场呢？教会里谁有权力决定政策的改变？第二，这应不应该影响到谁能谁不能被任命担任教会中的高级（或者说任何其他）职务？再一次，谁来决定？考虑到这个，可以区别对待领受神职的人和世俗的人吗？第三，如果教会是更大的（这里的情况是全球的）实体的一部分，而全球不同种类的社会在我们讨论的问题上持有非常不同的看法，那么教会应该如何理解自身？教会的各个部分（大教区）有必要统一行动的步调吗？如果要统一行动，应该何时做出改变？如果不用，这对通常人们理解的"合一"来说又意味着什么？第四，怎样才能处理好"真理"的内在要求（有不同的理解）与牧师关怀的人情因素之间的矛盾？有可能做到教义上严谨人情上宽容而又不以尴尬收场吗？第五，规则也有例外，这样想对吗？鉴于此，视而不见是虚伪还是审慎？

　　即使带着善意去面对，这些重要的问题也还是难以应付，尽管并不总是如此。完整性受到挑战，界限被跨越，管辖权被染指，权威遭到质疑。一而再，再而三。但有一个事实非常清楚：国教已变换阵地，而且可能进一步转变。例如，任何对女同性恋、男同性恋，双性恋和跨性别群体（LGBT）的歧视现在都会遭到不客气的谴责；"民事伴侣关系"（Civil Partnerships）已经成了答案，而不是问题。这些都是最近的变化。更为深刻的问题是，按照当前的构成，圣公会联合会会得出什么样的结论。不要忘了有一个庞大的圣公会教徒群体居住在南半球，相对而言，他们对待同性行为的态度依然保守；但并不是全然保守，也有例外。既然更为发达的地区变革速度也更快，其他地方会启动类似的事情也不是不可能。我依然坚信难以想象的事情会发生，正如已经在英国发生的。世事的大格局中，两三代人不算太久。我同样意识到对于因为这些棘手问题而身陷窘境的人们而言，哪怕一代人的时间也太过漫长。[28]

作为这一节的附言，指出其他教会对这一难题的反应颇有意思。不奇怪，"传统的"天主教教义是跟同性恋相对立的，但在同性恋行为和同性恋欲望之间做了区分：前者被视作有罪，后者不一定。同样明显的是天主教教会内部某些游说团体和至少在西方为数不少的教众有着不同的（更为接受）看法。随着时间的前行，变化也在一点一点地发生，在当前的教皇体制下，这一变化趋势可能会继续。2013 年的夏天，教皇弗朗西斯不止一次表明对"男同性者"持有更为体谅和宽容的态度，他在公共声明中用了"男同性恋"一词。这本身就暗示了承认。[29]这跟圣公会立场的转变颇为类似，但是因为牧师的单身性质，就神职人员的任命而言这个问题在天主教徒听来还是不一样。单身意味着贞洁，换言之，管住自己，不要有任何性行为，同性和异性都不能有——这是天主教特有的立场。

也是在 2013 年的夏天，苏格兰长老会在牧师制方面迈出了决定性的一步。在漫长的考虑之后，[30]代表大会投票同意了一项提议，即允许自由教区选择不跟随教会同性恋上的政策，如果它们有这个想法的话；它们也可以任命公开以同性恋身份生活的男性或女性。这不是个容易的决定，认识到该决定可能造成不团结，代表大会非常小心地将其冲击降到最低。传统的教导——性应该只在异性婚姻中发生——被强烈肯定。而且在这一变化被完全承认之前还进一步采取了法律措施。尽管如此，非常重要的一步已经迈出去了，这是这个饱受争议的领域里又一个变革的迹象。

很容易找到更多的例子，每个都引出这一复杂问题某个具体的方面。然而是时候调转这个问题，关注一下类别繁多的教派中那些标榜自己具有"包容性"的教区和/或教众的数目，意思是他们欢迎人们来到自己的教会，不管他们的性别、族群、性取向、能力或人生地位是什么。有的教会比别的更加"专门化"。简言之，他们吸引不同的细分市场，这一概念现在必须更加详细地加以探索。

注释

① 参见卡迪夫大学开展的对神职任职资格的研究：http：//courses. cardiff. ac. uk/postgraduate/course/detail/p306. html（2014 年 8 月 6 日访问）。

② 可从以下网址获得关于医疗机构中神职人员的更多信息：http：//www. nhs - chaplaincy - spiritualcare. org. uk/index. html；http：//www. churchofengland. org/our - views/medical - ethics - health - social - care - policy/healthcare - chaplaincy. aspx；http：//www. mfghc. com/index. htm（均于 2014 年 8 月 6 日访问）。

③ 参见：http：//www. secularism. org. uk/nhs - chaplaincy - funding. html（2014 年 8 月 6 日访问）；特别是，专门委派的"天堂的支出：NHS 中神职人员信托"（Costing the heavens：Chaplaincy services in English NHS provider Trusts 2009/10）（2011）。

④ 苏格兰监狱的人数 2008 年 8 月首次超过了 8000 人，2012 年 3 月达到创纪录的 8420 人。

⑤ 在一大堆的相关文献中，可参见 Beckford（2005，2007，2012a，2013），以及 Beckford、Joly 和 Khosrokhavar（2005）的著作。

⑥ 尽管如此，明显更为积极的方法可以参见 Béraud、de Galembert 和 Rostaing（2013）的著作。

⑦ 下面的网站提供了有关军队神职人员性质和发展的有趣信息：www. army. mod. uk/chaplains/and http：//www. bbc. co. uk/religion/religions/christianity/priests/ar-mychaplains_1. shtml。有关这三种公共事业中的神职人员的事实和数字参阅下面

的概述论文：http：//www.churchofengland.org/media/39111/gs1776.pdf（网址均于 2014 年 8 月 6 日访问）。要感谢帕德·安德鲁·托腾（Padre Andrew Totten）帮助我弄清军队神职人员复杂、正在变化的角色。

⑧ 这本文集是一系列研究工作坊的成果，工作坊得到英国科学院的支持，由卡迪夫神职人员研究中心（Cardiff Centre for Chaplaincy Studies）主办。

⑨ 关于这个计划及其工作，参见 http：//religiousliteracyhe.org（2014 年 8 月 6 日访问）。另见 Dinham 和 Francis 即将出版的书。

⑩ 对信仰学校及其引发争论的极好综述可参见西奥斯（Theos，2013b）的书。英国人文主义者联合会发表了一篇回应文章，对之西奥斯团队又做了回应。这三篇报告的细节均可参见西奥斯的网站：http：//www.theosthinktank.co.uk/research/society/education（2013 年 10 月 3 日访问）。我完全赞同西奥斯的结论：有关信仰学校的争论俨然已转变为有关宗教在公共生活中的地位的交锋，交锋有时激烈，且严重意识形态化。

⑪ 细节参见：https：//humanism.org.uk/campaigns/schools – and – education/faith – schools/（2014 年 8 月 6 日访问）。

⑫ 关于该调查参见：http：//www.religionandsociety.org.uk/news/show/new_poll_reveals_what_people_really_think_about_faith_schools（2013 年 10 月 1 日访问）。

⑬ 参见：http：//www.heraldscotland.com/politics/political – news/argument – against – faith – schools – summed – up – in – two – words – northern – ireland – or – one – glasgow.12345（2014 年 8 月 6 日访问）。

⑭ 让人费解的是，坚持忠于某个教派的学校就社会 – 经济指标而言比从固定生源地招生的学校更加兼收并蓄。

⑮ 关于这个机构，参见 http：//www2.warwick.ac.uk/fac/soc/ces/research/wreru/aboutus/；关于这个项目，参见 http：//www2.warwick.ac.uk/fac/soc/ces/research/wreru/research/current/ahrc/（两个网址均于 2014 年 8 月 6 日访问）。另参见 Arweck 和 Jackson（2013）的书，Arweck 即将出版的书。

⑯ 可参见：http：//www.gla.ac.uk/research/infocus/researchers/headline_281437_en.html（2014 年 8 月 6 日访问），以及 Conroy 等（2013）的书。

⑰ "教育、儿童服务和技能标准办公室"（the Office for Standards in Education, Children's Services and Skills, Ofsted）2013 年 10 月的一份报告《宗教教育——释放潜能》（Religious Education – Releasing the Potential）反复强调的正是这些要点。参见：http：//www.ofsted.gov.uk/resources/religious – education – realising

– potential（2014 年 8 月 6 日访问）。

⑱ 参见：https：//humanism. org. uk/campaigns/schools – and – education/school – curriculum/religious – education/（2014 年 8 月 6 日访问）。法律规定每个地方教育部门（Local Education Authority，LEA）都需设立一个"宗教教育常设咨询委员会"（SACRE）这样的机构。

⑲ 完整论述参见：http：//www. secularism. org. uk/religious – education. html（2014 年 8 月 6 日访问）。

⑳ 研究生培训资金安排的变动使得该领域的招生降温非常明显。例如 2012～2013 年通过"研究生教师培训登记处"向"宗教教育研究生学历证书"（RE Post-graduate Certificate in Education）提供者（多为大学里的系）提出申请的人比上一年减少了 25%。

㉑ 更多有关以性别划分的牧师教职类型和类别，可以参考：http：//www. churchofengland. org/about – us/facts – stats/research – statistics/licensed – ministry. aspx（2014 年 8 月 6 日访问）。

㉒ 英格兰教会的发展为 1970 年代往后的整个辩论提供了一个很好的时间脉络。参见：http：//www. churchofengland. org/our – views/women – bishops. aspx（2014 年 8 月 6 日访问）。

㉓ 具体数据见 *Statistics for Mission 2012*：*Ministry*（2013），Table 15。

㉔ 这一联姻在很多方面都是为便利之故。盎格鲁 – 天主教徒尤为关心与罗马天主教会的关系，拒绝接受圣公会牧师制无视罗马天主教教义便做修改的做法。福音教教徒则从对圣经经文的保守解读中寻找提示，尤其关注男性的领导地位。

㉕ 对投票的分类，可见：https：//www. churchofengland. org/media – centre/news/2014/07/church – of – england – to – have – women – bishops. aspx（2014 年 8 月 21 日访问）。

㉖ 在 2013 年 11 月。参见：http：//www. bbc. co. uk/news/uk – northern – ireland – 25159579（2014 年 8 月 6 日访问）。

㉗ 更多有关圣公会联合会、兰伯斯大会所起作用、温莎进程的信息，参见：http：//www. anglicancommunion. org/communion/index. cfm，和 http：//www. anglicancommunion. org/commission/process/index. cfm（均于 2014 年 8 月 6 日访问）。

㉘ 对皮宁报告（the Pilling Report）的关注很好地说明了这一点。报告由"主教上议院人类性恋取向工作组"（the House of Bishops Working Group on Human Sexuality）编撰，工作组由约瑟夫·皮宁爵士（Sir Joseph Pilling）领导。报告 2013

年 11 月出版，引起相当多的关注。报告本身就包含了强硬的、有分歧的观点。

㉙ 参见，例如意大利一家耶稣会期刊对教皇弗朗西斯的访谈：http：//www. the-guardian. com/world/2013/sep/19/pope – francis – vision – new – catholic – church （2014 年 8 月 6 日访问）。

㉚ 这一过程以及这一历史性投票背后的论证可参见 "苏格兰教会同性恋和牧师职务神学委员会"（the Church of Scotland's Theological Commission on Same – sex Relationships and the Ministry）的报告，http：//www. churchofscotland. org. uk/__da-ta/assets/pdf_file/0014/13811/20_THEOLOGICAL_2013. pdf（2013 年 10 月 5 日访问）。报告前言中有如下一段话，值得思考。"神学委员会的报告并未明确推荐这个或那个案例。它只是提请大会认真考量摆在自己面前的所有事情，因为委员会知道将要做出的决定会在何种程度上影响至圣、至公、使徒教会联合会（the communion of the 'One Holy Catholic and Apostolic Church'）中苏格兰教会的身份。"

第三部分
首要任务的转变：从义务到消费

第七章

新兴的市场：孰失、孰得

在谈论宗教时使用市场这个概念并不新鲜；数十年来它主导着美国的讨论，并在欧洲的宗教分析中出现得越来越多。但是美国和欧洲的情况不同。在美国，市场是由数以万计的自由结成教派的教众组成的，在联邦政府那里没有哪个教派有法律上的优先地位。在欧洲，选择的范围无疑在变大，但顶层依然有一个历史上占主导地位、在全国范围内维持着（或多或少）一个广大教区网络的教会。英国也是如此，不要忘了在欧洲的这一隅，历史悠久的教会多数时候不如其他地方的那么具有主导性，就是说重要的少数教派已经兴盛了几百年而不是几十年。但随着多数英国人宗教生活里选择的概念开始胜过义务感，这儿也有某种程度的重新平衡。

目前的情况可以描述如下。事实上有两种宗教经济并行。第一种是积极去教堂的人的市场，他们选择自己偏好的宗教活动形式，加入最有效地体现了其偏好的宗教机构。当然这可能是国立教会内部的一个教区。第二种保留了公共设施的特征，多数时候是为那些偏向不选择特定组织却期望在自己需要的时候可以获取某种宗教形式的人而存

Religion in Britain: *A Persistent Paradox*, Second Edition, Grace Davie. 2015 Grace Davie.
© Published 2015 by John Wiley & Sons, Ltd.

在的。由于历史原因，这两种经济在英国不同地方的分量也不同。任一种情况下它们都有局部矛盾，但也有发展。

1990 年代，达妮爱勒·赫维尔 – 莱耶（Danièle Hervieu – Léger）——一位法国的宗教社会学家——认识到欧洲在发生变迁，她对之进行了概念上的思考（Hervieu – Léger, 1999）。具体来说，在对世界上这个地方的宗教进行分析时，把人口分成两个群体——践行宗教的人（不管是不是经常）和不践行的人——并没什么好处，对此她深以为然。[①] 考虑变动更有益，不要忘了现代生活的变动不居。因此她书的题目叫作《朝圣者与皈依者：变动中的宗教》（Le pèlerin et le converti：La religion en mouvement）[②]，书中介绍了两种理想类型（社会学意义上的这个词）[③]，即两种信教的方式。两种类型都反映了一个有着独特宗教过往的大陆上现代社会晚期的变化。"朝圣者"指的是在教派内部、跨教派和超越教派的不同信教形式中求索的人；"皈依者"则做出选择，常常是决定性的选择。在想法类似的人的集会中多半会发现他们的身影，这些人在较为坚实的界限内感到更为自在。不管他们自己有没有意识到，两种类型的人都挣脱了被前辈人视作理所当然的特点。

下面这一节将探索这些理想类型的启示，并把它们跟特定的基督教活动形式联系起来。具体为大教堂和富有感召力的福音派教会，当前的市场上这两者人气都很旺。反面也很重要（即相对的"失败"）。讨论这个，就让人想起宗教社会学早期的争论，宗教社会学 20 世纪六七十年代做出的很多预测现在都被证明是错的。接着，对福音派的节庆——可以被称作混合案例——做简短说明。最后一节，从不同的角度看待市场。开始是强调英国宗教的多元化，要知道一直都在发生跨越和重新跨越边界的事：福音派教会存在于国立教会内部和外部，"新式表达"（fresh expressions）这个概念表示的是做旧事的新方法。接着简要介绍不同意义上的"新兴"教会：那些已经兴起的、回应人口或生活方式上的变化的教会，尤其关注移民。

有必要做进一步的澄清。"宗教"一词通常意义上的理解很多都没有或者几乎没有聚焦机构，至少目前为止所理解的宗教没有。关系到灵性时尤其如此，这是第八章的出发点。这是多元性或者碎片化的一种形式。这里，不应该跟多元性这个词的第二种理解相混淆，后者关乎不同世界信仰的共存及其引发的反应。这些将在第四部分处理。

一　大教堂及其"顾客"④

将大教堂置于关乎宗教市场（a market in religion）这一概念的一章中，并提及以"顾客"身份光临教堂的不同人群，可谓分外怪异。因为大教堂明显是代理式宗教的典范，代理式宗教这个词是跟"旧的"而不是"新的"宗教模式联系在一起的。显然，这些辨识度极高、许多情况下具有地标性质的建筑物，起着规模宏大的宗教回忆存储器的作用，其中进行的敬拜是代表不断扩大的人群敬献的。后者包括经常去礼拜的人、不经常去的人、朝圣者和游客，注意：这些类别之间的界线明显可以相互渗透。玛斯可特（Muskett）在即将出版的新书中以此为出发点探讨大教堂生活的代理性质，她认为这些机构是被动的多数人了解积极的少数人所奉行的宗教形式的重要途径，她引入了"机制"（mechanism）一词。⑤大教堂位于宗教和世俗的边界上，这提升了这种机制的能效。

玛斯可特的文章较为详细地探索了这种方法，富有见地；它开篇提出大教堂是"英格兰教会的商品橱窗"，这个比喻已经在报告和有关教堂生活诸多不同方面的研究中找到了"一个舒适的立足之地"。这个比喻挺贴切，因为大教堂显然有能力吸引那些游离在正规宗教边缘的人，并把他们吸引进来。西奥斯最近发表的一份报告为这一陈述提供了翔实的论证。报告呈现的是一个细致规划的研究项目的关键发现（Theos，2012a）。⑥数据表明，对于"边缘"人群，换言之，那些远离、有时候敌视正规宗教的人，大教堂扮演着特殊的角色。例如，"约六分之一的（15%）从未参加过宗教礼拜的人在过去的 12 个月中拜访了一座大教堂，同样比例的坚定的无神论者也去过，四分之一的曾经相信上帝但再也不信的人同样这样做了"（Theos，2012a：11）。说到这里，玛斯可特提醒我们，商品橱窗的概念必然表示一种消费的语言和一种选择的因素。她提醒得对。然而，不同群体选择的操作是不一样的。

下面的段落将更加详细考虑这些动机。讨论将由内至外：开始是定期和不那么定期的礼拜者；然后是"参观者"，后者又分为朝圣者和游客。

定期礼拜者的问题直接引出共存意味着什么，或者措辞更强烈点，在市场上竞争意味着什么。如果为数众多的圣公会教徒选择在大教堂礼拜，而不是在自己的教区教堂，对于后者来说会有什么后果？不要忘了，在英国多数地方去教堂的人的总数在持续下降。跟以往一样，有两种可能性：推和拉。"推"的因素往往是从反面造成的：包括在教区里的"糟糕"体验、性格冲突、讨厌变化、天生沉默寡言、害怕投入过多。更为积极的则是吸引，突出的有大教堂建筑的魅力、传统（至少可预测的）仪式、优秀的布道、国际水平的音乐。西奥斯的报告对竞争的问题做了细致处理（Theos，2012a：50）。报告也强调了所有拉的因素中最重要的——想要匿名，就是不用解释，甚至不用打招呼就可以选择来去，从一个投入的阶段逐渐过渡到另一个。然而，大教堂和教区之间不存在对立，无中生有就会犯错误。双重忠诚（忠于这两者）是完全可能的。

吸引不定期礼拜者的跟吸引定期礼拜者的东西是一样的：审美快感、好的布道和没有压力。去大教堂容易，而且忠诚的问题大体上也避免了，因为大教堂常常是不定期礼拜者拜访的唯一宗教机构。假以时日，有的人也许会跟定期礼拜的教众或者某个相关的志愿者群体走得更近，有的则不会。再一次，西奥斯等研究者为这些陈述提供了充分的证据，经常是以案例研究的形式，对发现自己因为某种原因（偶然、天气、朋友、邀请、音乐会）身处大教堂并决定还会来的个人，做了个性速写。至少这些人中有的第一次来时是"参观者"，意思是说他们的动机显然不是宗教性的。

然而参观者也有很多类型，而且人数不一，既有自觉的"世俗"游客，也有"忠实的"朝圣者。有很多吸引前者的东西——遗迹、建筑、雕塑、绘画、彩绘玻璃、书籍、手稿和音乐，简言之这里就是一流的博物馆。重要的问题随之而来。第一个问题，关系到参观者理解所展示事物的能力。下面的引言很好地说明了这一点。它出自一家法国机构（CASA）的宣传，该机构旨在欢迎参观者来到大教堂或类似建筑物，希望他们超越教堂的建筑或艺术特质，能够发现其精神维度。[7]
对此种帮助的需求表述如下：

> 欧洲的教堂和修道院对所有人开放，通常不用花钱。经常有人参观这些建筑物。它们见证了教堂建造者的忠诚和技艺，教堂里的形象和象征述说着建造者同时代人的故事。但今天，教堂，需要我们重新去发现。[8]

这当然是真的，在这方面英国的参观者跟法国的没什么不同（见注解[7]）。然而不应该以为所谓的世俗的游客对整座建筑缺乏感悟，即使他或者她不能理解其中陈列的艺术和建筑作品的细节。相反，"游客和朝圣者之间的区别可能被夸大了"，那些显得世俗的人往往清楚意识到大教堂的精神和宗教作用（Theos, 2012a: 17）。简言之，大教堂的确是一座博物馆，但也是其他东西。有意思的是，负责维护教堂的人感受同样含糊。怎样才能"管理"数目非常庞大的参观者，同时又维持应有的庄重感，更不用说确定的礼拜周期？以晚祷即将开始为由拒绝游客进入唱诗席并不总是像听上去那么容易办到。

显然，游客和朝圣者这两个类别有重合的地方：一个人从哪儿来，到哪儿去，有时是有意为之，有时则是无心的。朝圣者的动机很清楚：对朝圣者来说，去大教堂有一种目的感，大教堂被视为一段精神旅行中的重要标记物，有时候是这段旅行的完美结束。这没什么奇怪的，因为朝圣之旅与已经存在很多个世纪的名胜之间有紧密关联。这些关联源自英国教堂与对某些圣人的尊崇之间的特定联系，这些圣人的遗骸就安葬在这些建筑内，坎特伯雷的托马斯·贝克特（Thomas Becket）、达勒姆的古斯博特和必德（Cuthbert and Bede）就是典型的例子。对于我们这里呈现的论述来说，更值得一提的是，在20世纪晚期和21世纪，各个大陆上以及各种信仰的人中间朝圣的流行——差不多也可以说是复兴。例子很多。对中世纪线路的重新关注，突出的有西班牙的圣地亚哥·德·康博斯德拉（Santiago de Compostela）。欧洲南部的玛丽安圣地：葡萄牙的法第玛（Fatima）、法国的卢尔德（Lourdes）、波斯尼亚黑塞哥维那的麦主哥耶（Medjugorje）。更近的景点则有法国东部的苔伊泽（Taizé）。这一趋势一直在往北缓慢移动，现在包括新教和天主教遗址，我能想到的有挪威的特隆海姆（Trondheim）、苏格兰的爱欧娜（Iona）。同样活跃的还有对朝圣的学术研究以及后现代的朝圣动机。⑨

应该从这个角度去看（在诺福克的）沃辛厄姆（Walsingham in Norfolk）的圣地，或者更准确地说数个圣地。它们提供了具有英国特色的例子。天主教和圣公会教徒有着共同的早期历史：都起源于中世纪，跟蕾切尔迪斯·德·法维尔希（Richeldis de Faverches）有关，她在11世纪受到的感召让一座天使报喜纪念堂（memorial to the Annunciation）得以永久矗立。沃辛厄姆被认为是中世纪基督教最伟大的圣地之一，但在宗教改革时期被毁掉了。随着朝圣之旅稳步升温，天主教的圣地在19世纪末得以重建；其中心是司里普小礼拜堂（Slipper Chapel）（去往沃辛厄姆路上最后一座幸存的路边小礼拜堂）。目前，它吸引了为数众多的、来自天主教多个教派的朝圣者。⑩在这里，圣公会的故事则开始于1920年代，后来有了自己的（大面积的）建筑和敬拜的地方：教会和圣所，里面有沃辛厄姆圣母（Our Lady of Walsingham）的塑像。这里的人数也不容小视，包括全国朝圣节，每年在"泉水岸节"（Spring Bank Holiday）举行。⑪很多的参观者，包括天主教的和圣公会的，参加教区组织的团队来到这里，科尔曼（Coleman）在即将出版的新书中考察了这种关联。

这里不可能对朝圣这一现代现象进行深入分析。说到这里，有必要回顾赫维尔－莱耶对"践行者"和"朝圣者"所做的区分。不仅是前者跟停留相连，后者跟移动相关，在教会历史上的不同时期，朝圣的概念都会自我更新，这也是事实（Hervieu－Léger，1999：96－97）。例如，玛丽安圣地便是因为19世纪天主教会内的特殊发展应运而生。这种自我创新今天同样在发生。后现代将朝圣者视为自动的、灵活的。动力源自个人，他或者她没有受到所继承信仰的义务的约束，也无机构所定规则的制约。宗教实践是偶发的而非定期的，个人的而非集体的，在例外而非日常中得到表达。可能会令人费解：这种"类型"的一个释放渠道就在现代英国的大教堂中。其他的渠道，世俗的和宗教性的，将在后面的章节中出现。其中包括普遍的集会倾向，但是是在特定的场合而且不是每周集会。

以一个短小的说明来结束这里的讨论吧。考虑大教堂的定义不应该太过死板。英格兰、苏格兰、威尔士和北爱尔兰都有多种多样、属于基督教教会不同派别的标志性建筑，其中有的是大教堂。此外还有"更大的教堂"，这一类别包括修道院或者原先附属于修道院的大教堂，这些更大的教堂有一连串的"市区"或城市中心教堂，其中很多发挥着跟大教堂类似的作用，但规模没有那么大。⑫不奇怪，它们吸引的是相似类型的人。

二　保守的飞地

第五章中描述了约克的教堂礼拜，并注意到三座市中心建筑的相对成功。一个就是约克大教堂（York Minster），尽管它的名字叫修道院的附属教堂（Minster），这是一座大教堂（cathedral）；另一座是圣马可勒弗雷教堂（St Michael-le Belfrey，简称圣马可教堂），福音派成功教堂的典范。它们在城市中心比邻而立，这很好地说明了本章陈述的两种理想类型。圣马可勒弗雷教堂也已成为一本书研究的焦点，书中不仅描述了教堂的教众，而且将其放在更大的背景中：书中审视了福音派在英国和世界范围内的发展，并注意到其发展过程中许多不同的流派（Guest，2007）。该书主要呈现了福音派的双重性：在很多方面福音派把文化变革挡在了门外，但同时却又吸纳了诸多的变革本质。这是一种完全现代的现象。⑬

圣马可教堂的故事要从1960年代说起。大卫·瓦特森（David Watson）来到约克，他先是成了圣古斯博特堂的助理牧师，5年内这座教堂从一个垂死的社区教堂变成了"福音派一个兴盛的据点"（Guest，2007：57）。在1973年，教会整体搬到了圣马可勒弗雷，在那里大卫·瓦特森执掌着一项革新的、多样化的、以任何标准来看都非常成功的事业，他自己也成为福音派精英中日益显要的成员。1982年他离开约克，仅仅两年后便离世，年仅 50 岁。古斯特继续记录着圣马克教堂的故事，一位接一位的牧师来了又去，他们带来了新的做事情的方法。除了性情各异之外，每位牧师都体现着福音派不同的一面，包括最初富有感召力的推进，然后是更为自由、开明的议事日程，最后是一段教条主义保守时期。而这又会转变成对多样化和福音派革新的强调。在古斯特的叙述中，教会人数在 1980 年代达到顶峰，此后教会人数的指数增长便结束了。罗宾·吉尔（Robin Gill，2012：137）指出古斯特的书出版之后数据又有所上升。

教会的这些人是谁，他们来自哪里？古斯特研究的结果是，圣马克教堂的教众更年轻、中产、受过良好教育，其中学生的人数所占比例较高。值得注意的是，教众中有着较多的"选择性教民"（elective parochials）（Guest，2007：69），即一群自觉意识到现代生活变动不居的人，努力对其生活进行弥补；他们与自己所在地方的一家机构结成临时的关系——在这里是教堂，教堂做出相应的回应。这是出席率高的一个原因。下一个问题则不可避免。在何种程度上圣马克教堂的成功损害了约克的其他教堂？早期会出现某种程度的转会，这是不可否认的，但是也可能有其他的解释。古斯特部分同意罗宾·吉尔（Robin Gill，1993，2012）的看法，古斯特认为圣马可教堂人数的增长增加了约克去教堂礼拜的人的总数。或者更为准确地说，他们遏制了兴许会发生的衰退。

古斯特书中的第八章讲的是"更宏观的情况"。这一章旁征博引，但主要借鉴的是克里斯蒂安·斯密斯（Christian Smith）的著述，斯密斯是一位美国的社会学家，他创造了"入世的正信"（engaged orthodoxy）一词来描述美国福音派教徒的生活。关键点如下：与广大社会的积极互动并不一定会导致世俗化；同样可能的是，打这些交道会为所在社区贡献更大的活力，虽然互动也许并不轻松。然而，需要小心管理福音派内的不同流派。有的，比如人格魅力复兴，与最近的文化趋势相符，突出的有被称为"主观性转向"（subjective turn）的变化。后现代的趋势，比如表露感受、接受、自我意识和反思，被视为福音派发展的辅助而不是障碍。然而，并非福音世界里的每个人都同意这样。总会有保守派做出强烈反应，一种反应便是铁了心要抵制社会变革，而在跟婚姻、家庭和性倾向有关的问题上更是如此。对男性领导权的坚持就不符合21世纪对性别的理解。

这两种方法之间的矛盾是一个福音派社区健康的迹象，也是它的一个特征。用斯密斯的话来说福音派社区"打得不可开交却人气旺盛"（Smith，1998）。[13]然而，如果任其恶化，这些矛盾可能很容易就演变成毁灭性的敌意，那在任何情况下都会难以处理，在一个很容易发生分裂、名声不好的细分市场上就更是这样。这就是英国福音派会如此之多、如此不一样的一个原因：有的在老教会内，有的不在；有的自治，有的不是；有的自己成立了联盟，有的没有；有的欢迎人格魅力运动，有的则不；有的会偶尔接受现代文明的手段，有的则从不接受。不管情况如何，在英国几乎每个地方的宗教经济中，至少都有一个——如果不是几个的话——福音派教会能够在市场上守住自己的（有时候不只是自己的）地盘。

正是这些教会体现了赫维尔－莱耶的第二种理性类型。在很多方面皈依者是朝圣者的镜中之像：后者在现代生活的变动不居中活得很好，并且将这些不确定性转移到了自己的宗教存在中；前者则寻求另一种解决途径，形式为固定的身份。从属于某种信仰有多种可能性：皈依者可以从一种宗教转向另一种，他们可以带着一个完全世俗化的背景来信教，他们也可以以新的方式重新依附于一种已有的宗教。所有的这三种可能性有一个共同之处：拒绝一成不变的现状，并且跟朝圣者一样，意识到传统宗教形式的规范力量在很大程度上已经逐渐消逝了。他们的皈依没有受到强迫，他们考虑了不同的选项之后自由做出抉择。他们的皈依发生在一个选择加入的概念已经取代了选择退出的概念的市场上。

由此得出第二点。选择加入保守教会的人比选择加入自由教会的人更多，这反映了全球的一种趋势。在21世纪兴盛的是保守形式的宗教，不仅西方基督教如此。只消扫一眼南半球、中东、大不相同的伊斯兰世界，便能证明这一事实。但是为什么会这样？更具体地说，为何早一代的评论者未能预测到这一趋势？二战结束后旋即成立的世界教会理事会（World Council of Churches，WCC）提供了一个有教育意义的案例研究。基督教普世主义的发起者有两个假定：世界会变得越来越世俗化，在此情况下最有可能存活的宗教形式是那些与"世间"最近似的宗教形式。这一分析赞成的是开明形式的新教教义（换言之，那些在世界教会理事会上凑到一起的宗教形式）。大约 65 年之后，情况看起来很不一样：世界根本没有成为世俗化的地方，21 世纪兴旺的宗教形式不仅更加保守（不是没有那么保守），而且对基督教普世主义还心存犹豫。在英国也是如此。

再用一个评论来结束这里的讨论吧。已经确定了两种不同的宗教理想类型，然而它们有一个共同特征：两者都超越了纯粹的知性。正如许多迈入大教堂门槛的人宣告的那样，有很多"体验"神圣的方式。仪式和教堂里的音乐提升了建筑物本身的审美快感。福音派不仅不同，而且多样化。人格魅力版本的福音派日益受到瞩目，这些版本传达的是某种无所不包的东西。同样的一点用迪尔凯姆（Durkheim）的话来说，就是大教堂和人格魅力服事都体现了神圣或"圣俗二元"意义上的宗教。似乎后现代的民众对这一特征反应热烈。与前几十年相比，去教堂的人更少了，但去的人想要特别的东西。礼拜日发生的事情应该不同于平日，而不是日常的延伸。[15]

顺带提一下，有必要注意这一方法在苏格兰没有在英格兰那么适用，或者说当我在一个边界北部宗教情况的专家集会上呈现这些想法时有人是这么告诉我的。苏格兰的宗教文化不太一样，它是基于圣经的，明显更为理性，故而依然抵制任何形式的诉诸体验。话虽如此，位于苏格兰的爱欧娜已经成为 20 世纪知名的朝圣之地——朝圣者和参观者对这座修道院一样感兴趣。此外，显然苏格兰多数（如果不是所有）较大的城镇都有成功的福音派教会。也应该从这个角度去解读来自爱丁堡的更加多样的案例研究，该研究由罗克斯巴勒（Roxburgh，2012）主持。

（一）混合的案例

近几十年里福音派生活的一个突出的特征是一系列夏季庆典活动。

这些庆典实际上混合了上面所讲的两种类型，受福音感召的集会存在于一成不变、周复一周的教堂礼拜之外。大致上说，它们代表了与教堂集会风格相似的一种敬拜，但规模更大。事实上，这些活动加起来吸引了成千上万的不同年龄、处于人生不同阶段的个人。其中有（括号里是起始年）：绿地音乐节（Greenbelt，1974），春收（Spring Harvest，1979），新酒（New Wine，1989）及其给年轻人设立的分支——灵魂幸存者（Soul Survivor，1993）。⑯这些庆典无疑有创新性，发展了传统。自从 19 世纪以来，营会或灵修会就是福音派生活的一个特征，为补充教堂集会的不足而度一周的假，这个概念在"克斯维克大会"（Keswick Convention Trust）中得到极佳的体现，该集会自 1875 年以来一直连续举行。⑰

现代庆典特色鲜明。用绿地音乐节作为近年（相对而言）活动的一个例子。绿地音乐节最初是一个基督教音乐节，自 1974 年创始以来每年都集会，通常是在 8 月份的河岸节庆，2013 年时庆祝了成立 40 周年。之前 15 年里，它以切尔滕纳姆（Cheltenham）的赛马场为大本营，2014 年搬到了北安普顿郡的一个新赛场。就人数而言，它的命运几经起伏。1980 年代的时候参加的人多（约 20000 人），但接下来的 10 年中因为各种原因人数下滑，现在又重回顶峰时期。绿地音乐节的历史挺有趣的。它起源于基督教传统的福音派这一支，但将自己描述为进取型，描述成一个艺术、信仰和正义的节日。它的跨域特征明显，并且主动与外界来往。表演者并非因为是基督徒而受到邀请，而是因为他们的世界观与圣经的正义观有相同之处，或者是因为他们代表或者参与了组织者最为关心的那些问题。集会上的视觉冲击和表演艺术会挑战（有时候会突破）人们的接受极限。很多的主流音乐家与基督教乐队同台献艺。

重点就是要包容，该节日对家庭友好，"接受所有的人，不管种族、性别、性倾向、背景或信仰"⑱。关于颇具争议的同性恋问题，绿地音乐节的立场没有悬念。2009 年，邀请了吉恩·罗宾森主教；2010 年和 2012 年，邀请了皮特·塔切尔（Peter Tatchell）。为女同性恋、男同性恋和双性恋提供一个安全空间（他们对此很感激）是主办活动时必不可少的一部分。绿地音乐节的政治立场同样鲜明，反映在"争取正义""挑战压迫""明智使用我们的资源"这样的词语上。因此便有了对巴勒斯坦问题的关注，鉴于绿地音乐节的起源，这更让人吃惊。其网站相关的部分对此这样写道：

> 我们知道我们的观众，看过、听过很多对巴以局势的报道。但他们不一定听过那些在该地区的土地上争取和平、正义和人权的人的声音。这些声音在国家和政府结构之外，在草根层面上，在平民社会里。[19]

不奇怪，有关巴勒斯坦的辩论引发了评论。确实，绿地音乐节关心的很多议题，保守基督徒也都对之表示了关切，其影响广泛，即使有的人改变习俗，迁居他处。这再一次说明该类基督教形式分裂繁殖的特性。大体上说，结果还是让人振奋的：绿地的活动为演讲者和观众都提供了一个独特的机会，活动中展现的观点五花八门。很少有人（包括我自己）能够抵制参与的邀请，倾听的人多数时候都会亲身感受到就各类问题的"诚实辩论"。

三 永远变幻的万花筒

现代英国宗教的成功故事有许多，而且不同，请注意从一开始增长与衰落就是跨教派而非在教派之间发生的。当然，总的看，不同教派的命运有所不同，但更仔细地看就会发现所有（几乎所有）教派都经历过成功与失败。实际上，在一个教会内部很可能有不止一种观念，尤其是在乡村地区。在这里，稳定的"教区民众"群体与新来的（推动城里的新举措取得成功的）活动家群体之间真的有可能发生矛盾。前者代表的是持守（更准确地说是逐渐的流失），而后者倾向于尝试新的事物。两者都重要，但两者之间的关系有时候可能不那么和谐。

这一节思考三"类"革新：首先是被称为"新式表达"的活动，其次是面向刚到英国的人的各类教会，最后是数目少得多的生活方式教堂（lifestyle churches）。古德休（Goodhew，2012a）提供了有关这三类革新的有用的背景信息。^⑳"新式表达"——圣公会的创新之举但也有基督教普世主义者的合作——有很多，而且不一样，然而它们共同构成了"一种为文化嬗变服务的教会形式，它首先是为尚未加入任何教会的人而建立"^㉑。含义很清楚：重点在于"去找他们"而不是"来找我们"，因为认识到了后者——教区体系默认的原则——已无法引起英国多数人的共鸣。社会已经发生变化，教会必须做出相应的调整。林氏（Lings，2012）简明扼要地介绍了当前辩论以何种运动为背景的历史。这很重要：新式表达并不是凭空出现的，一整个系列的创举在先，当前主动向教区外伸展的努力在后。命名法不同有时导致困惑，但总体的目标是清晰的：需要克服"继承模式"的局限。

在《使命塑造的教会：设立新教会以及变化语境中教会的"新式表达"》（Mission-shaped Church: Church Planting and Fresh Expressions of Church in a Changing Context）这份报告中，可以找到关于"新式表达"的部分，报告发表于2014年，读者甚广。英格兰教会的这份报告回顾了自从1994年上一份报告《开辟新领地》（Breaking New Ground）发表以来发生的创新举措。早期的报告旨在为设立新教堂推荐好的做法，因此用了"补充性的"（supplementary）一词来理解新老神职形式之间的关系。大约10年后，这些词被认为不再充分，以至于"补充"这一概念演变成了"相得益彰"（complement）。这个转变意义重大：补充乃增加，"而相得益彰则是两种不同的现实需要彼此来促进共同的利益"（Lings，2012：173）。指出这一区别后，《使命塑造的教会》接着描述了12种新式表达，并关注这些表达如何与英国社会各种各样的文化互动。有意思的是，这份报告的介绍部分非常直接地说到了消费主义这个问题。它接受后现代社会里选择是主导性的操作形态，选择将贯穿个人如何度过宗教生活的方式；同时它拒绝消费主义的意识形态，甚至不惜称之为"拜偶像"。不管怎样，混合的供给经济应该被视为常态。

最简单的理解这项事业的范围和规模的方法就是，仔细阅读关于新式表达的报告，报告是"教会发展研究计划"的一部分（见注解㉑），而且还要阅读新式表达网站的相关部分。例如，有关"故事"的部分可以通过话题或位置来搜索，在我写书之时话题有不到 200 个搜索标签。[22]更有意思的是名字叫"新式表达网络链接"的那个页面，那里有非常不同的、事关新式表达的活动。包括（仅选择了一些）有关新隐修（new monasticism）、咖啡馆教会（café churches）、家庭活动［包括"查经小组"（messy church）］、新灵性信仰（new spiritualities）、乡村和城市创举的网站。[23]资源页面上有阅读列表、研究和统计数据，从中可以一窥该项事业的规模。这些数据依据英格兰教会的教派和主教教区进行了划分。[24]当你在不同来源的数据中摸索行进时需要小心一些，因为所用的方法差异很大，但是可以得出一些宽泛的结论。这项事业涉及广泛，不断演进，超越了常规的教会礼拜圈子，并且包括为数不少的年轻人。一篇即将发表的博士学位论文提出最为流行的类别有咖啡馆教会、小组和网络教会、青年教会、新的修道社群和新的传统礼拜。查经小组在循道宗教徒中尤为显要。[25]

目前为止，一切都好。显然，英格兰教会，还有其他教会，不仅接受而且欢迎这些新政。[26]然而并非每个人都如此确信，原因有很多。例如，郝尔（Hull，2006）就对关键的神学概念（王国、教会、福音和使命）提出了疑问，他的《使命塑造的教会》认为对这些概念区分得不够。两年后，伯斯和内尔斯多普（Percy and Nelstrop，2008）的书中收录了一系列从不同视角反思新式表达创举的论文。在这本书里马丁·伯斯（Martin Percy）自己的论文则审视了精细模式和广泛模式（intensive and extensive models）教会之间的矛盾。精细模式重点关注自觉做出决定加入教会的个人；广泛模式则关注每个人，除非有人选择脱离。这一对比引出了重要的——有时没有解决的——信教身份的问题。更加猛烈的批评则是大卫森和弥尔本克（Davison and Milbank，2010）在《为了教区》（For the Parish）一书中提出的。他们承认新式表达运动增长的重要性，但极力捍卫"传承的"模式。他们主张神学传统比文化趋势更重要，这些传统以鲜明的教会学形式展现自身，特别是教区（自然也有国教地位）。形式和内容内在地联系在一起。他们呼吁英格兰教会为全体民众服务，而不仅仅是为那些报名参加特殊兴趣团体的人服务。对后者太过关注则表示向市场价值观投降，而抵抗才是适当的回应。

移民是英国的一个"热门"话题。对此的讨论涉及面很广，其中有工作、福利、住房和教育，暴露出来的假定是"新来的人来这儿是为了索取而不是给予"，这种想法是没有根据的。话题也跟英国宗教内部增长的多样性有关，应该注意对穆斯林的过度关注。对基督徒的涌入则评论较少；然而它是英国宗教概况的一个至关重要的因素，尤其是在城市里。2012年伦敦教会普查显示，伦敦中心城区几乎一半的礼拜者为黑人。[27]

这个故事的开头大家都很熟悉。战后之初的几十年里，随着经济复苏对劳动力的需求增长，相当数量的非裔加勒比人来到英国。这些人中很多都曾是老教会（传教士教会）的积极成员。大家都知道英国的同类教会拒绝了他们，后来发生的事情也是众人皆知：独立非裔加勒比教会形成，这些教会成为宗教经济中最有活力的部门之一。古德休论文集中一系列重要的章节正是以这些教会作为主题。[28]1950年代开启的一个叙事今天仍在继续。新的基督徒社区不断涌现，因为从世界各地刚来的人要找到某个可以扎下根的地方。后来的研究者更注意宗教和宗教网络本身在迁徙过程中的意义——这已经成为欧洲和北美研究的一个重要焦点。这么做是对的，例子见康纳（Connor，2014）的著作。

从接收端来看待这个过程会发现，移民社区人口的迅速流动刺激了信众人数增长和衰落。教会变得擅长整合新来的人，只因为他们必须这么做。这种能力应该被视为为新来的人服务，还是一种取得成功的策略，还有争议。不管怎样，在布赖尔利称为"有特色"的教堂中都能找到相关的例子，指的是那些面向不同语言人群的教堂。他估计伦敦各种各样的教派有14%的教堂服事都翻译成了英语以外的语言。[29]族群同样重要，这一事实从下面的比例可以看出。普通的星期日里，共有9%的伦敦人口去教堂：4%的印度人、巴基斯坦人、孟加拉人，8%的白人，16%的中国人、韩国人和日本人，19%的黑人。伦敦作为"超级多元化"的全球城市的地位是这个故事的核心因素，但这并非唯一的例子。马西（Marsh，2012）和斯特林格（Stringer，2013）对伯明翰——欧洲最为多元化的城市之一——的描述同样有启发。

这些教堂并非都是新教堂，至少不是通常意义上的新教堂。例如，哈里斯（Harris，2012）详细讨论了坎宁镇（Canning Town）的一个天主教教区，他一开始便指出英国多数的天主教徒是移民的后裔。完全可以预见，哈里斯重点研究的教堂创立于19世纪中期，是在东端找工作的爱尔兰移民的聚会中心，这是众所周知的事。在21世纪早期，建筑还在那里，但教众的性质在改变。教会依然兴盛：来自超过40种移民背景的将近1200人在星期日的早上聚会（Harris，2012：45）。接下来的细节记录了来自菲律宾、西印度群岛和非洲不同地方的天主教徒为该教区做出的非常具体的贡献，读来让人入迷。世事轮回：这些勤勉的人将原先传教士带去的做法又带回到英国，因此复兴了在英国已经消失的祈祷的某些方面。同样清楚的是，这些做法是对物质和精神需求的回应。

"反向传教"（reverse mission）这一概念在此处的语境当中掷地有声。凯托（Catto，2008）的博士学位论文详细探讨了这个棘手但又重要的概念。在更近的一篇文章中，凯托（Catto，2012）总结了这部广泛参考各种例证的著作，包括：2005年"（圣公会）美拉尼西亚兄弟姐妹"［the（Anglican）Melanesian Brothers and Sisters］到英国传教；来自拉丁美洲的个人（福音派）传教士；韩国西南部一个较小城市的教众，他们跟循道宗有关联。像这样的例子表明，影响全球基督教的因素在发生变化，有关从西方向其他地方流动的假定被更为复杂的情况所取代。基督徒因为很多不同原因来到英国，有的因为宗教，有的不是。但这些个体共同为基督教的诸多种类带来不一样的、有意义的东西，在主流教会内部和外部都是如此。这一变迁的一个关键方面关系到最近到来的基督徒与其所属教会之间的关联。接触每天都在发生，宗教生活中的跨国主义有了实质性内容。新的交流形式让研究者们非常着迷。

应该如何评估基督教市场这一活跃的、增长的、多元化的板块呢？就总的数字而言，提议这些涌入弥补了别处的损失将是错误的（见下文）。往往伦敦宗教的活力被简单归结为"移民"，这强烈暗示了整整一类的教堂及其推行的活动都无须考虑在内。这是不正确的。要明白的一点是：整个局势在变化。流动和流动性，同样移民，是现代生活的中心，并且还会继续。宗教的流动和反向流出构成这一变化局势的一部分，并且以多种多样的方式发生作用。因此，关于英国宗教的概览必须要密切关注这些资源丰富的人，注意他们的存在，他们的教会，他们在其服务社区内外的影响。

　　第三种革新的形式——生活方式教会——对下面的评述做出了不同的回应：任何依靠义务或习惯让人来礼拜的教堂或教会都可能不好过；相反，让人觉得去教堂值得的教会则更有可能成功。此外，需要指出：正是在这一点上，英国和美国之间有重要差异。做宗教集会研究的一群优秀的美国学者在其著述中展示了这一差异。以南西·阿默曼（Nancy Ammerman，1997，2005）编辑的论文集为例。这些集子表明美国人生活中宗教聚会的多样性，而且这些教会如此有韧性，尽管有的面临诸多无常。有很多教会面临衰落，长期和短期来看都是如此，这不假（Ammerman，1997：44）；但甚至连这些书的目录页给人的印象都是坚持、迁移、适应、革新，诸如此类。英国的教会难以与之匹敌。[③]

　　这样的证据必然给基于自愿（这正是阿默曼描述的集会的本质）的体系带来优势，比相对较为死板的国立教会有优势。实际上，"新式表达"存在的理由就在于此，它们的存在是为了克服"继承的模式"的局限性。这跟美国的情况很不一样，因为在美国继承的模式本身就体现着灵活性。尽管如此，在英国各地还是能够找到为具有鲜明特点的社区服务的教会，即服务于从各方面看属于特定类别的人。例子很多，包括面向艺术和艺术家的教会，面向演员（圣保罗的考文垂公园）、特定音乐风格、家庭、单身的人、年长的人、残疾人和特定的行业的教会，面向热心社会正义、贸易公平、环保等的人的教会。这些旨趣几乎不会成为所说的教会唯一关心的事务。然而教会依然是所见略同的人聚在一起并用基督教的教导来反思自己想法的地方。不奇怪，英国各地类似教会之间会形成联络。值得一提的是，包容和排斥都可能形成细分市场。

　　下一章有关"纷繁的灵性信仰"，这里用一个展开的例子作为过渡，这个例子在非常多的跟圣詹姆士·皮卡迪利教会（St James Picca-dilly，简称圣詹姆士教堂）相关联的活动中可以找到。圣詹姆士·皮卡迪利教会是伦敦西区的一所教区教会。圣詹姆士教堂"欢迎并庆贺人类的多元性"——在其使命陈述中它说明了这一立场。[31]此外还提及了朝圣，实际上提到了另一个圣詹姆士，形式是"卡米诺之路"（Camino Course），它是为那些踏上探索信仰与当代生活和工作的关系之旅的人而设计的。跟该教会相关联的活动列表本身读来就很有意思。[32]显然，这个表在变化，但 2013 年列表上多了一个朱利安团体（Julian group，进行默声、思索性祷告），另一个致力于探索创造性的精神选择的团体，一群对禅宗的三宝教团感兴趣的人，涉足舞蹈仪式和不同种类音乐的人［世俗的歌手和苔伊泽圣歌（Taizé chants）］，男同性恋、女同性恋、双性恋者和跨性别群体人团体，顺道咨询服务，款待无家可归的人和关心难民，公平交易铺子，皮卡迪利市场（Piccadilly Market）。有必要指出，并不是所有的活动都跟圣詹姆士教堂有正式关联。但不管怎样，至关重要的东西是一样的：寻求信仰和同道中人、委身和聚会的范围都超越了基督教的传统，适当的时候将探讨这一点。还有，各种活动的边界是模糊的。

四　孰是孰非

宗教市场的出现引来重要的问题，对于宗教学者和那些对教会负有责任的人而言是这样。将提出两个问题来结束本章。在何种程度上，市场的概念挑战着不变的现状？在何种程度上，相关的创新之举弥补了宗教活动整体上的衰落？第一个问题的答案必须置于历史背景中。宗教一直以来就有市场，因为为数不少的少数派在英国已经存在了几百年而不是几十年。而且并非每个人都遵从正统，传统内部和传统之间都有差异。随着义务的概念退去，选择的可能增加，（宗教的发展）显然已经开始迈出不同的一步。想要多一些选择的人渴望更多的操作空间，而不是更少。因为这个原因，传统模式的掣肘、相伴的态度、有时支撑传统安排的组织结构，都会让他们感到挫败。相应的，传统派做出反应，捍卫现状。抗争到死没有意义。宗教的两种模式——公用事业和市场——都有多样性，都可以更有效（也可能更无效）地加以利用。两者有重合之处。在真正的混合经济中，将每种模式的优点利用起来，比起长期的互相敌视不失为更加明智的策略。

第二个问题已经引起斯蒂夫·布鲁斯（Steve Bruce）和大卫·古德休（David Goodhew）热烈的争论，布鲁斯是英国世俗化观点的主要捍卫者，古德休是《英国教会发展》（*Church Growth in Britain*）的编辑。最初在"数看英国宗教"（British Religion in Number）网上的交流经过扩充变成一系列文章，发表在《欧洲宗教杂志》（*the Journal of Religion in Europe*）上。[33]布鲁斯对古德休的文集进行了全方位的评述，古德休做了回应，布鲁斯则进一步做出回应。布鲁斯认为古德休及其同事记录的教会发展的例子或者说孤立现象并没有驳倒他所理解的世俗化的论点，对于宗教活动指数的持续下挫，这些发展于事无补。古德休的回应则是重复他的宣称：伦敦的情形在变化，尤其是在黑人、亚洲族裔和少数族群社区以及某些新的教堂，伦敦教会普查得出的数据支持这一说法。布鲁斯没有被说服。无疑辩论还会继续，但是有何裨益？显然这两位学者各持己见，并不是在彼此对话。关于总体上的衰落，布鲁斯是对的；古德休说情况并非完全如此，也是对的。两者都过于强调自己的论点。实际上真正的原因不在于此，而是在于整个局面趋于重新平衡。显然，与过去相比信教的人少了，但是那些依然信教的人更可能是因为坚信而非出于义务这样做。这就有所不同了。

注释

① 法语的"践行者"（pratiquants）和"非践行者"（non - pratiquants）是法国早期宗教社会学家著述的关键词，这些社会学家很多专门从事对宗教实践的刻画。

② 题目可以英译为 *The Pilgrim and the Convert：Religion in Motion*。实际上，这本书是关于后现代社会宗教，尤其是法国宗教的三部曲之一。另见 Hervieu - Léger（1993/2000，2001）。

③ 这一用法的"理想的"（ideal）意思是纯粹的、提炼的类型，不是那些在实际

生活中找得到的、必然的、更加模棱两可的类型。

④ 有两个信息来源对本节有帮助。第一个是约克大学"基督教和文化"网站上收集的大量信息——参见 www. christianityandculture. org. uk，第二个是"教会发展研究计划"中有关大教堂和更大的教堂（the greater churches）的资料，参见 http：//www. churchgrowthresearch. org. uk/UserFiles/File/Reports/Publication_edition_Strand_3a. pdf。两个网站均于 2014 年 8 月 7 日访问。后面的这个报告是在本章初稿完成后发表的，报告证实了这里说的要点。

⑤ 在这个方面，玛斯可特的文章直接借鉴了罗威（Rowe，2010）的研究。

⑥ 该报告基于两大数据集合。第一个集合是对当地 1933 名成年人的调查，问这些人对自己熟悉的 6 座大教堂中的一座怎么看（坎特伯雷、达拉谟、利奇菲尔德、来彻斯特、曼彻斯特和维尔士）。第二个是一系列详细的案例研究，研究在前面说的教堂内工作的人和与教堂有工作关系的人中间大范围展开，对他们进行了 257 场深度、定性的当面访谈。

⑦ CASA 于 1967 年成立。有关其阐释性工作的更多信息见 www. guidecasa. com（2014 年 8 月 7 日访问）。我第一次是在法国的维日勒（Vézelay）碰到这个机构的。大概 30 年后约克的基督教和文化中心（见注解④）成立了，成立的原因与之相似。具体地说，"许多人都对艺术、文学、音乐和古迹中蕴藏的丰富文化遗产着迷。然而很多的这些遗产曾受到宗教信仰和实践的深刻影响，这一事实可能给那些不熟悉基督教概念或圣经主题的人带来读取和理解的大问题"。参见 http：//www. christianityandculture. org. uk/about（2014 年 8 月 7 日访问）。

⑧ 作者从法文原文译出。

⑨ 约克大学朝圣研究中心的网站及其搜集的大量相关资源，参见 www. pilgrimagestudies. ac. uk。

⑩ 天主教圣地网站表明在朝圣季节大约有 10 万名朝圣者到达，包括约 6000 名泰米尔人，其中一半为基督徒，另一半为印度教教徒。参见 http：//www. walsingham. org. uk/romancatholic/（2014 年 8 月 7 日访问）。

⑪ 给出的数目为每年有 10000 名圣公会的驻留的朝圣者（一次性几乎可以接待 200 名朝圣者）。每天另外还有 300000 名参观者到来。参见 http：//www. walsinghamanglican. org. uk/welcome/index. htm（2014 年 8 月 7 日访问）。

⑫ 更多关于这三座建筑的信息，参见 http：//greaterchurches. org（2014 年 8 月 7 日访问）。"教会发展研究计划"中有"更大的教堂"这个分类，参见注释④。

⑬ 广泛开展民族志田野调查的时期是 1999～2000 年，2006 年有一次后续访问。更

多有关这项研究方法论的信息，可以在古斯特（Guest，2007）著作的附录 1 中找到。

⑭ 做这些联系的同时有必要记住克里斯蒂安·斯密斯的工作重点在美国，美国的福音派信徒比联合王国的多得多。

⑮ 特色鲜明的基督教还有一个例子可以在阿尔法（Alpha）的故事中找到，马太·贝尔（Matthew Bell）将其描述为英国基督教最成功的故事。参见：http：//www.independent.co.uk/news/uk/home－news/inside－the－alpha－course－british－christianitys－biggest－success－story－8555160.html。圣三一布兰顿，阿尔法的诞生地，本身也值得关注。参见：ww.alpha.org，以及亨特（Hunt，2004）的著作。这两个网站均于 2014 年 8 月 7 日访问。

⑯ 更多内容，可参见：www.greenbelt.org.uk，www.springharvest.org，www.new－wine.org，和 http：//soulsurvivor.com（均于 2014 年 8 月 7 日访问）。

⑰ "克斯维克大会"，现在称为"克斯维克事工"（Keswick Ministries）。其目的在于"通过强调某些基督教信条发展（基督教）宗教，并通过在克斯维克举办年度大会，推动其他地方举办类似大会和会议，通过推介合适的文献以及资助文献传播来实现这些目标"。参见：http：//www.keswickministries.org/about－us/who－we－are（2014 年 8 月 7 日访问）。

⑱ 参见：http：//www.greenbelt.org.uk/about/organisation/values/（2014 年 8 月 7 日访问）。

⑲ 更多关于绿地音乐节这方面的工作，可参见 http：//www.greenbelt.org.uk/about/organisation/israel－palestine－programming/（2014 年 8 月 7 日访问）。

⑳ 有意思的是这本文集也有关于大教堂的一章。参见 Barley（2012）。

㉑ 更多信息参见 http：//www.freshexpressions.org.uk/about/whatis（2014 年 8 月 7 日访问）。也可参阅"教会发展研究计划"中广泛搜集的资料。没错，新式表达和设立新教会构成该项工作的主要组成部分，更多细节参见：http：//www.churchgrowthresearch.org.uk/UserFiles/File/Reports/churchgrowthresearch＿freshexpressions.pdf（2014 年 8 月 7 日访问）。

㉒ 参见：http：//www.freshexpressions.org.uk/stories（2014 年 8 月 7 日访问）。

㉓ 参见：http：//www.freshexpressions.org.uk/networks（2014 年 8 月 7 日访问）。

㉔ 参见：http：//www.freshexpressions.org.uk/research。注意与谢菲尔德军中牧师的研究的联系（the Church Army's Research Unit in Sheffield），参见 http：//www.churcharmy.org.uk/ms/sc/reimaginechurch/sfc＿database.aspx。网址均于

2014 年 8 月 7 日访问。

㉕ 感谢保罗·韩孟德（Paul Hammond，2015）为我提供了这些细节。我可以读到他博士学位论文相关章节的初稿。

㉖ 相关例子可参见英格兰教会网站：http://www.churchofengland.org/our-faith/mission/missionevangelism/fresh-expressions.aspx（2014 年 8 月 7 日访问）。

㉗ 参见：http://www.brierleyconsultancy.com/images/londonchurches.pdf，p. 11（2014 年 8 月 7 日访问）。

㉘ 例如，休·奥斯古德（Hugh Osgood）、理查德·伯吉斯（Richard Burgess）和艾米·杜弗尔（Amy Duffour）所著章节。

㉙ 参见：http://www.brierleyconsultancy.com/images/londonchurches.pdf，pp. 5 and 11（2014 年 8 月 7 日访问）。

㉚ 更多例子可参阅读不断增长的有关美国教会自治体系的社会学文献。这些资料的一个很好来源为 http://hirr.hartsem.edu/cong/research1.html（2014 年 8 月 7 日访问）。

㉛ 具体参见：http://www.sjp.org.uk/our-approach.html（2014 年 8 月 7 日访问）。

㉜ 参见：http://www.sjp.org.uk/groups.html（2014 年 8 月 7 日访问）。

㉝ "数看英国宗教"的网站上有最初的交流：http://www.brin.ac.uk/news/2012/church-growth-in-britain-since-1980（2014 年 8 月 7 日访问）。文章本身参见 Bruce，2013a，2013b；Goodhew，2013。

第八章

纷繁的灵性信仰

前面介绍过两种对宗教多元化不太一样的理解。两者都超出了基督教范畴，但是方式不一样。一方面是现代英国比比皆是的灵性现象，另一方面则是其他信仰群体的不断增长。为清楚起见，轮流来看这两个方面：本章讲的是灵性信仰的不同表现，下一章讲宗教少数群体。然而就时间而言这两者重合。在基督教传统开始失去往日约束教徒的信仰和行为的权威之时，新的人群来到英国带来了自己出生地的宗教信仰和实践。这两种趋势发生的背景都是不断增长的世俗性。

第二个含混之处同样要紧，直接借鉴了詹姆士·贝克福德的作品（James Beckford，2013）。"多元化"一词不仅用来表述非常不同的情境，而且也用来表达与这些变化的境况相连的道德和政治价值观。简言之，英国宗教生活中增加的多样性是件好事还是坏事？推想一下就会很明白：人们一直混淆了是什么和应该是什么，在厘清这两者之前，公众和社会科学的辩论之中必然还会出现误解。这一点说多少次都不为过。一种推进的方法就是：用宗教"多样性"（diversity）这个词来表示现代英国共存的、种类多样的个体、群体、组织和社区，用"多元化"（plurality）来表示与接受或者不接受这种情况相关联的思想或规范上的委身（ideological or normative commitments）。理论上，我跟贝

Religion in Britain：A Persistent Paradox，Second Edition，Grace Davie. 2015 Grace Davie.
© Published 2015 by John Wiley & Sons，Ltd.

克福德在这点上看法一致（Beckford，2003：73ff），但该领域现有的大量文献并不总是支持这一区分。

鉴于这些困难，本章这样展开。首先简单看一下新兴宗教运动的问题，不是要全面描述这些大量而又多样的机构，而是指出围绕这些机构的争论告诉了我们英国社会的哪些特性。[①]在某种程度上，对"新时代运动"（the New Age）（1990 年代人们更常选用这个词表示"灵性信仰"）的分析也是如此，但灵性信仰非常明显地增加了之前宗教形式与灵性易变本质之间的张力。在何种程度上可以将这些合并，谁来决定界线在哪里？在物质（日常生活的现实）与精神的复杂关系当中可以发现一系列的矛盾，这些紧张关系又会影响宗教市场的概念。灵性商品（spiritual goods）的市场仅仅是宗教市场本身的一个延伸吗？或者顾名思义对灵性的强调是对市场的抵制，因为它表示的是一套不同的价值观？或者反过来更接近真相：可不可以认为，市场如此无孔不入，以至于它们腐蚀了灵性？不同的评论者得出的结论也不同。

本章后面的内容重点关注灵性信仰这一概念本身：应该做何理解、哪儿兴许能找到它、它与宗教有何不同、这个概念在学术研究中是如何被提出来的。我们一步一步地讨论。首先要看一下组成人群的规模，其次是践行者的关键特征和他们的想法，最后看一下在公共生活还有私人生活中对灵性的反响。本章以三个案例研究结尾。第一个案例援引了一个经常被引用的、对肯德尔（Kendal）宗教生活的"描绘"，书名叫作《精神的革命》（*the Spiritual Revolution*）（Heelas and Woodhead，2005），该书的主要内容是一个湖区小镇从宗教性向灵性的逐渐转变。第二个案例说的是格莱斯顿伯雷（Glastonbury）的情况，这是另一个较小的城镇，在西部乡村，那里有着多得非同寻常的宗教和灵性信仰选择——一个信仰市场，如果真的有信仰市场的话。第三个案例有点不同：它关注的是弱势年轻人的日常生活，展示了这些人如何徘徊在宗教、灵性和世俗的边缘（Vincett and Olson，2012）。这个案例中的素材在某些方面与大约 25 年前对《城市中的信仰》所做评论非常相似，这耐人寻味（参见 Ahern and Davie，1987）。温塞特（Vincett）和奥尔森（Olsen）的研究方法比《城市里的信仰》的复杂得多，但研究的延续性却很清晰。

一 新兴宗教运动

本书第一版的序言中指出了对英国宗教的社会学研究中一直有个悖论。该领域内现有的素材有着明显的失衡，我们对宗教生活中外来的边缘的信仰和实践的了解要多于对普通英国人信仰生活的了解。换个更为正面的角度来说，重要的、不断增长的关于小教派（sects）和新兴宗教的研究素材，是由社会学领域非常杰出的学者提供的。其中包括布莱恩·威尔逊（Bryan Wilson，1961，1967，1982）、詹姆士·贝克福德（James Beckford，1975，1985）和爱琳·巴克（Eileen Barker，1984）的著作。这方面尤为有用的是爱琳·巴克的《新兴宗教运动：实用介绍》（*New Religious Movements: A Practical Introduction*）（Barker，1989a）。正如书名所示，该书提供了大量有关这个话题的实用知识和社会学知识，简明易懂。

巴克讨论了参与新兴宗教运动的人数以及定义的问题：哪些团体或组织应该被包括在这个含糊的类别中，哪些不应该。第一个问题几乎没有答案，回答第二个问题就更为困难。序列的一端是某些年份较久的宗派，例如，"耶和华见证人"或摩门教。这些在社会学上，如果不是在神学上，难以跟更小的新教教派区别开来。在另一端则可以找到保罗·希拉斯（Paul Heelas）所说的"自我宗教"（self-religions），它们大量存在，难以跟新时代运动区分开来，至少其"心理－灵性"（psycho–spiritual）形式难以跟新时代运动区分。中间则是各式各样的团体，它们很多方面都跟周围的社会不同，而且彼此也不同。需避免做出大而化之的推论，这很重要，但公共舆论往往忽略了这一点。

也有研究机构——"宗教运动信息联络会"（Information Network on Religious Movements，INFORM）——在做与巴克的工作一样的研究。[2]这是一家独立的慈善机构，1988年成立，得到了英国内政部和主流教会的支持。其首要的目标很清晰：旨在帮助个人和家庭，尽可能为他们提供准确、不偏颇，以及最新的有关非主流的宗教、灵性和奥义运动的信息。为了做到这一点，它的定义更宽泛："非主流的宗教、灵性和奥义运动"一词只不过是个常识性的起点，这样能最大限度地接触到类似的社会现象。宗教运动信息联络会已经证明了自身的价值，它已成为媒体、政府机构还有普通公众的重要参谋，并在 2014 年庆祝了其成立 25 周年。其年度报告充分证明了其参考价值，报告读来让人手不释卷，并揭示了英国生活中至少某些新兴宗教运动的反响一直不错。[3]

　　社会学家从这一多面的现象中能够了解到什么呢？我们再一次回到詹姆士·贝克福德的作品，尤其是他的比较分析，这有帮助。在这方面贝克福德（Beckford，1985）提出了两个观点，两个都跟这里的论述相关，两个都经历了时间的考验。第一个观点源于比较英国、法国和当时西德的宗教运动，其要点是：由于每个国家主要的社会、政治和文化特征不同，"膜拜团体问题"（the cult problem）也不同，如果真有"膜拜团体"的话。因此，要理解欧洲各地"对某些新兴宗教运动明显的敌意"，就有必要审视它们各自的结构和所做的教导，而且还要审视它们生存其中的宗教和政治环境（Beckford，1985：271）。换言之，跟所有的宗教现象一样，新兴宗教运动也必须被放到语境中来审视。有关这些运动的辩论结果也会不同，这取决于讨论发生的具体情境。

　　第二个观点可从第一个观点得出。贝克福德认为新兴宗教运动虽然数量上不显著，却能为我们提供一个看待广大社会的强大透视镜（另见 Barker，1982）。通过考察社会人群对新兴宗教运动做出反应的方式以及这些社会里产生的争议，我们可以对这个社会本身有更多发现。例如，就宗教而言，什么被视为正常或者不正常、可以接受或不能接受，或者用另外一个词，可以容忍或不可容忍？类似的，根据法庭有关新兴宗教运动的裁定得出了一系列有关个体以及/或者宗教团体的权利或其他方面的法律定义。故而，围绕这些运动的争议，成为"好些不同社群中发生的变化的晴雨表"（Beckford，1985：11）。把这个类比推得更远些，这些运动可以很好地提供未来风暴的迹象，在宗教宽容问题上更是如此。

　　我们从这一方法中发现英国人对宗教多样性并非完全不友好，只是有的宗教似乎比别的好接受。巴克（Barker，1989b）将这称为"宽容的歧视"（tolerant discrimination）。第九章将进一步讨论这跟其他信仰群体——一个大得多的群体——之间的关系。

二 新时代运动或自我灵性信仰

有关新时代运动的各种社会学争论（以及很多相关的看法）并不一样。这里的重点放在个人而非组织上，即个人在内部动机而不是外部限定的指引下自由探索各种各样的信仰和实践。因此，有关某一宗教运动可接受或者不可接受以及该宗教相关教义的问题在这里就不太要紧。在与有组织的（尤其是更为教条的）宗教团体遭遇时，在新时代运动与主流社会的关系中，问题的爆发点，如果有的话，出现的方式会有所不同。

首先有必要搞明白这个话题的性质。新时代运动或者自我灵性（self-spirituality）包括多样、定义不清、有些含混的一组看法，这些看法由数量较少的、具有一致性的、跨领域的主题维系在一起，突出的主题有对自我和自我发现的强调，以及对"相连"（connect）的渴望。前者提供了自我灵性的实质（上帝在我身上、实现自我、发掘潜力、"我用自己的方式去做"等）。后者可以在不同环境中找到：它反映了人的内部相连（思维、肉体、精神）以及宇宙的内部相连（每个个体都是宇宙整体的一部分）。这些看法起源和生发的领域是多重的：它们排列成一个延续体，"硬的"一端包括新的资本和管理训练形式（表达作为商业领袖的自我），"软一些"那端则是各种各样大致带有全人性的疗法（表达需要治疗的自我）。中间则是表达途径（outlets），有出书（大的表达途径）、有非常规的教育形式（强调孩子自我发现的形式）、有绿色问题（相连的宇宙）、有非常规的医药形式（相连的个体）。

新时代运动与主流的关系很复杂。显然，自我灵性既是更常规的宗教形式的朋友，又是其敌人。是朋友，因为它们拒绝强调物质主义是人类存在的首要目标。幸福不在于财富的积累，不管大的（投资、房子和假期）还是小的（购物）。过度消费实际上表明需求没有满足，而不是充实。是敌人，因为传统的对基督教教义的理解强调定义好的一个教义体系，其核心是一个超越性的而不是内在的上帝；换言之一个基督徒服从的上帝，而不是一个内心的上帝（新时代运动教义的核心思想）。

然而这一区分没有那么泾渭分明。基督教教义里有，一直都有，不同的——实际上矛盾的——思想路线，有的留给自我的空间比留给别人的多。相应的对新时代运动的反应也不同。序列的一端是，可能不是所有的，肯定新时代运动教义很多的方面，说它是基督徒灵感或智慧的来源。另一端则是更为消极看待新时代运动的观念的教会。它们视这种观念为危险——不只是错误，应该不惜代价加以避免。福音派相当多的（但不是所有的）人持有这个观点。第七章的讨论反映了这些区别，指出正是那些吸纳了自我灵性信仰（例如表现主义或自我反思）某些——如果不是所有——方面的基督教形式目前正在壮大。那些走强硬路线，拒绝新时代运动思维的形式和内容的，则不太可能兴盛。

应该把如此种种反应放在现代社会变迁的背景下来看待，这个时候保罗·希拉斯的著作成了我们论述的关键。至少 20 年来，希拉斯（Heelas，1996，2008）都在密切观察非传统宗教，其间他的思考跟这个领域在一起演进。例如，希拉斯（Heelas，2008）确立了一组有趣的代际变化。首先是新时代运动的一组历史前身；在这儿我们不需要投入精力，只是提一句，这些观点无论如何都不"新"。它们阶段性地往复循环。但是为什么到了 20 世纪晚期它们来到了舞台中央？在希拉斯看来，第一次突破是在 1960 年代，这是探索灵性（spiritual discovery）与已经描述过的新兴宗教运动扩张并驾齐驱的十年。两者都体现了反文化的趋势，传统机构，包括宗教机构，因此受到攻击。

但是随着 1960 年代让位给没那么自信的十年，新形式的自我宗教性亮相了。希拉斯用"研讨会灵修"（seminar spirituality）来描述这些转变，这些创新之举一点点变成了 1980 年代的"软生产资本主义"（soft production capitalism）。这个时候的重要发展是：跨入其他学科——跨入社会心理学和管理培训，例如，重点日益放在为商业和休闲之故而释放人的潜能。随着每个个体发现自己能够以不同方式为所从事的事业做出贡献，生活与工作重新连接起来。然而这样的组织动机不尽相同：有的跟资本家的努力有关，有的则无关。1990 年代进入了这个故事的另一章，这次表现在对福祉日益增长的强调上，这一转变跟现代文化显著的主观性转向有关。这也是跟自我灵性相关的概念为主流社会更加知晓的十年。再也没必要去非常规的渠道或专卖店寻觅新时代运动的产品了，渐渐地在大街上就可以找到。

那么21世纪头十年里的定位是什么？随着更传统做法的衰退，西方的民众高兴地欢迎灵性的创新形式，是这样的吗？这些过程是同时并行的吗？在这些复杂的纷争中谁得到，谁失去，又由谁来决定？此刻我们回到市场这一概念，指出在很多方面有关这个词的争论让人想起多元化这个概念的模糊性。在一个层面上，"市场"只是一个描述性的词语，描述的是各种各样的宗教或灵性选择，个人从中可以选择最适合自己的。在另一层面上，市场则引起更为尖锐的、有关价值观及其在不同领域内的适用性的讨论。

最初的一步非常清楚：我们不仅从不同的渠道购买物质必需品，而且也为我们的精神需求四处购物。宗教机构对这些需求做出各种回应，提供特定的产品，有的机构比别的机构更成功。然而，有更深次的问题要问，而且是从不同视角。有些人认为对神圣的东西（不管形式如何）不应使用市场这一概念；顾名思义，神圣的东西关乎非物质的而不是物质的价值观。非物质的感受可能是用语言来表述的，或者是在实践中表达的。后者一个很好的例子可以在新时代运动的个别社群中找到，这些人采取独特的生活方式——选择过简单的生活，或者按照生态理想来生活。④

杰瑞米·卡瑞特和理查德·金（Jeremy Carrette and Richard King）对此持有异议。实际上在《出售灵性信仰：宗教被无声接管》（*Selling Spirituality: The Silent Takeover of Religion*，2004）一书中，他们将整个论述颠倒了过来：揭露了他们视为当代资本家的意识形态的东西，尤其是新自由主义，无声接管"宗教"的现象。那些将精神性视为资本主义"柔和"的面孔，是在减轻市场最坏的效应，并以真情实感之名让工作场所变得更加融洽的人，不过是天真罢了。相反，精神性本身已经成了一种产品，是用从语境中提取的世界主要信仰的要素构建而成的。如此包装之后，便可以作为一种商品（和其他东西）在全球市场上买卖。卡瑞特和金为了证实自己的论述，把那些从这一促销活动中获利的人和品牌揭露了出来。他们的指控很严厉：如果想要恢复灵性作为抵制资本主义及其欺骗的一种手段，它就更得进行自我批判。

然而这并非唯一的可能性。探讨宗教、灵性和市场之间的关联有更为细腻的方法，可以在一系列的案例研究文集中找到（Martikainen，Gautier and Woodhead，2011；Martikainen and Gautier，2013；Gautier and Martikainen，2013），这些文集让人印象深刻。这一系列的著述强调了世界各地宗教和经济相交汇的多种方式。尽管如此，主导的叙事还是关于更广泛的经济变动对宗教的影响，尤其是消费主义和新自由思想的传播。好也罢，歹也罢，跟世界上其他人一样，我们生活在一个"市场社会里"（a market society）。

三 何为灵性信仰？

前面已经说了，新时代运动和灵性信仰之间的界线极为模糊：两者都融入对方，术语也随着时间推移而改变。有的评论者——比如乌特·海恩格拉夫（Wouter Hanegraaff，2009）——继续使用"新时代运动"一词，但他承认理解这个词有不同的方式；其他人——其中有史蒂文森·苏克里夫和马丽恩·博曼（Steven Sutcliffe and Marion Bowman）——提议我们已经从《超越新时代》（*Beyond the New Age*）进入了他们所谓的"非主流灵性信仰"（alternative spiritualities）。然而背后各种各类的问题还在。"非主流的灵性信仰"是什么意思，在现代英国社会里它有何意义？灵性信仰如何与宗教区分？下面的段落讨论这些问题并分阶段进行。首先是将这一人群视为一个整体，怎样可以定位他们，并考虑其规模和重要性。其次，简要分析该现象的主要特征、其内部的划分和重点所在。最后的篇幅则留给：公共生活中的灵性表达以及学术材料的不断积累。

（一）有灵性信仰的人

"我不信教，但我有灵性信仰"，这已经成了陈词滥调；跟多数陈词滥调一样，它也有一定的道理。英国社会里有多少人持有这一立场？有两种方式可以探讨这个问题：要么就是查看大规模调查问卷的回答，第四章中介绍了这种调查；要么就是利用一个地方性案例进行推演。

就大规模调查而言，通常是让被调查者就他们对神或别的信仰进行选择。细节不一样，但是大致上是在"个人的神"（personal God），"某种精神或生命力量"（some sort of spirit or life force），或者两者都没有之间进行选择。注意！问的具体问题和用的调查方法差异相当大。正如我们先前所见，英国民众多多少少可以分成三种——信教的、灵性的和世俗的，时间不同比例也就不一样（见表 4-1、表 4-2，图 4-1）。温塞特和伍德海德（Vincett and Woodhead，2009：323）用了类似的方法并借鉴各种资料来源（并不都是英国的），做出如下有关灵性信仰涉及面的估计，他们考虑了不同的投入水平：

1. 积极、高度投入、定期的参与者，占人口的 2% ~5% ；

2. 信奉/遵循（宣称自己有"精神追求但不信教"的那些人）占比为 10% ~20% ；

3. 认同灵性信仰的典型信条的，比如相信"某种精神或生命力量"或"神是每个人心中的东西而不是外在的什么"，有 20% ~40% 。

数据的第三个来源有些不同。看看 2011 年人口统计表格上"其他宗教"这一栏上填的内容，可以大概了解这个尚未定型的领域内出现的那些类别。统计得出的数字明显并不大。这里（即条目的列表上）有充分证据证明宗教领域的四分五裂，说存在从宗教信仰向灵性信仰的转变则没有太充分的证据。[⑤]

在西奥斯的两份报告中可以找到更多的信息，这两份报告都值得研读。首先，《没有信仰的人的信仰》（*The Faith of the Faithless*）（Theos，2012b）延续了对大教堂的研究，第七章中描述过了。如题所示，报告主要关心的是那些将自己置于"任何正规宗教体系"之外的人的信仰或信念。一年以后，《不可见事物的精神：后宗教化英国的信仰》（*The Spirit of Things Unseen：Belief in Post - religious Britain*）（Theos，2013c）

则做了更为全面的叙述，报告审视了这整个国家的灵性信仰，指出被调查人口中将想法化作行动的那些部分（在这方面性别是一个重要变量）。重点则落在中间人群，即可以被称为传统信教和投入世俗之间的那部分人，结论如下。

尽管正规化的宗教信仰和机构化的宗教从属最近几十年已经衰落了，但英国人并没有变成一个无神论或者物质至上的民族。相反，一股精神之流在这个国家奔涌，即便没有往日那么强大的话。

例如，大多数人——77%——认为"人生中有的事情无法用科学或其他任何方式来解释"。只有18%的人不同意。那些将自己当作某个宗教团体成员的人更可能同意这个说法（87%），但那些不信教的人也有过半（61%）同意。

反观这些陈述挺有意思的。这些报告在很多方面反映了约20年前最让我感兴趣的社会上那部分人的信仰和实践。我们思考宗教的方式变了，用词也不一样了，"灵性的"（spiritual）而不是"宗教的"（religious）一词的使用捕捉到了这个变化。这又反映了情绪的变化，希拉斯和伍德海德（Heelas and Woodhead，2005）将其定义为"主观性转向"。然而背后的延续性也重要，其中一个延续性就在于"中心"（centre），（不管对其如何构想）对全面了解英国宗教都始终有意义。而这也是有争议的地方，到后面自然会发现，倡导更为世俗化观念的人也会提出自己的主张。

（二）灵性思考

本章到目前为止，都是在对比精神性的东西跟物质性的东西（讨论市场之时），对比灵性信仰和更为传统的宗教形式。这一节思考灵性信仰本身。这种思考方式的特点是什么，在我们社会里哪儿能够找到？温塞特和伍德海德（Vincett and Woodhead，2009：335）做了开创性的研究。他们总结了这个多样化领域的以下特征：强调内心的、主观的和无法言说的体验，个体作为精神真理最终裁定者的重要性，强调整体主义（holism）和事物的关联性，强调内在性而不是超越，寻求和开放的重要性。他们还描述了若干独特的领域：其中两个——"意识、身体和精神"（mind，body and spirit）和"异教信仰"（Paganism）——值得进一步探索。⑥

"意识、身体和精神"实践包括了各式各样的活动和技术手段，其中多数都跟治疗或福祉有关。⑦有的在个体层面上操作，有的涉及小组和小组作业，所有的都涉及完整的个人。以"意识、身体和精神庆典"（Mind，Body and Spirit Festival）这个节日为例，该节日始于1977年。⑧自那时起这个节日就是"个人转变、变化、健康和幸福、赋予自己力量、社区凝聚力、思想和概念交流的催化剂"。其重点在于内在的灵性和对新的可能性的接受，为的是找到"更健康的、更有创意的和更为充实的生活方式"。有无数可以这么做的方法，而且背后的主旨很清楚，包括：生态生活、自然的健康、辅助疗法、非常规技术、灵性信仰和个人成长。

可能会涉及哪些人？在这一点上温塞特和伍德海德说得很清楚。这个世界中女性的比例偏高，而且很多女性来自护理行业。实际上，是该领域内这一关联本身就是一种吸引呢，还是说因为参与其中的人而有了这种关联，这一点尚有争议。不管怎样，良性循环得以维持。也应该注意年龄层：多数女性均为中年人。因而也带来了一连串问题。我们应该如何解读数目不大但意义不小的少数群体（这些来自某一特定年龄层的个体）做出的选择？她们跟灵性信仰打交道是一种自我放纵吗？抑或这些女性是低级剥削的牺牲品？卡瑞特和金暗示是这样。第三个选项更为慷慨：意识、身体和精神运动中创造的接触，是一种为自己负责、充分开发自身潜能的方式。这又有什么错？

"异教信仰"有不同的重点。哈维认为，"异教信仰"经常被描述为自然宗教或前基督教传统的恢复或复兴（Harvey，2009）。目前的形式是从20世纪中期开始的，它把非常古老和近一些的观念弄到了一起。它跟生态运动有着天然的亲近，实际上跟任何关心自然环境的人都有共同点。这不足为奇，因为对异于现存宗教的信徒来说，重要的是这个世界而非任何别的，是内在性的而非超越的。对万物互相关联的强调走的是相似的路子。这些特征是所有"异教信仰"共有的。在该社群内有很多"传统"或"路径",依哈维看来包括:德鲁伊教(Druidery),女神灵性信仰(Goddess Spirituality),"异教徒"(Heathenry),巫术崇拜(Wicca),各种"'族群'异教信仰"('Ethnic' Paganisms),日益增多的生态异教信仰(Eco – Paganism)。这每一个,在他那充满洞见的一章中都有更多的信息,还有一系列短小精练的描述。

整体上来说哈维将"异教信仰"描述为一种在现代或后现代社会如鱼得水的新宗教。他认为其核心特点——个人主义、折中主义、大众传播和平等的社会结构——在先前的时代都难以想象。下一个问题出现了:"异教信仰"应该被视为后现代社会的一部分还是对后现代社会的反应?哈维倾向于后者,他指出:"异教信仰"的鲜明特征在于仪式而非布道,在于讲故事而非正式的教导,在于对魅惑的积极解读。他还着重指出对参与、所处位置、从属和关系的特别(几乎是迪尔凯姆式的)强调。尽管如此,在何种程度上这些活动被视为反文化的则很大程度上取决于主流(社会主流和宗教主流)如何构建自身。这是关乎现实的问题,同样也是一个感悟的问题。

不管怎样,2010 年发生了一件值得关注的事情。在四年的申请后,"英格兰和威尔士慈善委员会"(The Charity Commission for England and Wales)同意授予"德鲁伊联络会"(Druid Network)慈善机构的资格。这一决定有重要性,原因如下:这表明该联络会已经满足了委员会依据慈善法设立的判定一个信仰体系是否构成宗教的四个标准。[9]给出的原因的细节本身就有意思,在慈善委员会的网站上能找到。[10]更重要的是这个事件揭示了英国社会里非主流的灵性信仰有何地位(Harvey and Vincett, 2012)。但还存在一定程度的不确定性。一方面,该决定不仅暗示了更大的接受,而且暗示了对什么构成宗教更为包容的理解。另一方面,则是事后有时激烈的反应。这方面最先发难的《每日邮报》[11]上的米兰妮·菲利浦(Melanie Phillips)的文章。她的那篇文章值得完完整整阅读,她的用语不仅强烈,而且带有政治性:"这整个事情太荒谬了。用心险恶。因为这跟政治上如此正确的慈善委员会推行左派的疯狂的宗教信条——对平等的崇拜——如出一辙。"如果德鲁伊联络会都被当作宗教接受了，"谁，"菲利浦问道，"将是下一个?"无疑，早些时候提出的跟新兴宗教运动有关的问题还在继续回响。

（三） 公共应用

灵性信仰不太一样的一个方面表现为：在公共话语中，对这个词语的使用日渐增多，有时跟宗教一起使用，有时则代替宗教。用词的这一变化值得注意。下面有三个例子，都是从公共文档中节选的，来自社会的不同部门，来自世俗机构而非宗教机构。这样的例子可能会不断出现。选文中的陈述显然表明了变化，但需要仔细阐释。很多时候它们就是看上去的样子。换言之，它们代表着灵性信仰机构对包容和整体性（holistic）原则的真正身体力行。有时候"灵性信仰"一词不过是用作"宗教"的尴尬替身，以试图避免后者（所谓）的负面感情色彩。实际上，这两个概念都未被充分理解，不同各方也未将其区分使用，这导致了施行相关政策时明显的混乱。解读吉利亚特－雷（Gilliat－Ray，2003）对灵性信仰应用的分析时不要忘记这一点，她的分析细腻，亦有批判性。

不管情况如何，"灵性信仰"一词已广为使用，并被用在不同情境中。我的第一个例子是从一本小册子中选的，小册子是发给西南部一家全国卫生部门所属医院即将入院的病人的，内容如下：

> 病痛可能对你的整个生命都造成影响，而不仅是影响肉体。你可能难以跟最亲近的人谈起你的焦虑或恐惧。我们很愿意帮忙，支持我们的病人及其照料者、我们的员工的各种各样的精神和宗教需求。[12]

接下来的那一段则进一步提供了有关医院附属牧师团队的信息。含义很清楚：医院护理的这方面属于附属牧师的职责范围，承认——实际上着重指出——牧师工作包罗万象的性质。第二个例证可以从教育部的网站找到，有关学校课程体系的"目标、价值观和目的"。教育部规定对孩子的教育应该反映"我们社会中有利于个人发展、机会平等、经济富足、健康和公正的民主、一个可持续的未来等的价值观"。具体说来，这些价值观应该跟"我们自身相关，让我们成为能够在精神、道德、社会、智识和身体上成长和发展的个体"。接下来的那一页阐明了"精神"发展到底是什么意思。这一阐释明显没有宗教立场。孩子们必须学会"用来濡养内心生活和非物质康乐的知识、技能、理解力和态度"[13]。第三个例子来自苏格兰，焦点更为清晰；它关系到阿伯丁市政委员会倡导的"社会关怀中的灵性信仰政策"（Policy on Spirituality in Social Care）。文档的引言里规定要关注灵性信仰。"期望在卫生和社会关怀环境中工作的员工能够，至少，承认做礼拜的人的精神生活，并且对精神需求和幸福之间的关系有所了解"[14]。引言清楚陈述了这一方法背后的原则及其实操上的含义，而政策非常准确地说明了做礼拜的人和员工应该有何期许。

伴随灵性信仰的发展，对灵性信仰的学术研究也已开展。英国灵性信仰研究联合会（the British Association for the Study of Spirituality，BASS）成立于 2010 年，联合会旨在鼓励和促进该领域内开展的研究工作。[15]为了有效做到这一点，联合会特别强调跨越边界，跨越学科之间、行业之间、不同信仰和信仰体系之间的界线。联合会与一本学术期刊《灵性研究杂志》（*The Journal for the Study of Spirituality*）关联紧密，该杂志在第一期社论中便阐明自己的方向。[16]首先是概述当前"灵性信仰"一词使用的不同语境，包括"国立宗教和智慧传统，教育、医药、医疗和社会关怀等专业机构，领导力、管理和工作场所研究，还有治愈疗法、人生教导、个人发展和职业发展等"。编辑也指出了上文暗示的一点，即回应病人、学生或客户的精神需求的法律义务，同时还指出有无数更多的关注个人发展的非正式团体存在。

结论一清二楚。就机构和出版物而言有必要将有关灵性信仰的五花八门的研究弄到一起。英国灵性信仰研究联合会及其杂志就是为这个目的而组建的：具体说就是创造一个交流和辩论的论坛，鼓励在理解、研究和实践灵性信仰时出现新的综合命题。人从本质上说是精神性的存在，需要探询"根本性"或"终极性"的问题，为人生意义和价值而求索。这正是联合会工作的理论依据。在这个方面左哈和马歇尔（Zohar and Marshall，2000）关于"精神智识"（spiritual intelligence）的著述给人以启迪。

四 宗教和灵性信仰的市场：一些例子

本章的最后一节将各条线索收在一起，并且叩问宗教和/或灵性信仰方面的市场在实践中是如何工作的。首先，介绍肯德尔项目（the Kendal Project），它已成为里程碑式的研究。原因有二：一，因为它告诉了我们有关英国宗教活动性质的新东西；二，因为作者对数据进行了有趣的阐释，提供了富有新意的理论观点。结合数据分析与理论分析，他们提出了下面的主张："传统的宗教形式，尤其是基督教，正在让位于整体性的灵性信仰——有时候仍被称为'新时代运动'"（Heelas and Woodhead，2005）。

肯德尔项目以实证为基础。肯德尔是湖区一个有 28000 人的小镇。研究者先是比较详细地记录了肯德尔的宗教形式：用各种方法完成了最初的绘图（mapping）；统计了参加礼拜的人数和聚会的次数；为了更详细地调查研究案例，对某一条街道做了深入调查。[17] 从一周内进行的宗教活动的大致情况来看，作者确立了两个宗教心脏地带：聚会的场所和整体性的场所（the congregational domain and the holistic milieu）。具体说来，我们发现 2207 个人（成年的和更年轻的）在调查日（星期日）去了 25 座教堂和附属教堂礼拜，也就是人口的 7.9%（这个比例似乎每年都在缩小）。同一周内整体性场所吸引了 600 人参加 126 种分开的活动——人口的 1.6%（比例还在增长）。同样有趣的是街道调查的结果。某种意义上有一点是清楚的：（受访的 56 个人中）只有两个人宣布明确缺乏信仰或者有反感教会的情绪。但是其余的人立场如何则极大地取决于如何对"信仰"的灰色地带进行分类：是划分为最为广泛意义上的信教的较高水平，还是当作与常规基督教的明显偏离。这些数据可以同时支持这两种主张。

应该如何阐释这些发现呢？参考查理斯·泰勒（Charles Taylor，1989，1991，2002，2007）的研究，希拉斯和伍德海德提出了他们所谓的"主观化论点"（subjectivization thesis），即现代文化中的急剧转变，表现为不再为了外在或客观角色、义务或责任而活，而是为着与主观而非客观体验相一致而生活。用他们自己的术语来说，"作为什么的人生"（life - as）日益变成"主观性的人生"（subjective - life）。而且在这一观点看来，正是主观性转向解释了教会领域的衰减和整体性场所的增长，不要忘记转变远未结束。同样重要的是教会内部的变化：从几乎较少考虑其成员主观生活的宗教形式，转变为有着极为发达的主观性或"体验性"因素的教会（不乏福音派人格魅力教会这样的例子，该类教会在肯德尔较为成功，在其他地方也是如此）。简言之，关心个人深层次体验的灵性信仰，比要求服从更高真理的宗教日子好过。

显然，肯德尔项目的研究发现支持从义务文化向消费文化的逐渐转变，也提供了宝贵的、有关一个较为活跃的少数群体宗教和灵性上的选择的数据。然而还有更进一步的问题需要回答。这些素材发表时集中关注的是这两个核心地带，以及从中可以得出些什么。对中间地带关注得要少一些，即那些将自己定位为基督徒的人，其中很多人也许会去基督教堂举办成人礼。在肯德尔宗教的一份同类报告中阿兰·比灵斯（Alan Billings，2004）很好地说明了这一点。作者是一名经验丰富的教区牧师，他认真观察了教区教会在当地民众生活中偶尔起的作用和持续扮演的角色——这一特征在更具社会学特点的肯德尔项目中是没有的。实际上，要全面了解这个（被彻底研究的）英国小镇的宗教，就得认真关注这两项研究。这样做了之后前一章中概述的两种宗教经济就会清晰可见。

马丽恩·柏曼（Marion Bowman，1993，2003 - 2004，2005，2008，2013）多年来一直在观察格莱斯顿伯雷的宗教场景，格莱斯顿伯雷是英格兰西南部的一个小镇，位于萨默塞特郡。她描写了小镇的自然特征，包括托尔山（形状特殊，很远就能看见），查理斯井的铁矿泉，春天和十二月里都开花的荆棘。她还指出对该镇宗教的关注不是新鲜事。格莱斯顿伯雷修道院始建于撒克逊时代，位于镇的中心。现在只剩下遗址，它是英国历史最为悠久的遗址之一，常常出现在亚瑟王的故事中。因为这个原因和其他原因，格莱斯顿伯雷是一个有许多（基督教的和其他的）传说的地方，而且可看的东西很多，这里成了非常热的朝圣景点，让人重温更为古老的传统。[18]朝圣者从世界各地赶来，吸引他们的东西并不一样。而这些拜访者对当地经济至关重要。

格莱斯顿伯雷朝圣者接待中心于 2008 年开业。[19]其网站有海量的信息，列举了该镇如下景点：新娘冢、格莱斯顿伯雷修道院、格莱斯顿伯雷女神庙、格莱斯顿伯雷体验场、格莱斯顿伯雷大街、哥戈和麦哥戈、湖村博物馆、阿维隆图书馆、萨默塞特乡村生活博物馆、圣玛格丽特教堂和玛格达伦救济院、格莱斯顿伯雷三百年迷宫、格莱斯顿伯雷托尔山、伟丽山、白泉，等等。可能除了湖村博物馆和萨默塞特乡村生活博物馆之外，其余每个都带有宗教或灵性信仰色彩，网站也进行了详细解释。有关格莱斯顿伯雷"面容"、"声音"和食宿的网页与之类似。此外，接待中心骄傲地宣称有 70 余种信仰、（精神）道路和信念在格莱斯顿伯雷共存，"人均密度比世界上任何别的地方都高"。[20]中心的目标是促进不同生活方式、信念和信仰的人之间的交流和理解，并且——显而易见——鼓励更多的朝圣者到来。

沿着大街走一走，街道两边的零售店、可选择的灵性信仰用品店和专门店应有尽有，可见网站上的宣传不假，这的确是个精神消费所在地，对这参观者没有疑问了。柏曼（Bowman，2013）通过参考该领域内已有的、不断累积的文献，更为详细地审视了这个概念。从本章的视角来看有意思的是，她较详细地叩问了精神与市场之间的关联，指出格莱斯顿伯雷的可选择的灵性信仰用品提供者变得更有商业头脑，而不是更没有。1970 年代的反文化不如过去那么明显了。尽管如此，物质主义和不太物质主义的观点之间的差异依然存在，就像格莱斯顿伯雷的老居民（Glastonians）和更近到来的"阿维隆人"（Avalonians）的视角之间依然存在差异一样。然而多数人都认为整体上小镇从这项活动中受益。不足为奇，因为镇上 40% 左右的零售店都可以被视为"非主流的灵性信仰用品"店，卖的是"用以促进和扩展人们精神生活方式和做法"的商品（Bowman，2013：210）。很多时候最让人难忘的是传统宗教形式和灵性信仰的新形式并行不悖，所有的这些都在一个有限的空间里共存：朝圣者一直在反复跨越界线，他们拜访彼此的圣地，在旅途中擦肩而过，在同一间咖啡馆或饭馆吃饭。

最后一个例子吸引我的原因则不同。1980年代中期，我就对城中区的信仰性质进行了广泛的研究（Ahern and Davie, 1987），一个有关生活在相当贫困地区的年轻人宗教或精神身份的项目（Vincett and Olson, 2012）吸引了我。[21] 我对研究团队最初的假设感兴趣：想更多地了解感到自己被传统宗教结构排斥在外的年轻人。年轻人因受到排斥而不信教了吗？似乎没有。事实上发现的是很多类型的宗教实践，有的借鉴了"传统"宗教，但是是以非传统的方式。例如，祈祷和冥想随处可见，那些关注（新的和旧的）认同空间的做法也同样随处可见。同时，很多人早早地就面对死亡或病痛，类似宗教的实践也为这些生活注定没有安全感的人提供了探索灵性的机会。有的人的反应是拒绝宗教；有的人内心更为矛盾，寻找资源宽慰自己的不幸，并与早已不在的家人和朋友建立永恒的联系，因此便相信鬼魂、灵魂、天使。

但是这些年轻人是如何表达这些情感的呢？研究团队如何才能使被调查者克服内心的犹豫，不认为自己受到排斥，而且更乐于用实践而不是话语来表达自己的信念呢？答案就在一个仔细规划的、位于格拉斯哥和曼彻斯特的项目中。对"空间"的强调很有意思，这反映了该项目在学科划分上归属地理系。同样吸引人的是所用的方法，包括投入相当多的时间，而且用了创新的策略——为捕捉非语言的东西而设计的策略。一组组的年轻人接受拍摄视频和照片的训练，结果便是拍摄了两部电影和开了一次巡回图片展。对这一方法反响积极："（参与电影制作的）人让我们表达对宗教和灵性信仰的感受。他们把书面作业降至最少，也不为我们代劳。我们相互交谈，开启头脑风暴，照相，共同学习。"[22]

该项目的背景值得注意。实际上它是一个更为长期的、有关年轻人和宗教的研究的第二部分。研究的第一部分集中考察的是格拉斯哥积极参与各种基督教教会或相关组织的年轻人。随着工作的进行，研究者逐渐发现取样的人群虽然表达能力强，让人印象深刻，但却全是中产阶级成员。那么其他人，尤其是那些被挤到社会边缘的人呢，换言之那些认为当地教堂不过是为日子过得"更好"的中产阶级而存在的人呢？在我看来该项目最重要的是认识到了能动性，即：年轻人反思、回应和创造的能力。用常规的、太过依赖所说的话的方法很容易错过这样的特征。不能用语言表达自己并不等于变傻了，这不过是做事情的一种不同方法而已。

但这是新事物吗？该研究中的很多发现直接让我想起25年前我做的工作，当年我的研究有赖于广泛阅读。那时，有一个对1930年代利物浦生活的回忆录很流行。叙述者是一个表达能力很强的孩子，她跟家人回到了这座城市，经济萧条时期他们一家处境艰难。当被问到有关教会成员的问题时，她是这样问答的："我们是英格兰教会成员。就是说，我们干干净净、有钱的时候是英格兰教会成员。我觉得现在我们什么都不是。"往后再翻几页，叙述者解释了这一对比："詹姆士国王钦定圣经版本和英格兰教会祷告书的优美语言，赞美诗的浓浓诗意，这些我都没有忘记，它们丰富了我的英语语言知识。"但境况发生变化后，她再也不能感受到这一传统带给她的思想激励和宗教安慰。上帝似乎不仅遥远，而且心存怒气。这种被排斥感扑面而来。尽管如此，在这个讲述二战前利物浦的故事中，当地教会的表现还是不错的，教会给予有需要的家庭实际的帮助。一个敏感的青少年无意间跨越了社会的壁垒，她的感受令人深思。[22]

用三点来结束我对更近的调查所做的思考。在格拉斯哥和曼彻斯特工作的研究人员表示：除了宗教，他们在工作过程中还对贫困（deprivation，也有被剥夺之意）了解了很多。对此我给予肯定。我也是如此。跟他们一样，我也亲身了解到生活在社会边缘的个人和社区的智慧（能动性）。第三点有一些不同。当我在利物浦更为贫穷的地区工作时，我越来越意识到一旦信念或信仰偏离体制的束缚，就会变得越来越非正统。实际上正是我在那个城市跟"信仰"打的交道让我走上了"信仰但不从属"这条道路。最新的研究深化了这个主题，这很好，虽然用了不同的，也许更为得当的术语。

注释

① 本章和下一章都会讨论新兴宗教运动。新兴宗教运动实际上是灵性信仰的非主流表达形式，但在组织上他们和其他信仰群体的问题类似。

② 关于这个机构及其目标，见 www. inform. ac/（2014 年 8 月 7 日访问）。

③ 参见：http：//www. inform. ac/about－inform（2013 年 8 月 7 日访问）。

④ 位于苏格兰东北部的"范德霍恩基金会"（the Findhorn Foundation）提供了一个可行的例子。这是"一个灵性信仰社区，一个生态村和整体性教育国际中心，它帮助展现一种新的人类意识，并创造一个积极和可持续的未来"。参见 www. findhorn. org for more information（2014 年 8 月 7 日访问）。卡斯特罗（Castro, 1996）做了更为批判性的叙述。

⑤ 这些数据，及关于这一说法的讨论，可见于：http：//www. brin. ac. uk/news/ 2012/census－2011－any－other－religion/（2014 年 8 月 7 日访问）。

⑥ 温塞特和伍德海德的叙述中还包含了其他形式的两种灵性信仰：新时代运动本身和被称为有神论的灵性信仰（theistic spiritualtiy）。他们也探索了灵性信仰与更为传统的宗教形式之间的关联。

⑦ 不足为奇，意识、身体和精神疗法与互补性和非主流医疗（complementary and alternative medicine，CAM）之间有着密切关联。

⑧ 更多关于这个节日的内容，参见：http：//www. mindbodyspirit. co. uk/about－us and http：//www. mindbodyspirit. co. uk/about－us/our－history（2014 年 8 月 7 日访问）。

⑨ 关于这些标准的更多信息，可见于：https：//www. charitycommission. gov. uk/detailed－guidance/charitable－purposes－and－public－benefit/guidance－on－charitable－purposes/the－advancement－of－religion/（2014 年 8 月 7 日访问）。

⑩ 参见：https：//www. charitycommission. gov. uk/media/92221/druiddec. pdf（2014 年 8 月 7 日访问）。

⑪ 参见《德鲁伊组织被官方认可为宗教？我们投以赞美之石》（Druids as an Official Religion? Stones of Praise Here We Come），《每日邮报》2010 年 10 月 4 日（*Daily Mail*, 4 October 2010）。可见于：http：//www. dailymail. co. uk/debate/article－1317490/Druids－official－religion－Stones－Praise－come. htm（2014 年 8 月 7 日访问）。

⑫ 全文见：http：//www.rdehospital.nhs.uk/patients/inpatient/religion_12.html （2014 年 8 月 7 日访问）。

⑬ 参见教育部网站，教学部分 （Teaching and Learning on the Department of Education）。具体为：http：//webarchive.nationalarchives.gov.uk/20130903160941/http：//www.education.gov.uk/schools/teachingandlearning/curriculum/b00199676/aims - values - and - purposes/values，及 http：//webarchive.nationalarchives.gov.uk/20130903160941/http：//www.education.gov.uk/schools/teachingandlearning/curriculum/a00199700/spiritual - and - moral。均于 2014 年 8 月 7 日访问。

⑭ 完整文件，见：http：//committees.aberdeencity.gov.uk/mgConvert2PDF.aspx? ID = 11763 （2014 年 8 月 7 日访问）。引文选自导言 1.3 节。

⑮ 联合会网址为：http：//www.basspirituality.org.uk/about - us. The rather older Network for the Study of Implicit Religion should also be noted。参见 http：//www.implicitreligion.org/organise.htm。均于 2014 年 8 月 7 日访问。

⑯ 期刊全文，可见于：http：//www.basspirituality.org.uk/wp - content/uploads/2013/08/JSS - 1_1 - Editorial.pdf （2014 年 8 月 7 日访问）。

⑰ 信息选自肯德尔项目，见：www.lancs.ac.uk/fss/projects/ieppp/kendal/methods.htm （2014 年 8 月 7 日访问）。该项目结题发表的出版物并未贯彻所有这些方法。

⑱ 值得一提的是基督教朝圣的现代版本可回溯至 1920 年代 （有些像沃辛厄姆）。参见：http：//www.glastonburypilgrimage.com/history.html （2014 年 8 月 7 日访问）。自 1980 年代以来，朝圣在各个宗教教派中已变得越来越普遍。然而依然有人不愿意接受女性担任全职的圣公会牧师，这就不够包容了。

⑲ 参见：www.unitythroughdiversity.org （2014 年 8 月 7 日访问）。

⑳ 更多信息，见：http：//www.unitythroughdiversity.org/faiths - beliefs - spiritual - paths - in - glastonbury.html （2014 年 8 月 7 日访问）。

㉑ 另见：http：//www.religionandsociety.org.uk/research_findings/featured_findings/loss_creativity_and_social_class （2014 年 8 月 7 日访问）。

㉒ 参见注释㉑，以及 Olsen 和 Vincett 即将出版的书。

㉓ 参见 Forrester （1981：127 ff.） 在 Ahern 和 Davie （1987） 的书中有关于这段故事的背景介绍。

第四部分
公共宗教和世俗反应

第九章
管理多样性

接下来的这两章应该被视为姐妹章，其中的故事还在以各种形式继续发展。第九章关系到英国社会中现有的其他信仰群体及其对公众舆论的影响。讨论包括变化的情况本身，和由此带来的对宗教的重新关注及其引发的各种反应，世俗的也好，宗教界的也好。第十章将深化这些主题，以法律、政治、社会保障和医疗为例，审视英国社会不同部门的宗教和世俗多样性有何含义。

有必要做几个事先说明。第一，本章的论述援引了第三章提供的事实和数字，第三章设定了英国社会的宗教参数：基督教的过往和增长的多元性，并指出这方面有着非常显著的地区差异，同时也注意不要夸大其他信仰群体的存在。第二，同样重要的是第四章中的素材，第四章描述的是基督教民众转向灵性信仰和世俗化的趋势，本章中将会进一步讨论世俗化的趋势。第三，当前的讨论借用的是已经介绍过的概念区分，尤其是有关多元主义这一概念的混淆（见第七章和第八章）。这是个描述性的还是规定性的概念？"宽容"，显然打开了另一个潘多拉的盒子。跟多元性一样，对不同的人来说它表示不同的内容：

Religion in Britain：*A Persistent Paradox*，Second Edition，Grace Davie. 2015 Grace Davie.
© Published 2015 by John Wiley & Sons，Ltd.

既可表示对各种宗教活动有限度的默认，也可表示积极肯定与常态非常不同的宗教形式，还有一系列居中的态度。而宽容的操作层次也不同：对宗教差异宽容的个人也许存在于跟这个观念过不去的社会里，反过来也是如此。多元性（不管如何理解）与宽容之间也没有直接的相关性，虽然那些肯定宗教多样性有益而不是有害的人倒是可能更倾向于宽容共存的宗教形式，对于想要谋取垄断地位的宗教形式他们就不会那么喜欢。反过来同样如此。

本章的论述的安排如下。首先是回顾拉什迪争议及其后果——这件事已经提过很多遍了，因为它开启了理解英国社会宗教多元性的新篇章。多种多样的穆斯林社群和多元文化论（multiculturalism）是这个故事的中心。间接的后果便是越来越多的基督徒意识到他们也许可以将自己视为少数派，而且是与社会主流日益脱节的一个少数派。但是这些评论准确吗？为了做出准确的回应，有必要先根据下面的问题理清头绪，哪些宗教少数群体觉得或并未觉得自己是现代英国的弱势群体，原因何在？这是一个发展迅速，还在继续演变的研究领域。外部还有内部的事件带来不同的后果，2014 年中东不断升级的暴力事件便是一例。整个辩论必不可少地有若干关键概念。本章将详细审视三个关键概念：歧视、多元文化和世俗主义。第一个需要仔细考虑，因为不同的人对之理解不同。第二个是个经常讨论的术语，持强烈支持和反对观点的人都有。第三个同样饱受争议，引发了本章第二部分考虑的一次争辩。该讨论的出发点是世俗而非宗教的东西，关注的是世俗主义中包含的多种多样的观点。这些观点有温和的不可知论，也有激烈反对宗教的。现在所说的"新无神论"显然在该叙事中很重要，但需要放到语境中考查，它不是整个故事。最后简短地汇总一下本章的论述。

一 《撒旦诗篇》及其余波

"拉什迪事件"的梗概很简单，[①]1988 年萨尔曼·拉什迪（Salman Rushdie）发表了《撒旦诗篇》，这是一部被穆斯林认为亵渎先知的小说，穆斯林最初的愤怒（可以理解）最终演变成在公共场合焚烧该书。1989 年 2 月，（伊朗的）阿亚图拉·霍梅尼发布教令，宣称作者犯下渎神罪，拉什迪被迫藏了起来。1990 年 11 月，拉什迪公开投向伊斯兰教，这是一系列事件中的一个关键时刻，但伊朗的宗教领袖重申教令，并不买账。在英国国外发生的激烈对抗中有人失去生命，比如该书日文版本的译者被刺身亡。简言之，此次事件似乎冒犯了一个现代、自由、被认为宽容的社会的每个假定。拉什迪本人有印度和伊斯兰血统这一事实让发生的一系列事件变得更加复杂。

需要注意的正是背后难以处理的问题。实际上牵涉到了两种"自由"各自的价值：一方面是宗教自由，另一方面是言论自由。穆斯林社群援引的是前者（信仰神圣不可侵犯），而萨尔曼·拉什迪及其支持者宣称享有后者（自由出版的权利）。被推向极端后这两种自由就会发生碰撞——全欧洲反复出现的一种情况（见下文）。英国争议的特殊之处在于已经提到过的 1990 年的那个时刻。似乎带着十二分的真诚，拉什迪宣称自己是一名穆斯林，为他的书带来的麻烦向他的宗教信徒同伴们道歉，并且承认有的段落侮辱了信教之人。实际上，这等于承认渎神。他会将该书的版税贡献出来，给那些因为抗议受伤的人；换言之，会进行补偿。拉什迪寻求和解的企图虽然短命，却似乎是真诚的，也给英国的穆斯林社群带来了一些安慰。然而需要注意的是，他的和解姿态招来了反对阵营同样强烈的反应，这与核心辩论形成对照。在此阶段有的世俗的自由主义者难以遏制其愤怒，这说明他们的战役中心有一种让人惶恐的非逻辑性：穆斯林应该宽容对待冒犯他们的书籍，但是自由主义者无法宽容对待变成穆斯林的作者。显然，宽容是一种社会建构，在有的案例中可以适用，有的则不能。

同样麻烦的是，英国公众真的不理解此事，他们很难理解该书出版后穆斯林社群受到的伤害。简单说来，多数英国人的宗教情感有着不同的性质。对于宗教事务，他们信奉的是"和平共处"（live – and – let – live）的道理，所以他们难以理解为什么出版一本书会引起轩然大波，又没有硬逼着谁去读这本书，所以为什么不就此打住呢？是英国人似乎就会接受低调处理宗教的方法，这带有强烈的暗示：任何来英伦三岛居住的人——不管因为何种原因——都应该，至少在公共场合，照着类似的看法去做。但是这一根本上带有条件性的陈述为真正宽容和多元化的社会提供了坚实的基础吗？接下来的争议出乎意料地激烈，这表明它没有。

因为所有的这些原因，"拉什迪事件"已经成为英国社会的一个转折点。它是种族作为一个类别让位于宗教的时刻。对穆斯林来说这是一个尤为重要的转变，因为他们在这一时刻出于本能团结在了一起。在这一时刻，英国公众也开始认识到英国一个重要的少数群体——不仅仅是穆斯林，他们希望严肃对待信仰，希望在公共场合还有私下表露自己的观点，这是一种挑战现状的立场。对于这些变化，公众的反应不一：有的欢迎，有的则怨恨因为重新关注宗教而受到打搅。不足为奇，此后涌现了大量出版物。保罗·韦勒（Paul Weller）的《我们时代的一面镜子："拉什迪事件"和文化多元主义的未来》（*A Mirror for Our Times*：'*The Rushdie Affair*' *and the Future of Multiculturalism*）（2009）一书是这方面一个不错的向导。该书出版于争议发生后的 20 周年，因对事件本身及其连锁反应、对政策的影响、与之相关的各类文献做了不偏不倚的叙述而广受好评。

韦勒一开始便重构了拉什迪那本书出版后的一系列事件。他参考了大量资料，[②]建立起一个明显比媒体的描述更为细腻的叙事。一个最初的文学事件后来变成引发全球危机的导火索，其中的过程并非一目了然，每一环节都需要详细解释。然而时间脉络仅仅是出发点。韦勒的著作还思考了更大的问题：伊斯兰教的性质，它在英国和欧洲社会中的地位及其对政策制定的间接影响。"我们时代的一面镜子"这一看法为分析设定了框架；它取自比丘·帕拉克（Bhikku Parekh，2009：1-2）的反思。帕拉克是一位政治科学家，种族平等委员会（Commission for Racial Equality）的前主席。早在 1989 年，帕拉克就在拉什迪事件中看到了一面"镜子"，这面"镜子"不仅映照出而且放大了英国社会潜在的趋势。单是因为这个原因就应该极为细致地审视该事件。就政策而言，关键的概念是"文化多元主义"，意思是试图创造并且维系一个与自己的多样性泰然相处的社会。这个观点已经有分歧，在接下来的几十年间更加饱受争议。

　　在直接讨论这个主题之前，有必要补充一下背景信息，首先要指出跟拉什迪争议类似的事件在全欧洲迅速蔓延。很不完整的一份名单包括：法国头巾禁令（affaire du foulard），该事件也开始于 1989 年；荷兰的平·福杜恩（Pim Fortuyn）谋杀案（2002 年）和西奥·梵·高（Theo van Gogh）谋杀案（2004 年），以及后来希尔斯·阿里（Hirsi Ali）逃亡美国；一家丹麦报纸刊登的穆罕默德漫画引发的轩然大波（2005 年），舆论冲突后来蔓延到了瑞典（2007 年）；瑞士的一次公投挑战了清真寺宣礼塔的合法性（2009 年）；最后还有欧洲某些地方禁止伊斯兰妇女在公共场所穿罩面长袍。这些案例的细节超出了本章的范围，这里仅指出它们每一个都引出了跟该国相关也跟英国相关的问题。背后的关注点却是共同的：欧洲社会愿意不愿意接纳一个宗教预设挑战了社会现状的少数族群，是否愿意接受该族群有能力生活在穆斯林社群之外。[3]这是一个双向的学习过程，欧洲社会和穆斯林群体都要学习。

　　第二点关系到全球环境：具体来说，一系列的事件使得建设一个多元文化社会及其相伴的价值观日愈困难。这方面最明显的就是纽约"9·11"事件（2001 年）和"7·7"伦敦爆炸案（2005 年）这两个创伤性的事件。[4]攻击双子塔的扩散性后果已经说过了，英国对阿富汗和伊拉克的干预就是从"9·11"事件的后果这个角度来看的。"7·7"事件的后果更多是在当地。具有讽刺意味的是，爆炸就发生在伦敦赢得 2012 年奥林匹克运动会举办权的第二天，而伦敦作为多元文化之都的声誉是 2012 年奥运会的核心组成部分。行凶者是在英国国内长大的伊斯兰极端分子，伦敦人已经接受了这一事实——这导致之后对穆斯林社群持续的审视，穆斯林日益被视为"安全威胁"。

　　第三点是一个附带问题。这是一起让人想起拉什迪争议所引发问题的事件，但发生在不同信仰社群里。2004 年 12 月，伯明翰的"保留剧目剧院"（Birmingham's Repertory Theatre）上演了一出名为"贝兹提"［Behzti，意思是玷污（Dishonour）］的戏剧。这是锡克教的一位（女性）剧作家创作的，写的是以宗教的名义滥用权力。剧中有描述锡

克教神庙内性和暴力的场景，这让锡克教社群内有些人感到不爽。最初的和平抗议和要求剧本做小的改动，升级成更加激烈的表达不满的形式。最终，主要出于安全考虑，该剧停演，而公众又开始了对民主社会里言论自由的讨论。争论的焦点跟大概十年前完全一样：在何种程度上少数族群能够阻止他们认为有辱自己宗教的东西出版或见诸笔端？反过来，多数族群可以忽视规模小但重要、宗教观跟主流不一样的群体的感受吗？这两种观点走向极端都不仅是"不宽容"，而且是不可行。

奇怪的巧合——也许也不奇怪——在那个时候发生了。也是在2004年12月，女王将联合王国的宗教宽容当作她圣诞演讲的中心思想。⑤在播放演讲的同时，还播放了女王访问锡克教庙宇和穆斯林中心的画面。英国的信仰社群立即称赞了该演讲，因为它不仅支持英国不同宗教的存在，而且支持与多样性相连的积极价值观。无疑女王的陈述中规中矩，将多样性呈现为一种让社会变得更为丰富的东西，而不是应被视作有威胁的东西。然而接下来是警语："我们也需要认识到在我们这个有着不同文化和传统的社会里，和平和稳定的进程可能遭到国内极端分子的行动或国外事件的威胁。"女王说的没错："7·7"爆炸案在6个月零几天后便发生了。

2005年发生了另外一桩争议。这次出现在聚光灯下的是一群保守的基督徒，他们对自己认为渎神的文化事件表示了反感。一个文化事件是"杰瑞·斯普林格歌剧"（Jerry Springer the Opera）事件，该剧是以亵渎神灵和对犹太–基督教主题无厘头的处理而出名的一部英国音乐剧。这部极其成功的戏剧在伦敦上演了两年，然后在联合王国播出。⑥然而在伦敦西区演出是一回事，英国广播公司的电视则是另一回事：2005年1月，英国广播公司二台播出该剧时引发了多起投诉。抗议由福音派压力团体领导。例如，"基督教之音"（Christian Voice）领导了反对播出的游行，并且宣称打算以渎神的案由起诉。⑦基督教研究会（the Christian Institute）试图以个人名义起诉英国广播公司，但失败了。⑧2006年该剧巡演时，网上和剧场外的抗议还在继续。这些行动再一次引出了复杂的问题：宗教在公共生活中的地位、渎神的概念、言论自由、审查制度、宽容、互相尊重和平等。这些问题没有哪一个容易解决。该领域相关文献的急速增长，说明了人们对此类问题的关切。

二 关于歧视的研究

有些宗教团体比别的更为脆弱，这已是很清楚的了。为了建立一个在这方面开展工作的框架，有必要再一次提到保罗·韦勒，他是该领域一个密切的观察者。这里将会重点说到他研究的两个例子，这两个例子有部分重合之处。第一个是基于书案的研究（Weller, 2011），受"平等和人权委员会"的委托，回顾了 2000 年到 2010 年间有关宗教歧视的研究。该项研究参考了各种文献来源，包括"平等和人权委员会"同时进行的对宗教、歧视和良好关系所做的研究（Woodhead, 2011）。韦勒开始是厘清概念，为报告之故采用了宗教歧视的工作定义——把它看作"以各种方式表现出来的不公平对待"。而且法律定义应该与社会上表述的歧视经历区分开来，两者不是同一回事。韦勒还指出研究穆斯林社群的证据比其他群体的都多。

韦勒指出自 2003 年 12 月《就业平等（宗教或信仰）法令》[*the Employment Equality（Religion or Belief）Regulations*] 颁布以来特别法庭的案例在逐渐上升，他认为这很可能是因为寻求司法救济的意识增强了，而不是歧视事件发生的频率上升了。更为具体的证据有：伊斯兰恐惧症"飙升"（"9·11"事件和"7·7"事件之后），和有记录的反犹主义事件逐渐增加，2009 年似乎达到高峰。不足为奇，跟其他群体相比针对穆斯林的歧视事件和性质更为严重的事件更经常出现。2005 年以后，恐怖事件对公众感知的冲击、之后世俗化的加快，又让这一切变得更为复杂。韦勒还指出在基督徒中正在发生的变化：他们在感觉到被宽容对待方面和在宽容领域提出主张方面都与以往不同了。然而基督徒搞不清，自己的焦虑是否跟少数族群引发的焦虑一样受到严肃对待。

该研究的完整细节、切入点和方法、得出的大量素材都可以在其主页上找到。[⑨]项目名称为"英格兰和威尔士的宗教和信仰、歧视与平等：理论、政策和实践（2000 - 2010）"（Religion and Belief, Discrimination and Equality in England and Wales: Theory, Policy and Practice, 2000 - 2010），它又构成了"宗教和社会"规划的一部分。这一块涉及的范围极广，并参考了更早的（1999~2001年）实证研究，这样一来历时性的视角便成为可能。[⑩]"宗教和社会"规划的总结性成果为搜集的众多素材提供了一个简明扼要和非常有用的概览。跟之前一样，研究的出发点为2003年以后发生的法律上的重要变化，这些变化旨在保护宗教和非宗教信仰持有者免受不公平的待遇。[⑪]令人鼓舞的是，它似乎将该领域内的立法跟政策和实践的积极变化，尤其是公共部门内的积极变化都联系在了一起。尽管如此，在个人生活这一重要领域内因宗教或信仰遭受不公平待遇依然是个问题，但同时也要指出——正如普遍报道的那样——这更多的是跟个人的态度和行为有关，而不是与机构的政策或实践相关。

高度曝光的争议和法律案例反映了对特定问题的持续敏感，特别是有关雇主规定的着装要求（女性穆斯林戴头巾，基督徒戴十字架）。研究人员还发现锡克教教徒更在乎自己宗教的五种信仰象征（5Ks）。研究者还关注了参与"非宗教性"聚焦群体的人，他们觉得对该群体而言新的立法并不总是有用，尽管"信仰"的意思扩展了。[⑫]更为普遍的是，法律和新的法律权利方面的知识依然不准确。再一次，研究者确定的不公平待遇类型和法律阐释之间难免有差距。之后的讨论在这些点上进行了深化和拓展，强调了共享好的做法、对咨询采取包容心态和急需宗教知识的重要性。特别值得一提的是在身份和法律领域内的新挑战，其中包括在宗教或信仰与性别和性取向之间难以取得平衡，第十章中将进一步讨论这些问题。

韦勒的研究是该领域的核心；然而它也仅是诸多例子中的一个，即琳达·伍德海德所说的有关"宗教、平等和歧视——较次要的程度上，良好关系"主题的学术研究大爆炸（Linda Woodhead，2011：3）。在她看来"最直接的驱动事件"包括2007年"平等与人权委员会"的成立以及将"宗教"也作为判定歧视的依据。该机构努力促进该领域内的研究，包括：建立一个宗教或信仰协会；新的立法的施行以及国内和欧洲法庭形成的案例法。研究机构投入相当多的精力研究宗教多样性及其引发的"问题"，很大程度上是因为政治忧虑——因欧洲穆斯林的明显存在、恐怖事件、对"民族身份"和"社会凝聚力"越来越多的担忧而导致的政治忧虑（Linda Woodhead，2011：4）。我很赞同伍德海德对这些问题的思考，包括她意识到有时候难以解释一个急剧膨胀的领域内发生的各种事情。记住这一点，第十章将会有选择性地讨论政策问题，理论上的问题将在第十一章中处理。同时，需要更加仔细考虑文化多元主义这一概念。

三 文化多元主义可能吗？

文化多元主义领域内的一位领军学者写了一篇总结性文章，文章发表在《卫报》（*Guardian*）上，该文为一场注定复杂的辩论提供了有利的出发点（Modood，2011b）。[13]首相的一次介入促成了这篇文章的发表，他表示文化多元主义失败了。莫杜德不同意，论辩如下。英国的文化多元主义在战后几十年的中期蔚为兴盛，但到了 20 世纪末期日益遭到怀疑。《撒旦诗篇》的发表即为转折点。具体地说，以前的支持者开始退缩，因为他们心中的文化多元主义跟现实再也不符，现实越来越关注宗教。莫杜德是这样说的："油桶乐队、纱丽和萨莫萨三角饺"（steelbands，saris and samosas。被视为文化多元主义的标志）再也不够了，"对有的自由主义者来说，因为愤怒的穆斯林非要在那些同性恋或黑人青年才会喜欢的事物上横插一脚，这就意味着他们也不能再继续支持文化多元这个概念了。虽然穆斯林的抗议得到支持，因为'非常在理'，但是对很多人来说存在充满激情的宗教身份则是文化多元过了头"。

不过，莫杜德的论述证明这个观念依然存在，丁纳姆同样有这种感受（Dinham，2012）。值得注意的是，新工党明显支持族群 - 宗教社群主义（ethno - religious communitarianism），这一立场包括批准建立信仰学校、通过反宗教歧视的法律、将穆斯林包括在治理网络中。而且正是工党政府通过了第一个平等法案（Equality Act 2006），法案终于将宗教和信仰诉求提到跟种族一样的地位。至于联合执政政府呢，大卫·卡梅伦也许并不喜欢文化多元主义这个词，也不喜欢它代表的东西，但他的政策——例如"大社会"（the Big Society）这个观点——却是殊途同归，因为他的政策将资源和决定权交给了"街区、社区、慈善机构和有组织的宗教"。莫杜德认为，这是件好事，也是文化多元主义的证据。然而什么都不能被当作理所当然。群体之间的有效对话，一方面必须跟认真关注个体权利取得平衡，另一方面必须跟认真关注民族身份的想象性重建进行平衡。建设一个文化多元的社会是一个持续的、非常艰辛的过程。

莫杜德这一短暂但及时的出面反映了英国和其他国家 25 年来有关族群和宗教少数群体的研究和著述。[14]研究有两个（部分重合的）中心思想：一方面是文化多元主义，另一方面是温和的或者说接纳性的世俗主义。两者一直都重要，这从《文化多元主义》（*Multiculturalism*）（Dinham, 2013）最近的版本中可以看出，丁纳姆在书中增加了两章的内容。[15]第一章，"文化多元主义奇怪的不死"，将文化多元主义跟其他三种整合方式进行了对比：同化吸纳（assimilation）、个人主义 - 融合（individualist - integration）、世界大同（cosmopolitanism）。每种方式都对平等公民身份有着特定的理解，应该因地制宜地加以运用，用心尊重具体环境的要求，尊重相关少数族群可能不同的偏好。这不是一个尺码适合即可所有人的事情。第二章名为"文化多元主义以及'世俗主义的危机'"（Dinham, 2011c），本章中莫杜德认为温和的（与偏激相对）世俗主义在自由、平等和民主方面，以及与公民身份的关系上都完全说得通。尽管如此，温和的世俗主义需要多样化才能应对宗教方面不断增长的多样性，其中就有重要的穆斯林社群。

并非每个人都赞同莫杜德的观点。这方面有意思的交流可以在博特、侯赛因和西迪基的一本名为《英国世俗主义与宗教》（*British Secularism and Religion*）（Birt, Hussain and Siddiqui, 2011）的小册子中找到。丁纳姆的书（Dinham, 2011d）中陈述了有关"英国温和世俗主义对宗教的民政地位的承认和尊重"的内容，这与上面所说的许多要点一致。泰德·坎特尔（Ted Cantle, 2011）写了一篇文章进行回应，他强烈主张更加清楚地区分英国现在显然日益多元化的社会与政府治理和制定政策所需的理性世俗基础。[16]可以预见，在这一安排中没有国立宗教的空间，因为没有哪一种信仰应该享有宪法上和实际上的优势，而别的却没有。就概念而言也出现了类似的区分。坎特尔赞成跨文化主义（interculturalism）这一概念，不赞成文化多元主义，他认为前者更为契合当前的现实。具体地说，跨文化主义考虑了身份的变动性，并与所有差异形式打交道，而且是在全球而非全国范围内打交道；这一变化需要新的思考政治和权力结构的方式。

学术辩论还在继续，其中很多东西取决于能否准确定义术语。[17]政治家的陈述明显更为直接。例如，关于文化多元主义的缺点安吉拉·默克尔跟大卫·卡梅伦一样直言不讳。[18]学术辩论涉及很多人的利益。这些高度曝光的声明中提出了一连串的问题，有时又混淆了一连串的问题，包括移民、融合（或者缺乏融合）、族群身份、伊斯兰极端主义者、偏激化和恐怖袭击。同样清楚的是，这些干预的时间选择和具体情况也很重要，要在不给偶然性留有余地的情况下精心选择发表演讲的时机。[19]公平地说，大卫·卡梅伦2011年2月的演讲清楚区分了伊斯兰教本身和伊斯兰极端主义，但是被"听到的"可不总是这样，尤其是右翼的出版社。实际上，对于很多在这方非常公开的舞台上竞争的人来说，短期的利益比准确表述显然更为重要。这场辩论很难做到客观。

四 世俗的、世俗化、世俗性、世俗主义

世俗主义的概念已经介绍过了，接下来将会进一步讨论。开始之前有必要澄清术语。"世俗的"（Secular）通常用作形容词，描述一种状况或情况，注意：它的意思不仅不准确（介于中性和敌视之间），而且容易在描述性和规定性之间滑动。例如，世俗国家这一概念可以用来表示这两种意思中的任一种。"世俗化"（Secularization）则不太一样：它是一个过程，在不同社会里发生的方式不一样，并且包括多种因素，这些因素并不是都朝着同一个方向发展。社会在某一特定时间段里明显表现出宗教活动的衰落也许跟世俗化机构有关系，也许没有；反之亦然。"世俗性"（Secularity）在大众用语中用得较少，指的是一种

描述为俗世的事情的状况，大体说来这是个中性词语。与之相比"世俗主义"（Secularism）则是一种意识形态，暗示着投入——致力于世俗化的过程，例如，致力于在这个或那个社会领域里发扬世俗的东西。

至少理论上是这样。实践当中更为复杂。例如上面提到的博特、侯赛因和西迪基收录的文章中，即使是在同一卷内"世俗性"和"世俗主义"这两个词的用法也不同。集子由两个"对话"组成，两个都跟英国世俗主义及其与伊斯兰教的关系有关。第一个对话是神学上的，第二个是政治上的。神学的文章将"世俗性"和"世俗主义"对立起来，用前者来表示没有把宗教排除在公众生活之外的接纳性安排，而世俗主义则倾向于排他和不包容。在后面的政治对话中，莫杜德介绍了对世俗主义的两种理解，一种是极端的或者说意识形态的，另一种是温和的或者说接纳性的。第一种坚持政教绝对分开，第二种更加灵活。大致上，法国体现了前者，英国代表着后者，纵观历史可以解释这一差别。[20]然后，莫杜德便详细探讨了英国的情况，特别关注穆斯林少数群体及其争取族群－宗教平等的抗争。

在前坎特伯雷大主教编辑的一本论文集中，可以找到类似的区分（Williams，2012）。这里对"程序性"（procedural）和"规划性"（programmed）的世俗主义做了区分，把前者看作"拒绝给任何宗教机构优势和偏袒"的公共政策（Williams，2012：2）。引用的例子是印度。跟以前一样，用法国来说明更为极端的这个版本，即"规划性的"世俗主义，暗示不受个人信仰妨碍的对国家的绝对忠诚，个人信念在公共领域内没有地位。威廉姆斯认为后者对基督徒的生活可能有破坏性，实际上更普遍来讲对各种信仰都有。结果很严重，因为一系列让集体生活变得更加丰富的资源实际上被弃置一旁，这一过程让公共话题的质地"变单薄"。在民主制度的运转中，宗教——有神学的底蕴并且论述得当——必须充分参与其中。让信教的个体或社群远远地靠边站着，不遭到冒犯，这样的应对并不够。有效的参与意味着学习游戏的规则，其中包括"普通的礼貌和尊重"（Williams，2012：4）。必须特别关注少数族群敏感的话题。

这本重要集子的第一章名为"世俗主义已经失败了吗？"，这个问题可以从不同方面进行说明。其中之一便是已经提及的指责：世俗主义失败了，因为它将人类生活的一个重要维度排除在论述之外，因而导致公共话题整体上变得空洞。更加重要的是，威廉姆斯强调"得意扬扬的世俗主义"和激烈的信教形式之间必然存在勾连，因为前者招致反对的主张。世俗主义者的确信无疑与宗教控制的确信无疑相对立，显现出重重误解。具体地说，西方的自由主义者难以理解为什么穆斯林不把自己的信仰看作一种合理的个人观点，跟别的观点一样，这一立场不仅未能理解伊斯兰教的基本"语法"，而且没有弄清私人和公共的界限所在，既然它们跟这些问题相关。不足为奇，这些误解招来反感，政治和宗教上的反感。接着发生的事被准确描述为"聋人间的（危险）对话"。

五 现代英国的世俗

为了把这些评论放到语境当中，有必要确切了解英国世俗民众的规模和性质。在某种水平上这方面的数据还算清楚，反映了第三章和第四章中已经确认的概况。就人口统计中测量的"自我认为的从属"而言，"没有宗教信仰"这个类别有明显增加。2001年到2011年间从15%上升到了25%，这主要是由于人口中"基督徒"的减少（见图3-1）。从出生年份来看宗教从属也有类似的变化（见图3-5），该图表明这场游戏中主要的输家是英格兰教会。如果我们考虑到英格兰教会参加礼拜人数的减少虽然明显，但没有那么严重，似乎有理由认为这主要是因为名义上的圣公会教徒转变成了没有宗教信仰的人。而且这跟年龄相关：那些临近退休、对基督教依然比较忠诚的人跟不再信教的较年轻的人之间有着巨大差异。还值得注意的是，没有哪个宗教社群是男性比例偏高的。然而，信仰水平却更加稳定：一半到三分之二的人口仍旧信奉个人化的上帝，某种灵性或生命力量（见表4-2），包括拒绝忠于某种特定宗教的那些人（见第八章中收集的数据）。然而推论很清楚：越来越多的英国人，尤其是较年轻的人，选择在有组织的宗教的影响之外过自己的日子。

　　尽管如此，还是有多种多样的观点。最好以一个延续体来看待它，延续体的一端是"高度投入"（虔诚信教和同样坚定的世俗性），另一端则是"没有宗教信仰"。两个极端之间则是各种灰色色度，不要忘记"灵性信仰"让情况更加复杂。灵性信仰有没有宗教性？实际上，你越审视这些可能性，事情就变得越复杂。首先，那些朝着延续体"高度投入"那一端聚集的人可能是非常不同的信仰社群的追随者。而且，这些信仰社群可能相互对立，虽然不一定如此。中间的那些人可能因为不同的原因处于中间：名义上的基督徒们并非一个同质化的类别（Day，2011；Woodhead，2013a）。有的人宣称自己是基督徒，以跟俗世的人相对，而有的人认为自己是基督徒则是跟穆斯林相对而言，其中的含义因此也不同。在延续体"没有宗教信仰"的那一端，动机也有着明显的差异。包括没有说明的漠然、不喜欢特定的信教形式、（极端的情况）明确表示对宗教的不屑。更加积极的则是对世俗或人文价值观的理性认定，而这方面也有不同的形式（见下文）。

　　不足为奇，要看清宗教的东西在哪里渐渐变为世俗的，一点都不容易（Woodhead，2014b）。关键的点已经说了：从属并不总跟信仰匹配，认定的东西会随时间变化，境况改变情由。第四章中"介绍的"个人（实际上还有群体）就说明了最后这点。在宗教边界之外过着"正常"或日常生活的年轻人——甚至没那么年轻的人——在危机时刻的感受是不一样的。在格拉斯哥和曼彻斯特的弱势人群中仔细开展的研究，恰恰得到了同样的发现，虽然这些人接触宗教的渠道并不总是常规性的。另一组变量是文化上的，而非个人的。世俗的，跟宗教的一样，都由历史框定。因此，英国不信教的人跟法国或美国不信教的人不同。实际上，这整个延续体从一端到另一端都带有文化的烙印，这解释了为什么无神论者对一个自己不相信的上帝非常清楚。这也解释了中间地带的人偏好的表达方式。在英国"信仰者"超过了"从属者"，虽然会超过多久不好说；北欧国家的情况则正好相反。

　　已经介绍过鲁瓦·李（Lois Lee）的工作了，包括她最重要的洞见：从"空洞无物的世俗"转变为"有实质内容的不信教"。而且这个变化发生在两个层次上——在"世俗"社群内和在对它的社会科学研究中。再也不能把"没有信仰的人"仅仅看成一个剩下的类别（那些没有勾选"宗教"这一项的人），要承认他们是一个多样的人群，在寻找新的用以表达自己"不信教"身份的方式。他们中较少的人通过正式的组织来做这个，尽管有必要承认"英国人文主义者联合会"跟"全国世俗协会"的工作有意义。值得一提的是，当2011年人口统计临近时，前者积极开展宣传。他们鼓励个人不要出于习惯勾选"基督徒"这一项，而是选"没有宗教信仰"这个类别，理由是人口统计中宗教人口所占比例过高会误导政策制定。[20]

这两个组织都创立于19世纪中期到晚期："全国世俗协会"始于1866年，"英国人文主义者联合会"始于1896年。1868年查尔斯·布拉德洛（Charles Bradlaugh）——"全国世俗协会"的一个关键人物——在老街（东伦敦）开了一家"科学礼堂"，它成为全伦敦世俗主义者的聚会所，每周为数不少的人聚集于此听演讲。[22]从组织上讲，如果不谈其他方面，礼堂及其设施相当于一所非国教教会的小教堂。有意思的是，不信教的人有个聚会之所，这个想法近年来重新兴起。好的例子可以在"星期日集会"（Sunday Assembly）中找到，它将自己描述为一个无神的、歌颂生命的集会，它强调积极的东西，欢迎各种人来参加聚会，不管是信教的还是不信教的。调子明显是向上的：鼓励参加的人活得更好，经常帮助别人，更有好奇心。[23]英国集会的数量在持续增长。

这是一种表达没有信仰的方式。不断增长的研究项目揭示了其他的方式，这些项目聚焦于将自己置于正规宗教之外的人的日常生活。鲁瓦·李自己的工作就是很好的一例。她用的方法的一个首要目标就是揭示平淡无奇，也就是说让没有宗教信仰的表现方式"变得可见"，比如发现它如何结构化地方、空间和空间实践，如何利用身体以及智识实践。她的研究重点始终聚焦在没有宗教信仰可能出现的非智知和非语言方式上。李的研究在概念上还有方法上都有创新。具体地说，区分世俗性的问题和无宗教信仰的问题可以让人对宗教本身有一个新的理解：再也不把没有宗教信仰看成一种独特的或排他的现象，相反它是更大的整体的一部分，在这个整体中有宗教信仰的、有灵性信仰的、无宗教信仰的不仅共存，而且受到平等对待。

瑞贝卡·卡托和珍妮特·埃克理斯（Rebecca Catto and Eccles，2011，2013）对这个（没有宗教信仰的）社群有着更多的洞察。在［由"雅各布斯基金会"（Jacobs Foundations）赞助］的"青年无神论者研究项目"中，他们调查了年龄 16 岁到 25 岁的年轻人的看法，这些年轻人持有无神论、人文主义和世俗主义的观点，或者跟无神论、人文主义或世俗主义组织有来往。重点放在那些较之长辈更倾向于不信教的年轻一代身上，但我们对其了解较少。他们调查的样本不多，不过他们的调查得出以下要点。年轻的无宗教主义者（non - religionists）似乎比年长的更为灵活，对待不同的面向心态更为开放；而且他们更喜欢跟网上的社区打交道，而不是从属于正式的机构。他们主要是在英国出生、受过良好教育的中产白人，这一背景（家庭还有教育）显然对他们有影响。有的似乎反感过基督教的家庭教育，有的则受到新无神论者的影响。简言之，他们各自走上了不同的没有信仰之路。在英国，年轻人没有宗教信仰是可以接受的，社交中的这种可接受性很重要；因为与作为基督徒相比，没有宗教信仰可能是这个年龄群体更容易接受的一个选择。

这些不过是诸多例子中的两个。对没有宗教信仰和世俗性的研究是一个方兴未艾的领域，类似于对灵性信仰爆发的兴趣。而它们的组织也有可比性。这次的焦点是成立于 2008 年的"无宗教信仰和世俗性研究网络"（the Nonreligion and Secularity Research Network，NSRN），该网络旨在收集这一领域内现有的资料并利用会议、演讲和工作坊进行更多的讨论。[24]其关注的事务广泛，并且欢迎多种多样的视角："无神论的、不可知论的、对宗教漠然的、非宗教的，还有多数的世俗主义形式、人文主义，宗教本身的各个方面等。"已经建立了国际范围内的合作，于是便有了 2012 年的在线杂志。[25]这本刊物欢迎从三个层面中的任一个关注世俗性的文章：微观或个人层面，中观或机构层面，宏观或全国和国际层面。至关重要的一点是与该领域的关联性。

六　新无神论

讲世俗性或世俗主义的篇章如果缺少关于新无神论者的一节就不

完整，尤其是四位一马当先的开拓者：理查德·多金斯（Richard Dawkins）、克里斯多夫·希钦斯（Christopher Hitchens）、丹尼尔·邓尼特（Daniel Dennett）、山姆·哈里斯（Sam Harris）。他们是 21 世纪在英国和其他国家有着众多读者、煽动性大、争议也大的作家。他们的作品以及对其的不同反应已经在出版物和网上引起了热烈的——不客气地说，唇枪舌剑般的——辩论，而且没有消停的迹象。对新无神论者及其观点的爱与憎同样激烈。下面是一个高度选择性的叙述。先是简单看看新无神论者自己的论述。再说说辩论中最有意思的元素：他们的论述，还有由此产生的社会运动，在讲英语的国家异常迅速地被接受。结尾则是犀利的批判声音。

新无神论的核心是相信不应该简单地宽容宗教，而是应该用理性的论述对抗、批评和暴露之。换言之：宗教有毒。这不是一个相安无事的问题，而是要积极宣传以暴露宗教论述的虚假及其产生的危害。逻辑如下。开始便假定没有任何种类的超自然存在或神，宗教信仰因此被视为非理性。同时宣扬有一个普世的、客观的、首先得是世俗的道德标准，这样宗教便成了（往好了说）无关紧要，往坏了说有害。这种说法靠的是诉诸自然科学，目的是证明对宗教的批评有道理以及推行进化论。基于证据的知识才是作数的知识，实证科学才是知识的基础。而科学没有揭示有关上帝的知识，因此认为上帝不存在。而对宗教信仰的处理方法却不同，信仰被看作生物进化的产物。换言之，新无神论对信仰这一绵延而且"非理性"的现象给出了纯粹自然的解释。

上面的叙述极为概略，但正如斯蒂芬·布利文特（Steven Bullivant）指出的那样，从"社会学的观点来看，新无神论最有意思的地方不是它的观点……而是对这些观点的接受"（Bullivant，2010：110）。新无神论出版物出人意料的大受欢迎是对他这一陈述的有力支持。举一个最明显的例子，理查德·多金斯的《幻想上帝》（*the God Delusion*）（Richard Dawkins，2006）标志着新无神论观点问世后的一个分水岭，出版后即引起轰动。该书在《纽约时报》畅销书单上连续停留了 51 周。之后被译成超过 30 种语言。不可能所有的多金斯的读者都全盘接受他的想法，但是这样的销售数字足以让人停下来思考：这一观念的时代已经到来了吗？许多人会回答是。而且多金斯并非个例，类似出版物的销售数字可能会翻上几番。

布利文特用些非同寻常的数字来质疑一个普遍的观点，即驳斥无视宗教或无神论的观点（Bullivant, 2012）。他这样做，呼应了本书的一个重要主旨。本书的论述分阶段进行，开始是一个明显的悖论。宗教活动的统计数据持续下降——对此没有什么疑问，但对宗教的兴趣却没有降温。布利文特证实了这一主张，他聚焦了三大类数据：总体上"宗教新的曝光度"，包括媒体对伊斯兰教的关注；选取全国性的事件，他借鉴了跟我论述代理式宗教时参考的同类素材；至关重要的是鲁瓦·李最近的田野工作。后者尤为有趣，因为它揭示了李的受访者对宗教信徒和没有宗教信仰者的细心观察：即使他们在访谈一开始便宣称自己对这些不感兴趣，但稍加探测便发现他们明显在乎，以这种或那种方式。布利文特论述的第二个方面更加重要，因为它指出了新无神论思想真正的重点所在。这些作者不是在对自己公民同胞的高度宗教性做出回应，因为那已经不存在了；而是在回应"现代宗教具体的、公共的、受到过分关注的、经常'有问题的'表现"（Bullivant, 2012：102）。这本身又扭曲了论述。

可以从几个角度来看待新无神论。大致上说，更多的是在关注观念本身，而不是关注其后运作的目标、组织和结构。斯蒂芬·凯特尔（Steven Kettell, 2013a）打算填补这一空白，特别指出新无神论的政治维度。这方面的核心是对宗教在公共生活中的影响的显著关切，包括它在国家里继续扮演的角色（具体地说，国教的存在和上议院中的主教席位）；在福利中（基于信仰的组织在给予关怀方面越来越重要）；在医疗中（尤其关系到生命开始和终结的问题）；在教育当中［信仰学校和强迫礼拜（compulsory worship）］；在民事权利当中（例如，平等立法方面的宗教豁免，住房、就业、同性婚姻等问题上的歧视）。无疑，列表很长，第十章还会（有选择性地）谈到。同时要指出，在一个明显去中央化的组织结构中，网络作为辩论论坛和主要交流方式的重要性，这挺有意思的。

对新无神论的批评很多。这里只参考一例，选择的依据是它的论述明显是社会学的。大卫·马丁就不认同新无神论，原因如下：它"对宗教的评价否定远大于肯定，它从所谓'科学的'视角评判，但它的视角违背了社会科学调查的每一项规范"（David Martin，2014：38）。具体地说，适合于社会－历史问题的科学表征跟适合于自然现象的科学表征之间的差异完全被忽略了。鉴于人类生活的本质，有关社会科学因果关系的论述必须是具体的。一种情况下发生的事情也许跟另一种情况下发生的完全不同，要考虑到该地（历史的、经济的、政治的、社会的、文化的）因素的特定聚合。简言之，"只有理解了手段和目的、意义、动机和意图，才能**科学地**理解人类世界，因为这些因素在极为不同的情境中有着各种不同的表现"（David Martin，2014：38）。

这在新无神论者有关宗教和暴力的假定中特别明显：不顾具体情况就断言这两者间有关联，也不考虑相关冲突的性质、有无道理、宗教社群与之有无关系、随着时间推移在发生的变化，等等。重要的是对细节的耐心筛选，而不是更加大声地重复尚未证实的断定。血债血偿的报复只会让情况变得更糟，大主教威廉姆斯已经指出了这一点：极端的世俗主义形式滋生极端的宗教形式，反之亦然。马丁——他的挫败感显而易见——是这样说的："我们目睹了标准科学跟'创世科学'之间争斗的奇异场面，后者同样基于有关基督教性质的错误前提：盲目的'新无神论者'跟盲目的'创世主义者'角力，他们一同站着，一起摔倒，跌进阴沟里"（David Martin，2014：44）。

七　收拢各条主线

有可能将本章中诸多不同的线索收拢到一起吗？本章开始说的是拉什迪争议，它标志着已经在发生的变化，关注度非常高。到了1990年代，再也不可能把社会现状视作理所当然的了，现状指的是英国社会对"处理"宗教达成某种程度的共识。为了应对不断增长的世俗化和宗教多样性就得提出新的问题，找到新的程式。新的共识并没有出现。实际上有时讨论还很激烈：歧视仍在，多元文化主义被宣告死亡，世俗主义可能跟某些宗教形式一样不宽容。然而，更多的迹象昭示希望，在关乎平等的新立法中，在对多样性真正建设性的思考当中，在世俗主义更具接纳性的形式中。在后面一章中将看看这些变化对英国社会不同部门有何影响。

要以积极的笔触结束本章，则有必要指出最近让人耳目一新的一个研究。《青年论宗教》（*Youth on Religion*）（Madge，Hemming and Stenson，2014）总结了一个大型研究项目的发现，该项目调查了英国的年轻人在多重信仰环境中，在日常生活过程中——在家庭、学校、社区里以及作为个人时——如何协调其宗教身份。这些被调查者表达清晰，有思想，他们是现实主义者。他们认识到宗教依然是全球秩序中、自己国家及其所属社区里的一个重要因素，同时清楚地意识到他们之间在文化和宗教上的差异。然而他们正在努力把自己居住的地方建成一个高效、和谐的社会，很大程度上他们做得很好。他们过得都挺好。

注释

① 耐和韦勒有关争议的那一章（Nye and Weller，2012）为本章涵盖的该事件和其他事件提供了有用的背景信息。更具体地说，韦勒（Weller，2009：2）指出很多穆斯林倾向于不用"拉什迪事件"这个词，因为该词指向的是作者而不是书。对于穆斯林社群来说"《撒旦诗篇》的争议"是更为准确的描述。

② 例子参见韦勒（Weller，2009）开篇列出的诸多参考书目以及书后编排得极为严谨的参考文献。

③ 意思是在穆斯林的生活方式被当成理所当然的社会以外。

④ 马德里爆炸案（2004 年）和巴厘岛爆炸案（2002 年、2005 年）也应该考虑在内。

⑤ 全文见：https://www.royal.gov.uk/ImagesandBroadcasts/TheQueensChristmasBroadcasts/ChristmasBroadcasts/ChristmasBroadcast2004.aspx（2014 年 8 月 7 日访问）。

⑥ 参见：http://en.wikipedia.org/wiki/Jerry_Springer：_The_Opera（2014 年 8 月 7 日访问）。

⑦ 参见：http://www.christianvoice.org.uk/? s = jerry + springer + the + opera（2014

年8月7日访问)。

⑧ 参见基督教研究会一系列的声明: http://www.christian.org.uk/search.htm? cx = 003034083221446362013% 3Asqtyasn8ir4&cof = FORID% 3A11&q = jerry + springer + the + opera&sa. x = 13&sa. y = 7 (2014年8月7日访问)。

⑨ 参见: http://www.derby.ac.uk/religion – and – society (2014年8月7日访问)。该项目的简报和研究策略简述非常有价值。参见根据该项目撰写的实证专著 (Weller et al.,2013)。

⑩ 之前项目的细节,参见 Weller, Feldman and Purdam (2001)。

⑪ 例子参见2003年《就业平等(宗教或信仰)法令》,2006年《禁止煽动种族和宗教仇恨法案》(Incitement to Racial and Religious Hatred Act, 2006), 2006年和2010年平等法案。第十章中有更多有关这方面立法的信息。

⑫ 争论的焦点在于哪些哲学或者世界观被认为是与宗教对等之物,并因此给予类似的特权。

⑬ 这篇文章,标题为《多元文化主义: 并非少数族群的问题》(Multiculturalism: not a minority problem), 见 http://www.theguardian.com/commentisfree/2011/feb/07/multiculturalism – not – minority – problem (2014年8月7日访问)。

⑭ 莫杜德教授的研究和著作,可见于他的个人网站: www.tariqmodood.com (2014年8月7日访问)。

⑮ 该书第一版出于2007年。

⑯ 泰德·坎特尔教授是一位公认的跨文化关系专家。他最知名的著作是有关社群凝聚力的"坎特尔报告"(the Cantle Report)。2001年, 布拉德福德、伯恩利和奥尔德姆(Bradford, Burnley and Oldham)出现族群骚乱后他为英国内政部写作了该报告。

⑰ 例如, 跨文化主义是多元文化主义的一种延伸呢还是全新的东西? 关于这个, 在《跨文化研究杂志》(the Journal of Intercultural Studies)上有很有趣的交流, 是由米尔(Meer)和莫杜德发起的。

⑱ 安吉拉·默克尔直率的言论,可参见 http://www.theguardian.com/world/2010/oct/17/angela – merkel – german – multiculturalism – failed,大卫·卡梅伦的言论, 见 http://www.bbc.co.uk/news/uk – politics – 12371994,大卫·卡梅伦的演讲全文, 见 http://webarchive.nationalarchives.gov.uk/20130109092234/http://number10.gov.uk/news/pms – speech – at – munich – security – conference/。网址均于2014年8月7日访问。

⑲ 有必要关注这番话于何地发表，对谁而说。同时发生的事件及其对政策可能的影响也要考虑在内。2011 年 2 月，卢顿南（Luton South）的劳动党议员盖文·苏克（Gavin Shuker）发问：卡梅伦先生谈论多元文化主义是否明智，因为就在同一天"英格兰防卫联盟"（the English Defence League）在盖文·苏克的选区进行了一次小规模的抗议。文本中（"预防策略"）暗示的政策同样有争议性。

⑳ 这样的对比是真实的，但也不能过度地从字面上理解。尤其是，有人认为法国并不像人们有时想象的那样鲜明。所以，也无怪乎对于法国版的"世俗主义"（laïcité）有不同的解读。

㉑ 参见：http：//census–campaign.org.uk（2014 年 8 月 7 日访问）。"如果你不信教，看在上帝的分上，请照实说！"（If you're not religious for God's sake say so!）这个口号被认为有一定争议。

㉒ 据说在巅峰时期这个礼堂容纳了 1000 多人。见 Royle（1980：46）。

㉓ 两位英国喜剧演员，桑德森·琼斯和皮帕·伊文思（Sanderson Jones and Pippa Evans），在 2013 年 1 月创立了"星期日集会"，现在它已成为无神论集会的国际联络会。参见：http：//sundayassembly.com/about/（2014 年 8 月 7 日访问）。另见 De Botton（2013）。

㉔ 参见：http：//sundayassembly.com/about/（2014 年 8 月 7 日访问）。另见 De Botton（2013）。

㉕ 更多信息，可参见：http：//nsrn.net/journal 和 http：//www.secularismandnonreligion.org（均于 2014 年 8 月 7 日访问）。

第十章

公共生活中的宗教

前一章审视了英国社会管理宗教多样性的各类策略；这些策略既有对明显不同观点的真正尊重，也有对宗教不加掩饰的谴责。本章采用的方法不同，侧重于公共部门而非策略。当然，我对覆盖的部门是有选择的，按照以下的标题安排：宗教与法律、宗教与政治、宗教与福利、宗教与医疗。讲法律的这一节放在最前，因为这一节最为直接地承接了已经介绍过的观点和主旨。

一 宗教与法律

各种类型的律师，包括开律所的和学术型的，都在重新关注宗教。这值得注意，该领域内发生了根本性的变化（Theos，2012c，2014c）。用三个例子来说明这一点。第一，在世界上那些改变政策使得宗教信仰活动变得自由，或者说更自由的地方，都有宪法律师的高度参与。他们讨论的核心是包括和排除的问题。哪些形式"可被视为"宗教？哪些不能？谁有权决定？第二，家庭律师正在追踪家庭——社会这一关键组成成分——的演变，因为深刻的变化正在发生。这些变化中有些是因为医疗技术的进步不仅带来了新的家庭生活结构，而且带来全新的关系。认真关注生命开始和终结的问题同样是讨论必不可少的一

Religion in Britain：A Persistent Paradox，Second Edition，Grace Davie. 2015 Grace Davie.
© Published 2015 by John Wiley & Sons，Ltd.

部分。鉴于教会——特别是天主教——有关家庭性质和人类生活的神圣性的传统教导，激烈的交锋接连发生，这不足为奇。这些边界被用心守卫着。第三，人权律师已经发现自己的工作以指数级增长，在通常领域和宗教领域里皆是如此。这方面的关键在于一系列相互竞争的权利，例如，跟信仰相关的自由与艺术或文学上的表达自由之间的竞争，那些因宗教原因抵制同性恋的人的权利跟男女同性恋者的权利之间的竞争。这方面的重要潜台词关系到在何种程度上宗教被认为是"特殊的"，这个问题牵出关键的议题，即宗教在西方法律和政治理论中的地位。①

人权这一维度将作为本章的一个主要例子，关注英国"平等与人权委员会"的发展，②关注《欧洲人权公约》，关注"欧洲人权法院"在《欧洲人权公约》执行中起的作用。联合王国与欧洲的复杂关系是讨论的中心。同样相关的还有欧洲人权法院不断增加的判例，这对欧盟的成员国来说有着深远的影响。实际上，此时一整套的问题凑到了一起：法律本身、第九章中概述的对歧视的研究、对欧洲的复杂心态、宗教在公共生活中日益重要、学术界因此明显转移了注意力，等等。

在英国与人权相关的法律的实质性变革，包括法律对宗教方面适用，在21世纪头十年里就已经发生了。2003年，《就业平等（宗教或信仰）法令》第一次针对基于宗教或信仰的歧视和骚扰做出规定，但仅仅是在就业和职业培训方面。2006年的"平等法案"（Equality Act）将之扩展到了商品和服务的提供，4年后的"2010年平等法案"（2010 Equality Act）不仅巩固了已有的法律，而且确立了"公共部门平等义务"（the Public Sector Equality Duty，PSED），该法案于2011年4月生效。③除了这些变革外，在2000年时，"1998年人权法案"（the Human Rights Act of 1998）将思想、良知和宗教自由的权利（《欧洲人权公约》第9条）引入联合王国。《欧洲人权公约》第9条有两款：第一款保证了持有宗教或信仰的绝对权利，即享有适当的通过礼拜、教义、践行（祝祷）和节庆展示宗教或信仰的权利；第二款陈述了展示宗教或信仰的自由受到"必要的"限制。这一区分很重要。

值得顺带一提的是同一时期法律上发生的其他变革。2008年，议会投票表决取消了普通法的渎神罪和"刑事公正和移民法案"修正案中的渎神毁谤。渎神法律是拉什迪争议中的一个重要因素,这显示出明显的不公。立法仅仅保护基督教徒(历史上只保护英格兰教会),而不是真正意义上的宗教。实际上这留下了两种可能性:要么取消法律,要么完善法律。既然许多人(包括教会中人)都认为这里说的法律体系有偏见、过时了,并且威胁言论自由,前者就成了唯一的选择。但是新的有关宗教仇恨和宗教激化犯罪的立法已经到位了。2006年,在第三次尝试之后——挣扎反映了相关问题的争议性,通过了"对种族仇恨和宗教仇恨法案"(the Racial and Religious Hatred Act)。正如尼克·斯宾塞(Nick Spencer)所说:"辩论陷入痛苦的僵局,一方要求不仅不能冒犯而且不能批评他们的宗教信仰,另一方作为回应则努力招惹他们并以此为乐。这可不是社会和谐的良方"(Theos,2014c:54)。

平等和人权委员会创建于2007年,依据法律对平等的七个维度(年龄、残障、性别、种族、宗教或信仰、性取向和变性)负责;2009年它成为"全国人权机构"。事实上,它是以下组织的继任者:种族平等委员会、残障权利委员会和机会平等委员会。自创建之日起,平等和人权委员会便以各种方式在宗教和信仰方面发挥作用,包括直接和间接的司法干预。关于前者,裴菲特(Perfect,2013)提供了两个例子——两个都跟在公共领域内提供服务的基督教徒非法歧视同性恋情侣有关。最重要的例子涉及马蒂恩·霍尔和斯蒂夫·普雷迪(Martyn Hall and Steve Preddy),这两位在民政部门登记过的伴侣之前在网上预订了双人房间,但康沃尔的小旅店老板拒绝让他们入住。④后者(间接司法干预)常见得多,包括专家向法庭提交鉴定报告。在"伊韦达等诉联合王国"(*Eweida et al. v United Kingdom*)这一关键案件中就用了这样一份正式鉴定书,这个案子2013年1月在斯特拉斯堡的欧洲人权法院宣判。下面会更详细地讨论这个案件。

平等与人权委员会其他方面的活动包括收集和筛选证据,包括第九章中提及的几个报告,⑤以及委托新的工作。这方面尤为重要的是对关系到平等、人权和宗教的法律的考查,调查法律是如何被理解的,以及是如何被应用到工作场所和公共服务当中的（Donald，Bennett and Leach，2012）。与这些基于研究的活动并行的还有政策和指导方针这一维度。委员会委托伦敦大学高尔斯密斯学院（Goldsmiths，University of London）与"共存基金"（Coexist Foundation）合作开展"高等教育宗教知识水平领导力计划"（见第六章），这是个不错的例子。2013年，安排了四次对话活动和一次最终会议以审视以下主题：公共领域中的宗教和信仰，宗教和媒体，工作场所和提供服务当中的宗教多样性，平衡竞争性的利益。受邀的人来自宗教和信仰机构的参与者、雇主组织、行业工会、咨询和平等组织，还有政府官员。[6]从这些和其他商讨中得出的发现——虽然并不总是清楚明了——使得平等与人权委员会能够判定首要任务是什么，以及确定哪些指导方针文档最有效。后者的好例子可以在"伊韦达等诉联合王国"案件宣判之后出版的指导方针中找到，也可以在有关2013年同性恋伴侣婚姻立法的材料中找到。[7]

欧洲人权法院，基于《欧洲人权公约》的第19条，设立于1959年。[8]1998年，该法院成为全职机构，其司法权得到欧盟47个成员国的承认。该机构旨在运用《欧洲人权公约》。具体说来：

> 它的任务是保证成员国尊重公约中规定的权利和保障。法庭审查个人的（有时是国家的）投诉（称为"上诉"申请）。如果法庭得出结论认为某一成员国违反了这些权力和保障中的一项或多项，法庭将裁决其违法。裁决有法律效力，相关的国家有义务遵守裁决。[9]

这一重要机构的多数工作都跟宗教几乎无关，因此在这儿我们不需要关心。尽管如此，下面这些要点还是值得注意。首先，无疑上面的讨论中指出的不同"自由"之间的矛盾在欧洲人权法院中也有。思想、良知和宗教自由（第9条）有时候就跟表达自由（第10条）、禁止歧视（第14条）尴尬地同处。

2010年诉联合王国的一系列精彩案件便引出了这些问题中的一部分，如果不是全部。有四个案件已经提到过了——"伊韦达等诉联合王国"。最后的判决是在2013年做出的。就这里所做的论述而言，有必要指出所有的上诉人都是基督徒，都关系到违反《欧洲人权公约》第9条，有的案例中还违反了《欧洲人权公约》第14条。每个案件都不同，但是它们都牵出深刻的问题：雇员迫使雇主改变雇佣条件以接纳他们（雇员）的宗教信仰或实践的权利，以及这些权利的界限。两个案例［伊韦达和查普林（Eweida and Chaplin）］跟在工作场所有无权利佩戴十字架或耶稣受难十字架有关，两个案例［拉代尔和麦法雷恩（Ladele and McFarlane）］反映了英国社会同性恋的境况正在改变。拉代尔（户籍管理员）在履行公务的过程中可以拒绝为同性恋情侣做民政登记吗？麦法雷恩坚决反对为男同性恋情侣提供性疗法建议，他的雇主（一家全国性的咨询服务机构）应该容许他这样做吗？后面的这两个案例中基督徒的权利跟同性恋个体的权利发生了冲突。法庭支持了原告（伊韦达）的诉求，其余三例则没有。在网上可以看到判决的详细内容，包括部分持有异议的观点。[10]英国媒体对之进行了详细报道，而且不同的法律评论员对这些案例有着不同的解读［见卡托和裴菲特（Catto and Perfect）即将出版的新书］。拉代尔案件争议特别大，因为它直接引出宗教自由与反歧视规范之间的冲突。[11]

此类案例日益重要的一个维度关乎欧洲人权法院表现的宗教方面的法理学跟国家法律体系之间的逐渐互动。鉴于此，一项创新研究项目已经立项。[12]项目将审视欧洲人权法院有关宗教的案例法对国内的影响。具体说来，"在好几例高度曝光的欧洲人权法院宗教自由案例审结后，它将探索如何动员当地和全国范围内的行动者，以判定欧洲司法对宗教多元化的影响的性质和程度"（Fokas，2013）。该项目中选作仔细研究的案例不包括联合王国的案例，但其背后的问题却至关重要，因为斯特拉斯堡的判决在塑造国内法律方面意义深远，这又会对管理多样性产生深刻影响。这种影响既有直接的，又有间接的。正如福卡斯所言，法庭的判决不仅影响政策制定，而且决定了公民能够遵从的对话框架。比如，拉代尔跟麦法雷恩所处境况兴许可以用重新安排日程的形式来解决，以容许他有顾虑，这是一个"传统"的——本质上为实用主义的——方法。至少在拉代尔一案的情况下这个容易做到，所提供的服务也不会有偏见。斯特拉斯堡支持这个决定，这被视为一种令人满意的解决办法。无疑，现在转圜的余地比以前小了。

不足为奇，该领域内的研究不断增长，这又产生了数量庞大的文献。英国和别处新创设的法律和宗教研究中心是该领域内工作的重要据点。英国第一所中心于 1998 年在卡迪夫设立。其活动跟实体法的理论和实践有关，"侧重点主要放在宗教法律、影响宗教的全国性和国际法律，并关注其历史、神学、社会、教会和比较性环境"[13]。该中心活动的范围很广，包括主办了一个不断发展的"法律和宗教学者联络网"（Law and Religion Scholars Network）。[14]更近一些（2006 年），一个类似的中心出现在布里斯托尔，各路学者汇集于此。这里十分强调人权和宗教在欧盟中的地位。[15]还诞生了一个讨论论坛，《牛津法律与宗教杂志》（*The Oxford Journal on Law and Religion*）2012 年开始发行，以回应"跨越诸多学科、有关法律和宗教互动的研究和著述的激增"。[16]教材也开始出现，比如艾吉（Edge，2006）和桑伯格（Sandberg，2011，2014）的教材。

二　宗教与政治

宗教与政治的关系跟教会与国家的关系不同。第五章中有过对教会与国家关系较为详细的讨论。宗教也可以成为，如果你想的话，政治事件发生的"舞台"。而且这个舞台比较稳定，这并不是说它不会改变。有关国教的辩论应该从这个角度去看。尽管如此，结构或机构与其中进行的政策制定之间的界线很细微，这一陈诉对宗教和政治来讲都贴切。例如，宗教的传统形式跟大的政党之间有着惊人的相似性。两者都有压力，原因都很相似。下面的段落［选自马太·帕里斯（Matthew Parris）对保守党的哀叹］就很好地说明了这一点。现有的有关一般（即并不只是保守党）政党成员组成的数据支持这一段落的描述。[17]

还需要多少比喻、多少下滑的图表和下跌的柱状图，托利党人（保守党）才会不再故作轻松，开始明白和应对现实：20 世纪的全国性政党模式行将就木？

这是一个曾辉煌过的全国性俱乐部，其成员的年龄、类型和观点多样，政治上温和；如今，除了大体保守的观念再无别的将他们连接在一起。对时事偶感兴趣，友人相伴的快乐，这些已然是明日黄花。1978 年我作为他们新的议会候选人接触到了"西德比郡保守党联合会"（the West Derbyshire Conservative Association）：所有的 40 个分支和 2000 名会员——你相信吗？

我们在一块儿很开心，但那时我就已经预感到前景堪忧。今天该联合会——人很棒，同样的人，只是老了三十岁——比很多别的组织都强。

全国性的政党正在消散，剩下的不过是各种类型的大杂烩：非常老的人，非常忠诚的人，绝对靠谱的人，十分孤立的人，稍微发窘的客人，还有……是的，不得不说，一抓一大把的思想偏执的人。（Parris, 2013）

读到这些文字，谁都难免会将其跟教会做比较，最突出的便是英格兰教会，它比保守党的情况明显好一些，但也遭受到同样的抱怨：这很显然，连细节都一样（年龄、性别、趋势和类型）。同样清楚的是两个领域内正在发生的变化跟社会性质的变化有关，就像跟宗教或政治性质的改变有关一样。至于后者呢，这些转变部分是意识形态上的，因为支撑大的政党的资本－劳工轴心再也不能引起共鸣；部分是组织上的，因为所有类型的传统组织都被新的活动渠道所取代。政党让位给了单个的议题群体，他们随来随走，靠虚拟而非传统的交流方式发展壮大。宗教的转变与之类似。

也就是说，往日的信仰依附在缓慢死去。在《英国的选举和价值观：宗教作数吗？》（*Voting and Values in Britain：Does Religion Count?*）一书中（Theos, 2014a），本·克莱蒙茨和尼克·斯宾塞（Ben Clements and Nick Spencer）用了"英国选举研究"（British Election Study）和"英国社会态度调查"（British Social Attitudes）的数据来审视宗教投入和政治活动之间的关系。他们著作的第一部分讲的是选举行为，发现其中存在持续的相关性。具体地说，那些在二战后多数时期内将自己划分为圣公会教徒的人，更可能投保守党而不是工党的票，除了1966 年和 1997 年；1959 年以后将自己划分为天主教徒的人一般倾向于投工党的票，而且投工党票的经常比投保守党的多出不少人（除了1979 年）；自称为非国教教徒的人投票的变动性则比圣公会和基督教教徒要大，他们跟第三党的联系要强一些。报告中有关这一情况的细节相当多，报告以各种方式细化了这些变量（尤其是宗教投入程度），并且包括了有关少数族群信仰的数据。[18]此外，这些规律似乎受经济问题的制约，在美国非常普遍的"价值观投票"在英国几乎没有迹象。然而移民的问题日益突出，这个问题对宗教和政治都有重要影响。

克莱蒙茨和斯宾塞分析的第二部分（Theos，2014a）论述的是价值观，而不是投票，他们审视了三个轴向上的信教民众：左派－右派、自由主义－权威主义、福利主义－个人主义。研究发现的东西挺复杂的，得详细阅读才能充分理解。他们揭示了各教派在价值观的选择上有重大差异，不要忘记受访者中名义教徒和实践教徒之间的差别。在这些错综复杂的问题中去不去教堂是不一样的，有无皈附感同样如此。琳达·伍德海德在一篇具体关注圣公会教徒的文章中提出了有些类似的问题，她这次参考的是舆观调查网 2013 年的两次民意调查。第一次调查重点在伦理和个人生活上，第二次则聚焦伦理和公共生活。[19]通过复杂的统计分析，伍德海德（Woodhead，2013）创新性地利用了这些数据：这里的重点与其说是放在价值观上，还不如说是放在价值观的差异上。她发现教会带领人跟"信徒"之间在两个方面有着明显的不一致。教会官方的政策（得到带领人的支持）在个人道德方面明显比调查中反映出的圣公会信徒的观点更为保守。然而就社会伦理而言则正好反过来。价值观的差异依然存在，但圣公会教徒普遍比他们的带领人更为保守（从这个意义上来说，福利主义者更少）。前者反映了人们对待性别和性取向的态度在迅速转变，教会已与主流民意相龃龉。后者则让人想起那句老话：圣物储藏间里的《卫报》，祷告席上的《每日电讯》。

在文章结尾处，伍德海德思考了这一情况的后果。这里讨论的教会带领人不但跟舆论，而且跟自己的大部分成员、从属者和同情者

（并非所有"圣公会教徒"都一个样）步调都不一致，这很重要吗？伍德海德暗示情况就是这样，而英格兰教会宣称自己是一所全国性教会则让矛盾更加尖锐。我明白她的方法，但我在想是否有其他考虑这些差异性的方式，不由得想起第四章中有关代理式宗教的讨论。教会带领人当然跟社会上其他人不同，并且人们期望他们不同，这是全部的关键所在。然而这一立场是有限制的，这再一次引出第六章末尾提出的问题。在何时、何种情况下教会应该调整自己的观点以适应社会上的变化？谁又来决定？答案不一，但有一个事实非常清楚：那就是跟宗教界相比，政界的时间尺度明显不同。

不妨称政治、宗教和记者生活于不同"节奏"中，这在下面有很好的解释。马丁（Martin，2004）参考了马克斯·韦伯（Max Weber，1948）的思想，以更为充分理解基督徒、政治家和搞学术的或者说记者之间的矛盾，这些每一个都是一个职业人群的代表。马丁所描述的当然是韦伯意义上的"理想类型"。[20]尽管如此，一个了解"9·11"事件后英国的政治局势、有见地的读者可以非常轻松地给这些主人公取个名字，但真正重要的不在于此：而是在于理解限定政治家、基督徒和记者工作的不同条件，以及几乎不可能跨越他们之间的边界。例如，政治家必须是务实的，必须知道何时妥协、如何妥协，如何在当前情况下达成"最佳可能"。相对的，基督徒却是跟"绝对"打交道（登山宝训、和平之王），这些想法在世俗生活和教会政策制定中都没有转化，实际上也不可能转化为政治现实。（后者在很多方面可能比前者更为要命。）最后，记者或评论员在三个方面享有自由：他/她可以自由地对政治家和基督徒进行无情的审视，同时又无职务约束上的不便。记者可以随意进入下一个论题，让别人去收拾残局。不明白这些角色在根本上就不同，不仅导致严重的误解，而且导致政策灾难，马克斯·韦伯充分领会了这个要点。

探索英国社会中信仰和信仰社群所起作用的另一批资料是由乔纳森·博德维尔（Jonathan Birdwell）跟斯蒂芬·提姆斯（Stephen Timms，2013）编辑的报告，收录在《信仰集》（*the Faith Collection*）中。这份报告由一个左倾的智库德莫斯（Demos）出版。该文档内容充实，将更

早的两份报告也收录其中："有信仰的公民"（Faithful Citizens）和
"有信仰的提供者"（Faithful Providers）。第一份报告探索了信仰与英
国的公民参与和政治参与之间的关系。第二份审视了信仰团体在提供
公共服务中所起的作用。这两份报告的中心思想都是说，在宗教上活
跃的个人比普通民众更有可能用自发的行动来表达自己的信念——下
一节将进一步论述这个主题。这里集中关注的是斯蒂芬·提姆斯议员
和保罗·比克利（Paul Bickley）所写的一篇长长的、介绍性的论文，
叫作《有信仰的政治》（*Faithful Politics*）。

　　他们开宗明义："这本集子里的研究支持这一论点：信仰团体和基
于信仰的组织的成员能够为开明政治做出重大贡献"（Stephen Timms
and Paul Bickley，2013：11）。作者这么说无异于认识到了贯穿本书的
一个明显悖论，即英国多数教会，如果不是所有教会的话，活跃成员
在减少；与此同时，在公共——因此政治——生活中宗教越发重要。
对那些致力于开明政治的人来说，这两种现象加起来有何后果需要详
细说明，正如需要说清楚宗教机构自身的潜力一样。政治家对后者冷
嘲热讽可没有好处，既然他们自己的组织都处境艰难（见注解⑰）。实
际上情况正好反过来：应该鼓励有信仰的人——还有其他每个人——
参加政党，包括那些左派的政党。换言之，"信仰"是一种资源，而不
是一个问题，对于工党和别的任何政党来讲都至关重要。因此，应该
不惜代价避免规划性世俗主义的诱惑，因为规划性世俗主义这一教条
可能会疏远宝贵的支持来源。简言之，"英国的进步政党，像工党，如
要寻找新的支持者、新的想法和新的能量，就需将信仰团体包括在工
作当中。需要有礼貌和小心避免无谓的疏远他们，过去就曾发生过这
样的事情"（Stephen Timms and Paul Bickley，2013：31）。

　　记住这个，再来看一个重要项目的宗旨，该项目的基地是布里斯
托尔的"族群和市民身份中心"（the Centre for Ethnicity and Citizen-
ship），这挺有意思的。项目名称为"当代政府治理中穆斯林的参与"
（Muslim Participation in Contemporary Governance），⑳该项目是从另外一
边来看待参与。具体说来，项目探索了政府-穆斯林（state-Muslim）
参与平等、信仰部门的治理、反恐怖主义等领域的途径和实践，考虑

的是全国范围和三个局部地区（伯明翰、莱斯特和塔尔村）。项目从2010 年持续到 2013 年，搜集的数据覆盖了 1997 年及以后的时期。最终的报告非常值得认真阅读，它提出了诸多重要的问题。其中有关于伊斯兰教的代表问题；与族群身份对立的宗教身份的重要性；对平等、多样性和凝聚力的理解的转变；与其他信仰行动者的关系，尤其是与英格兰教会的关系；"阻止"策略（the 'Prevent' strategy）的间接影响。一看便知，这跟第九章一脉相承。

布里斯托尔项目的一个重要后续研究可以在"公共精神"（Public Spirit）中找到，这是一个网上的论坛，邀请"来自志愿机构和社区的研究人员、政策制定者、政治家和信仰践行者共同讨论信仰和公共政策最近的变革"。[②]其意图在于跨越政治派别和宗教传统。粗略了解一下该项创举便能发现那些现在已变得熟悉的主题：对宗教更感兴趣；宗教在公共生活中日益凸显；同时还有公众有关信仰的对话，对话十之八九都"气急败坏，不了解情况"，这又给政策制定带来消极后果。推论很清楚：要做到有效、高质量，该领域的研究就得以易懂的样式呈现出来。在这方面学者们还有新东西要学。

三　宗教与福利

福利国家概念在英国有——更准确地说有过——备受推崇的地位。它的建立是二战后英国的一大成就。然而人们日渐意识到为所有公民提供从生到死的全面保障不仅不现实，而且在某些方面也不可取，因为它会带来不可避免的依赖性。另一种说法与之类似：福利国家在某种意义上代替了宗教。这么说有道理，但不全对。福利国家是公认的公共事业，让教区体系提供的很多关怀黯然失色。出于多种原因，它是一种改进的举措，这是事实。教会在福利中再无作用，这不是事实。"经常在最为贫困的地区，别的机构已经撤走"，信仰团体"还在那儿工作，维持着经常性和一致性的存在"（Dinham，2013，forthcoming；see also Dinham and Jackson，2012）。要理清这些头绪以及缠绕其中的意识形态是个复杂的过程。

通过比较的视角会更容易理解这些关系的细节。在这方面，两个泛欧洲的研究项目很有价值。有两点尤为重要：第一，英国作为一个欧洲社会却又被拽向美国，地位特殊；第二，历来在社会中占据主导的神学——更准确地说教会学——跟后来演化出来的福利国家之间的关系。这里说的项目是"欧洲视角中的福利和宗教"（Welfare and Religion in a European Perspective，WREP），"欧洲的福利和价值观"（Welfare and Values in Europe）。第一个侧重于历史悠久的教会；第二个包括了有关各种少数族群的宝贵资料，例如，他们认为不同的群体在有权（或者无权）享有福利方面也不一样。这两个项目的基地都在瑞典的乌普萨拉大学（Uppsala University），都包括了一个英国案例的研究。[23]而且从一开始英国便成了一个特殊的案例，因为它代表着艾斯平 - 安德森福利体制分类法中的"自由模式"（Esping - Andersen，1989）。

这一陈述需要展开。对其有很多讨论，其中的"自由模式"在盎格鲁 - 撒克逊国家很典型，这些国家的政府承担了处理基本社会问题的责任，但也给独立机构相当大的发挥空间。这跟欧洲大陆上的"保守或合作模式"（conservative or corporatist model）明显不同，例如，在德国、法国、奥地利和比利时。在这一建制中，更具权威的政府对社会福利框架负有首要责任，而志愿机构（包括大量的有偿雇员）也起着重要的作用。自由模式也应该跟北欧国家典型的"社会 - 民主"模式区分，即瑞典、挪威、芬兰、丹麦、冰岛，以及某种程度上，荷兰。在这些地方，政府对社会福利负有总体责任，而志愿机构提供的只是补充性服务。

这些区分很重要。然而关键点却在更深层次上，是从马诺（Manow，2004）、卡尔（Kahl，2005）、冯·卡斯伯根（van Kersbergen）和马诺（Manow，2009）的创新研究中得出来的。他们都强调了19世纪以降宗教思想在福利国家形成时期的重要性。例如，冯·卡斯伯根和马诺证明了北欧的路德宗传统国家，包括德国，是最早创立福利和社会保险体系的国家，他们的证明让人信服。天主教国家和"宗教改革后"的国家晚些时候也接受了这些观念。此外，可从宗教因素中找到有关时间上的差异的解释。受"两个王国"这一概念的指引，路德宗教会欢迎福利国家，或者说——至少——对其创立和发展几乎未做抵制。相反，天主教会却积极阻挠政府插手长期以来被其视为自己身份核心的社会某些方面（尤其是家庭）。有些出乎预料的是，在经历"宗教改革"但不是受到路德神学影响的国家（荷兰、瑞士，某种程度上还有英国）也可以发现类似的犹豫，但原因不同。仍然有对福利国家的抵制，但这次是以神学还有政治个人主义的名义。自立自强，而不是社会保障，成为最大的美德。[24]

英国有关宗教和福利的文献在迅速增长。重要的贡献有：哈里斯（Harris，1998）、普罗查卡（Prochaska，2006）、丁纳姆（Dinham，2009）、丁纳姆、福拜和朗德思（Dinham，Furbey and Lowndes，2009）、博蒙特和克罗克（Beaumont and Cloke，2012）、贾瓦德（Jawad，2012）的著作，和《社会政策和社会》（*Social Policy and Society*，2012）中的一个专题部分[25]，西奥斯（Theos，2014b）书中辑录的观点，以及威廉·唐普基金会（William Temple Foundation）一直在做的工作。[26]除此以外还有一连串政府和志愿者组织的报告，有的是全国性的，有的是地区性的。[27]这些报告形式多样：有的文本是单一作者，并有鲜明的主题；有的则是编撰的案例研究，案例前后都附有反思性的段落。不管样式如何，报告的学科范围很广泛，包括神学和伦理学、经济和社会史、经济学、组织动力学、社会政策、政治和社会学分析、政治和社会理论等分支学科。同样多样的还有作者的观点。有的作者来自信仰群体内部，深切关心自己群体的未来；有的在田野调查的过程中已经感受到基于信仰的组织广为存在，并且在想如何将这些群体纳入自己的分析中。而且这是一个迅速发展的领域，新的观点层出不穷。

即便如此，还是有好些主题反复出现。第一点大家都同意：该领域内有着大量的活动，这本身就需要解释。换言之，民主国家是在变得更加世俗化而不是更少世俗化，但信仰群体在西方现代民主国家的福利供给中为什么是增长的而不是衰退的呢？有两个相关联的回答：缺钱和需求的增长，两者都给民主体系带来压力。第一个答案受全球经济波动和时运的驱动，全球经济的波动已经变得更加严重了，而不是没什么事了。经济不稳定始于1970年代的石油危机，自此全球经济便起起落落。2008 年的衰退不过是让棘手的情况变得更加困难。政策问题，包括紧缩措施，需要放在这个背景下看，而这也并不是全部的背景。需求的增长则似乎解释不通：它本身就是福利成功的产物，因为我们比过去活得更长了。然而长寿已经成了个"问题"。无疑，正是第二章中指出的人口统计学上的深远变化在驱动着有关养老金和社会保障的讨论。工作和不工作的社会部门之间的平衡一直很微妙，是这里讨论的核心，涉及医疗时则会更加紧要。

第二类问题关系到福利当中基于信仰的供给是否合适——这个话题引发了热烈的辩论。社会上的反应有热情的赞成，也有严肃的批评。"有信仰的提供者"（见上文）是前者的一个例子。科特尔（Kettell，2013b）则提出了批判性更强的观点，质问这部著作依据的假设。他的讨论深入探讨了一些问题，包括包容、排斥和设置附加条件等敏感问题（见下文），和有关职业操守、训练、评估和质量控制的问题。丁纳姆即将出版的著作发掘得更加深入，提出的问题则让人想起本书的一个潜在主题。20 世纪中期，福利国家取代了宗教和宗教情感成为主要的关怀话语。大约 50 年后，日益混合的福利经济重新引入基于宗教的活动者，几乎是偶然为之。全新的局面开始形成：出现比以前更大的多样性，而应对随之而来的影响的能力却在减弱。因此，迫切需要重新训练公共领域内的从业者以及公民处理这些问题的技能，福利界中的宗教活动者们认为这本质上是宗教知识水平的问题。

同样含混的还有基于信仰的机构本身的反应。有的准备拿公众的钱，尽管拿了钱就得受限制；有的觉得公共资助必然会影响自己的首要使命，那就是拯救灵魂而不是肉体。并不总能轻松兼顾政府的标准跟信仰的宗旨。还有一点与之大同小异。基于信仰的组织可能担忧自己作为供给者的角色会影响他们批判或警示的义务。并非总有可能调和这两者。实际上，两者之间的矛盾反映了一个长期的两难困境。如果基于信仰的组织出面解决危机（例如，救助无家可归的人或者向食品救济站提供食物），那么他们是在听任政府逃避责任吗？他们把精力用在政治批判而不是日常供给上会不会更好？不同的人有不同的答案，往往是这样。

用两个例子来结束这一节。可以挑选的例子还有很多，为什么是这两个？第一个例子，"大街牧师"让我们注意到了教会动员志愿者的能力。第二个是对无家可归者的关怀的研究，它提出了附加条件这个恼人的问题：基于信仰的救济是有附加条件的，事实如此吗？[28]

"大街牧师"将自身定义为"在英国和全世界运作的基督教跨教派慈善机构联合网"。这是教会，通过跟大街上的人打交道，关心、倾听和对话，对城市问题的回应。[29]这个想法来自西印度群岛，2003年由莱斯·艾萨克（Les Isaac）——基督升天信托基金（the Ascension Trust）[30]的负责人——率先在伦敦推行。现在该项目面向任何星期五和星期六晚上需要帮助的人：无家可归准备露宿街头的人也好，喝得烂醉如泥准备回家的人也好。牧师们组成小分队巡视各自的片区（通常是市中心），从万家灯火到凌晨时分。他们提供很实际的帮助：给那些需要的人发水、毯子、拖鞋和公交时刻表，提供帮助的人更愿意倾听，而不是评判。

当前（2014年）英国各地大约有250个"大街牧师"团队，工作人员为9000名受过培训的志愿者。2012年在泰晤士河边的金斯顿街上做了一次有趣的研究，对象就是这样的一个团队（Collins – Mayo，King and Jones，2012）。[31]研究人员发现晚上在外边的人的安全感和幸福感都提高了：因为大街"有了家的感觉"；有年长的人在是不一样的；低水平的干预降低了反社会行为出现的概率；公众和其他利益相关方（包括警察）都承认、尊重和重视"大街牧师"的志愿者们；志愿者们小心维持着正常的宗教使命跟劝人信教之间的界限，但如果碰到的人有关于存在或精神信仰的问题，他们乐意效力。在大街上度过的时间从头至尾都有祷告的支持（Collins – Mayo，2013），这挺有趣的。

难免会有人问：人们为什么要这么做？为什么为数不少的人愿意奉献时间和精力为别人，多数为年轻人，提供实际的帮助，而这些人多半是自己惹的麻烦？答案是，（基督教和其他的）信仰社群为人们提供的经典组合：他们宣扬关爱的伦理，同时他们还提供一个表达这些情感的机会网络（Gill，1992，1999）。金斯顿（Kingston）的研究清楚表明了这一点。通过当地教会招募志愿者：具体来看，34%的志愿者说他们是听了别人在教会做的报告才知道"大街牧师"的，还有20%的人则是通过教会的通知得知的。一个志愿者鼓励另一个，然后又告诉朋友。而且这并非个例：在招募志愿者提供所有类型和不同层次的基于信仰的救助活动时，都反复发生着同样的故事。

第二个例子说的是基于信仰对无家可归者的救助，具体要问的是信仰是否带来不同？要看的研究是"宗教和社会计划"的一部分，调查的是伦敦和曼彻斯特为无家可归者提供服务的各种机构——世俗的和宗教的机构。⑩发现的情况挺有意思。在救助无家可归者方面基于信仰的组织继续发挥着重要作用，但这些组织和世俗机构之间的差别全然不是"一刀切"，部门内部和部门之间的界限都模糊了。尽管如此，基于信仰的举措比世俗的往往要更小型化，更加不正式，世俗的机构提供更为专门化的服务。研究人员还发现世俗机构有着不同程度的"干预主义"倾向，意思是说有的组织比别的组织对生活方式的改变要求更多。有意思的是，干预得更多的大多为世俗机构，而基于信仰的救济机构则倾向于较少干涉。

研究团队得出结论：对该领域内基于信仰的救济机构的普遍不信任是跟现实不符的。至少这个案例表明没有"附加条件"，即救济机构用公众的钱来传播宗教，也没有证据表明因为宗教和其他原因把谁排除在外。然而，事情还没结束。约翰逊（Johnsen，2012）进一步对干预主义提出了深刻的问题，他指出政府倾向于推行"重新融入社会的措施"，至少有的基于信仰的机构是抵制这种方法的。调查的发现在很多方面都让人不解。基于信仰的救济机构的确是跟主流脱节了，但原因却是始料未及的：他们干预得太少了，而不是太多了。

四 宗教与医疗

有关福利的辩论自然会引出对健康和医疗的关注，在实践和学术讨论中都是如此。例如，躺在医院病床上的老人，他们的需求是社会性的，而不是医药方面的，他们真的让人担忧；但要从一个机构转到另一个，说来容易做来难。基于信仰的组织能够填补这一空白，因为他们满足了这两种情况下同样的需求：最明显的就是陪伴和支持（不管如何定义）脆弱的人。一年年过去，这样的需求还在增长——因为经济和人口压力（已概述过），这不足为奇。还有一个相似之处跟体制安排有关。福利和医疗部门都跟教育界不一样，因为紧接二战之后，福利和医疗的责任更加全面地转移到政府头上。而教会学校依然是公共教育中的一个重要部分，还没有能取而代之的机构（见第六章）。

尽管如此，说到宗教、灵性信仰和健康之间的关联仍然有特殊的问题需要考虑，包括健康本身的意思。用得最为广泛的定义是由世界卫生组织确立的："健康是身体、思想和社交的一种完全的康乐感，不仅是不生病，或体格强壮。"1948年，该定义被一致通过，此后便没有改过。[3]这个定义很宽泛，自然会导致对健康的全人化（holistic）理解——将肉体、心理和社会三方面放在一起。很容易看出健康跟幸福的关联。越来越多有关辅助治疗和选择性治疗的资料，跟意识、肉体和灵性之间的联系（为新时代运动及其分支所喜爱）有关系。最近，主流医学从生物医药的模式向保罗·图尼尔（Paul Tournier）的"人的医学"（medicine of the person）的转变，与之如出一辙（Cox，Campbell and Fulford，2006）。

西方社会经历了从前现代到现代，再到经常说的后现代的变迁，而一个反映了这些变迁的故事则先行一步，本书第一版最后理论那章的核心便是这个故事。这让人想起世俗化过程中的一个重要维度：在这个过程中，历史上由教会统治的社会部门一点点变成自治领域，每个部门都建立了自己的职业准则。对治疗过程的理解相应地也在演变：宗教和灵性的维度减退；科学维度前进——系统性的前进，并取得明显成功。我们比过去活得更长了，至少在西方世界如此，我们希望身体健康。然而也有弊端，越来越多的人提出了批评。高科技的医疗固然取得了巨大进步，然而却把病人去个体化了，当想到自己只是系统中被处理的原料，病人就会心生怨恨；因为这个系统记录的是成功，统计的是目标和勾选框，而不是安慰或照料。

不足为奇，这种情况已经引发日益明显的反应——被视为后现代的反应，因为其是在现代之后到来的。这些反应并不是要回到过去——会思考的人几乎都不想这样；然而后现代最看重的是凸显病人需求的做事模式或方式。许多这样的模式在治疗过程中融入了精神或神圣因素，突出的有上面提到过的全人化趋势。例如，新的分娩法给母亲而不是医疗专家留下更大的自主空间；因为要悉心照料临死之人，便有了反对医院环境（有时候极端）医疗化的创新机构。最为明显的全人关怀转向的例子便是临终安养院。在这里，死亡成为生命的自然终结，而不是现代医学的失败。[34]我将用三个例子来充实这些观点：第一个，有关照料老人的素材不断增长；第二个，心理健康方面的一些有趣动向；第三个，一个跨越传统边界的案例研究。下面依次来看。

南安普顿大学的心理学系开展的研究，尤其是皮特·科尔曼（Peter Coleman）的跨学科研究，提供了一个很好的来自老年学的例子。科尔曼的兴趣包括跟老年相关的发展、精神和心理健康问题。他的著述甚丰，其中有两部说明了这里的问题。《信仰和老去：晚年的精神通道》（*Belief and Ageing：Spiritual Pathways in Later Life*）（Coleman，2011）建立在四十年的实证研究及其相伴的思考之上。凭着这些研究，科尔曼认为老年学家和福利从业者都应该更多地关注信仰（以及没有信仰），因为它是晚年幸福的一部分。受世俗参照体系的影响，对信仰方面的关注还不够。世俗的思考方式减弱了意义和归宿的重要性。这样可不好，因为随着年龄增长，意义和归宿越来越重要。最近，科尔曼领导了一项关于老龄化跟欧洲各地仪式性和社会性变迁的关系的精彩研究（Coleman，Koleva and Bornat，2013）。[35]他的书的内容跟老年人的健康没有那么相关，但书的叙事极有感染力。在书中，欧洲各地的老人，包括英国的，描述了他们在人生关键时刻对宗教的领悟（或者别的感受）。这个项目代表了最高水平的比较研究。

捕捉心理健康变迁的一个方式便是关注皇家精神病学学院的"精神信仰和精神病学特别兴趣团体"（the Spirituality and Psychiatry Special Interest Group，SPSIG）的活动。该团体成立于1999年，为积极探索宗教在精神病学领域中的影响的精神病学家们提供了一个论坛。该领域涵盖宗教（世界上大的宗教）人士、灵性信仰和没有宗教信仰的人士。该团体为心理健康护理提供了一种全人化的方法，让病人说出自己的精神上的忧虑，这样他们就可以讨论像人生目的和意义这种根本性的问题。人的病理和正常体验都得仔细考虑，为的是理解这两者重合或者没有重合的方式。这方面的关键在于视角的转变：宗教和灵性信仰不再被视为有害的或者幻觉性的（至少不一定是）；而是成为个体核心价值观和信仰的一部分，为治疗而不是伤害带来潜在可能。㉝该领域内的文献在迅速增长，"精神信仰和精神病学特别兴趣团体"维护的庞大出版物档案库就是证明。库克、鲍威尔和西姆斯（Cook，Powell and Sims，2009）更加详细地介绍了该团体及其存在缘由，其著作后面的章节涵盖了精神病学关键的专业特征。

最后这个例子不太一样，实际上它证明了规则的例外。肯特郡的博斯伍德医院（Burrswood hospital）是一家以慈善信托机构身份运营的医院，旨在通过医治和基督教关怀的联姻为病人提供高质量的护理。同时医院普及牧师关怀的知识，推广牧师关怀，这对其他想要开发牧师关怀职能的人来说是个资源。㉞简言之，在这座现代医院里，实际上，已经消除了医疗和宗教之间的界限。多萝西·凯林（Dorothy Kerin）于1948年创办了这家医院——她是一位有远见的基督徒，也有治疗的亲身经历。凯林从一开始就提倡"全人关爱"，将肉体上的疾病与个人的精神、心理或情感状态相关联。尽管工作的范围不同，但对慢性疲劳综合征或者说肌痛性脑脊髓炎的治疗已经成为该医院颇受欢迎的专长。博斯伍德医院正好位于两个结构中间：英格兰教会坚定地支持它，全国卫生服务部门的网站上也推荐了它。不要忘了，这里的多数病人都是自己掏钱治病。

学术讨论反映了这些变化并为之做出贡献。例如，近年来出版了一系列让人印象深刻的手册。柯尼格、金和卡尔森（Koenig，King and Carson，2012）编辑的《宗教和健康手册》（*Handbook of Religion and Health*），科布、普哈斯基和朗波德（Cobb，Puchalski and Rumbold，2012）编辑的《医疗中的精神关怀：牛津教材》（*Oxford Textbook of Spirituality in Healthcare*）㉟都是有代表性的例子。第一个基本上是美国文本，这就意味着在实践方面有所不同，但在被认为重要的一系列主题上没有那么不同，包括宗教和健康之间的历史关联、该领域所使用的"宗教"和"灵性信仰"之间的差异、心理健康、心灵-肉体关系、宗教对身体以及心理健康的影响。这本手册也关注了研究方法和临床实践。第二个文本更加专注，写的是精神信仰和医疗之间的关系，因其在研究、政策、临床实践和培训中日益重要。不仅要理解精神信仰如何被体验，而且要理解病痛、治疗和失去亲人时它是如何被表达的，这至关重要。该领域内有哪些资源应该被利用起来？还有应该如何组织这些资源？这些问题的重要性几乎与日俱增。

五　结论

本章中提出的问题对于理解英国的宗教至关重要。放在一起，这些问题非常清楚地表明了英国介于欧洲和美国之间的立场。例如，有关宗教和法律的那一节突出了《欧洲人权公约》的作用以及执行公约的欧洲法庭。英国人对两者的态度明显含糊。[39]但是不管喜不喜欢，英国目前都还在该法庭的管辖之下。实际上就结构或机构而言，英国跟它的欧洲邻居颇有几分相似：有历史上占主导地位的一个教会或多个教会，是福利国家，还有全面医疗体系。上面的段落已经表明这些特征是彼此相连的。例如，福利政府受其诞生之前教会（多个教会）的特定性质制约，这两者用欧洲的标准来看都很独特。

人们普遍认为，英国正承受着往不同方向拉扯的力量。正如伍德海德和其他人指出的那样，倾向于福利主义的民众比以前少了，自立自强依然是引起人们共鸣的一种美德，在保守党内外都是如此。英国也是一个志愿者的国家，很多志愿者训练有素，而且占据有着相当重要责任的职位。[40]在这些方面和其他方面，英国跟美国的亲缘关系清晰可见，当然这种关系也有限。对于相当多的美国民众不愿意接受奥巴马医疗改革方案及其背后的原则，英国人跟其他人一样感到困惑，而且英国没有跟价值观投票类似的东西，价值观投票无疑影响着美国选举的结果。在英国也没有任何新基督教右派的迹象，倒是有人宣称有新基督教左派（Theos，2013a）。简言之，无法回避的是：英国的情况非常特别。

注释

① 对这一主题的一项长期调查目前正在进行当中，调查极其有趣。塞西尔·拉波德（Cecile Laborde）正在指导一个由"欧洲研究委员会"资助的项目，项目名称为"宗教特殊吗？当代法律和政治理论中的世俗主义与宗教"（Is Religion Special? Secularism and Religion in Contemporary Legal and Political Theory）。细节参见 http：//www.ucl.ac.uk/spp/people/cecile - laborde（2014 年 8 月 8 日访问）。

② 更多有关平等与人权委员会的宗教或信仰这一维度的信息，参见 http：//www.equalityhumanrights.com/your - rights/equal - rights/religion - and - belief（2014 年 8 月 8 日访问）。这一节中的资料我得感谢大卫·裴菲特，他研究的是宗教或信仰维度。对该委员会这方面工作的有用总结可参考裴菲特（Perfect，2013）。

③ "公共部门平等义务"要求政府部门适当关注消除歧视、促进机会平等和良好关系。

④ 平等与人权委员会资助并领导了霍尔与普雷迪 2011 年向郡法院提起的申诉；在旅店店主 2012 年向上诉法院，2013 年向最高法院提起上诉时（没有成功），他们又资助了两人的辩护。

⑤ 包括 Woodhead 与 Catto（2009），Woodhead（2011）和 Weller（2011）。

⑥ 亚当·丁纳姆促成了这些对话，他是高等教育宗教知识水平领导力计划的负责人。进一步的发展，以及关于每一事件的报告，可见于 http：//www.religiousliteracy.org/ehrc - dialogues（2014 年 8 月 4 日访问）。

⑦ 伊韦达等案件判决的介绍，参见 http：//www.equalityhumanrights.com/publication/religion - or - belief - workplace - guide - employers - following - recent - european - court - human - rights - judgments。《（同性夫妻）婚姻法案》［The Marriage (Same Sex Couples) Act 2013］的介绍，可参见 http：//www.equalityhumanrights.com/your - rights/equal - rights/sexual - orientation/marriage - same - sex - couples - act - 2013 - guidance。均于 2014 年 8 月 8 日访问。

⑧ 参见《欧洲人权公约》的网站：http：//www.echr.coe.int/Documents/Convention_ENG.pdf（2014 年 8 月 8 日访问）。

⑨ 参见 http：//www.echr.coe.int/Documents/Questions_Answers_ENG.pdf（2014 年 8 月 8 日访问）。

⑩ 这些案件的细节，见：http：//hudoc.echr.coe.int/sites/eng/pages/search.aspx?

i=001-115881# ｛"itemid"：〔"001-115881"〕｝（2014年2月18日访问）。

⑪ 参见 McCrea（2014），和 Leigh 与 Hambler（2014），他们持不同意见。

⑫ 关于这个项目的更多细节，参见：http：//erc. europa. eu/erc - stories/european - perspectives - religion - public，以及 http：//www. eliamep. gr/en/descriptions/project - descriptions/grassrootsmobilise/（2014年8月8日访问）。

⑬ 参见 http：//www. law. cf. ac. uk/clr/aboutus/for more information（2014年8月8日访问）。

⑭ 参见 http：//www. law. cf. ac. uk/clr/networks/lrsn2. html。这一网络一直是非常有价值的关于宗教与信仰的判例的数据库，见 http：//www. law. cf. ac. uk/clr/networks/lrsncd. html。网址均于2014年8月8日访问。

⑮ 更具体的细节，可见于 http：//www. bristol. ac. uk/law/research/centres - themes/law - religion. html#01（2014年8月8日访问）。

⑯ 参见 http：//www. oxfordjournals. org/our_journals/ojlr/about. html（2014年8月23日访问）。这不同于该领域最早的期刊。《教会法杂志》（*The Ecclesiastical Law Journal*）和《法与正义》（*Law and Justice*）之前就有。

⑰ 关于政党成员的即时信息，可见于 http：//www. parliament. uk/business/publications/research/briefing - papers/SN05125/membership - of - uk - political - parties（2014年8月8日访问）。

⑱ 少数信仰群体在投票上偏好不一。然而鉴于取样人群的规模，结论必然是尝试性的。克莱蒙茨即将出版的书提供了有关宗教、投票行为和政党选择更为详细的信息。

⑲ 舆观调查的数据，可见于：http：//d25d2506sfb94s. cloudfront. net/cumulus_uploads/document/mm7go89rhi/YouGov - University% 20of% 20Lancaster - Survey - Results - Faith - Matters - 130130. pdf（fieldwork：25 - 30 January 2013），以及 http：//d25d2506sfb94s. cloudfront. net/cumulus_uploads/document/4vs1srt1h1/YG - Archive - University - of - Lancaster - Faith - Matters - Debate - full - results - 180613 - website. pdf（fieldwork：5 - 13 June 2013）。每项民意调查都包括广泛的问题。网址均于2014年8月8日访问。

⑳ 参见第七章注解③的理想类型。这个例子中的学者或记者指的是外部评论员，而不是参与者。

㉑ 这个项目是"宗教与社会计划"的一部分。最终的结果和报告，见 http：//www. bristol. ac. uk/ethnicity/projects/muslimparticipation。另见 http：//www. publicspirit. org. uk/presence – voice – and – impact。网址均于 2014 年 8 月 8 日访问。

㉒ 参见以下网址给出的信息：http：//www. publicspirit. org. uk/about – public – spirit
（2014 年 8 月 8 日访问）。

㉓ 可在以下网址找到这两个项目的细节和相应的出版物：http：//www. crs. uu. se/
Research/former – research – projects/ （2014 年 8 月 8 日访问）。案例研究是基于
英格兰，而不是联合王国全境。

㉔ 不难得出这样的结论，这就是为什么撒切尔夫人的政治观点在相当一部分英国
民众中引起共鸣的一个原因。欧洲大陆上没有与撒切尔夫人对等的人物。

㉕ 主题一节名称为 "当代英国的社会政策与宗教"（Social Policy and Religion in
Contemporary Britain），见《社会政策与社会》2012 年第 11 卷第 4 期 ［*Social
Policy and Society*，11（4），2012］。

㉖ 最近期的出版物，参见 http：//williamtemplefoundation. org. uk/our – work/re-
search/（2014 年 8 月 8 日访问）。

㉗ 这些报告有好多个都列在丁纳姆（Dinham，2013）、丁纳姆和杰克森（Dinham
and Jackson，2012）的书中。伊文思（Evans，2008）和罗素 – 琼斯（Russell –
Jones，2013）的书中有关于威尔士基于信仰的活动的数据。也可参考 "苏格兰
社区中的信仰"（Faith in Community Scotland）项目的研究，见 www. faithincom-
munityscotland. org （2014 年 8 月 8 日访问）。

㉘ 有意思的是博德维尔与提姆斯（Birdwell and Timms，2013）编录的两份报告中
也恰巧问到同样的问题。"有信仰的公民"详细讨论了志愿行为，"有信仰的提
供者"驳斥了基于信仰的组织老爱传教和（或者）搞歧视这一断言。

㉙ 关于 "大街牧师" 与基督升天信托基金的情况，参见：http：//streetpastors. co.
uk/Home/tabid/255/Default. aspx，和 www. ascensiontrust. org. uk。网站均于 2014
年 8 月 23 日访问。

㉚ 见注释㉙。

㉛ 可在以下网址查阅相关简报：http：//kingston. streetpastors. org. uk/wp – content/
uploads/2012/04/Kingston – University – Briefing – on – Street – Pastors. pdf （2014
年 8 月 8 日访问）。

㉜ 更多细节，见 http：//www. religionandsociety. org. uk/research_findings/featured_
findings/faith_based_services_for_homeless_people_do_not_bible_bash （2014 年 8 月
8 日访问）。另见 Cloke、Johnsen 和 May（2012）。

㉝ 参见《世界卫生组织章程》序言，序言为 1946 年 6 月 19 ~ 22 日在纽约召开的

国际卫生大会所采纳。

㉞ 普遍认为茜茜里·桑德斯夫人（Dame Cicely Saunders）是临终关怀运动的创始人。她先后接受过护士、社会工作者和内科医生的训练。她于 1967 年创立了圣克里斯托夫临终关怀医院（St. Christopher），医院兼顾娴熟的病灶控制、富有同情心的护理、教学以及临床研究。

㉟ 关于这个项目的更多信息，参见：http：//www. religionandsociety. org. uk/research_findings/featured_findings/religious_rituals_continue_to_mark_the_life_course_especially_in_ex_communist_countries，以及 http：//www. southampton. ac. uk/mrasc/introduction。网址均于 2014 年 8 月 8 日访问。

㊱ 在瑞典已经开展对寻求庇护者、难民和移民精神健康的研究，其中就包括宗教一文化方面。参见 http：//www. crs. uu. se/Research/impactofreligion/Theme_4/immigration_healthcare_and_existential _questions for more detail（2014 年 8 月 8 日访问）。

㊲ 信息源自博斯伍德医院网站：http：//www. burrswood. org. uk/about_burrswood/our_organisation（2014 年 8 月 8 日访问）。

㊳ 该书于 2001 年首印。

㊴ 囚犯的投票权这个问题尤为有争议。具体参见：Donald，Gordon and Leach，2012：126 - 127，和 http：//www. bbc. co. uk/news/uk - politics - 25421082（2014 年 8 月 8 日访问）。

㊵ 以英国国立学校的治理机构主席（the Chair of the Governing Body of a state school）的职责为例：主席的工作要求高、耗时、要有丰富的经验，但没有薪酬。

第五部分　理论思考

第十一章
宗教与现代性：还在继续

　　这一版《英国的宗教》在序言中指出自上一版付梓以来已经发生了三种变化，而且这三种变化都关乎宗教与现代性之间变动不居的关系，以及如何理解这些关系。第一种变化与宗教本身的情况有关。第二种变化反映了多个学科对正在发生的事情兴趣越发浓厚，包括那些政策导向的学科。第三种变化有点不同。它更为个人化，跟我用来审视那些问题的视角有关；同时我的这些视角比过去更为广阔，但也更加聚焦。之前的章节目的在于描述和解释英国21世纪早期的宗教情形，关注的是第一章中列出的各个因素。前面的讨论提及了该领域中如雨后春笋般涌现的文献，这些文献有赖于迅速增长的研究，这本身也体现了正在发生的变化。但接下来就社会科学如何应对挑战，大家则说得比较少。这一章的主要议题是表明对我所见的英国和其他地方所发生的事情，我做出了何种回应（我受训的专业是社会学）。但在探讨这一议题之前有必要说明几个事情。一是要指出哪些地方可以说得更多一些；二是总结前面给出的证据，得出一个整体的看法。

　　任何与本书性质相同的书必然都会有取舍，因为要用一本书讲清一个国家宗教生活的概貌只能去粗取精。额外的主题随时都可以加进去，读者不同列出的单子也不同，得看他们对什么最感兴趣。但作为

Religion in Britain: A Persistent Paradox, Second Edition, Grace Davie. 2015 Grace Davie.
© Published 2015 by John Wiley & Sons, Ltd.

作者我特别在意有三个题目尚未详细讨论，这三个题目是应该详细讨论的：在概论宗教的时候，性别的重要性和社会阶层的重要性，最广泛意义上宗教和媒体之间变动的关系。

我在其他地方论及过性别（Davie，2013；Walter and Davie，1998），但在前面的章节中我更多的是将性别讨论作为争论的主题（第六章），不是当作宗教规律本身形成的一个关键因素。关于宗教发展规律呢，更多强调的是代际变迁，而不是男性与女性之间的差异，因为我认为在这方面两性有类似之处（参见 Brown，2001；Aune，Sharma and Vincett，2008；Trzebiatowska and Bruce，2012；Voas，McAndrew and Storm，2013）。我的理由如下：性别角色的演变对于理解宗教变迁至关重要，但是这并非英国独有的。实际上，西方基督教国家中的多个指标都表明女性比男性更加虔诚，这种性别差异的普遍性跨越了国界，让人震撼。欧洲（包括英国）与美国固然不同，但不乏共同之处，性别差异便是其中之一。在本书中本应当联系英国各种信仰群体（基督教和其他信仰的），更进一步地认识在性别与世代、性别与族群之间微妙的、发展着的互动关系。但是这么做需要专门的研究。

本来可以更多地论述社会阶层，因为英国的社会阶层是独特的，这跟性别不一样。本书第一版中把这个议题当作一个重要的二级主题，指出各个不同社会阶层中信仰和从属呈现哪些不同规律。"信仰但不从属"就是所谓的传统工人阶层的特点。比如理查德·霍加特对二战刚结束时利兹工人的描述，第二章中对此已有回顾。然而，最近几十年中阶层与阶层结构都已发生嬗变，对之进行分析也要比过去复杂得多。此外，阶层与其他变量交相作用，尤其是与族群特征相互作用，而在理解社会与文化差异时族群特征本身正在让位于宗教。后面这一点至关重要，在好几个地方都已经间接提过。

第三个空白跟媒体有关：传统媒体和新媒体。第三章参考了由金·诺特带领的重要研究，主要为了指出报纸和电视上对宗教的失实报道和歪曲表现（Knott，Poole and Taira，2013）。[1]然而仔细梳理该领域的数据就会发现应加以考虑的其他细节，至少应该对照考虑当地媒体和全国媒体报道之间的显著差异。例如，当地的报纸报道宗教时明显比全国性的报纸更加客观，并以同理心报道某个城市或社区所发生之事，且报道的频率适中。日益壮大的新媒体提出的问题则不大一样，新媒体自 1994 年以来经历了指数级增长，并且与宗教生活的新形式相互砥砺，以至于网上的宗教（religion online）一点一点演变为在线的宗教（online religion），由此产生完全不同的一类评论。宗教本身的媒体化也同样重要。因为所有这些原因，1990 年代以来就有人认真地想把宗教列入媒体研究的议事日程，以及把媒体放到宗教研究的议事日程中。这样的交流正在结出丰硕的果实（Lövheim，2013）。[②]

在这方面可以大有作为：既可以更加充分地讨论网络及其对宗教（还有别的很多东西）的影响，也可以去谈流行文化的世界（电影、音乐、视频等）。在这两种情况下，时间和空间的压缩都只是起点，只用轻点几下鼠标就能把当地与世界连接在一起。

一 全盘考虑

现在来看积极的一面：已经覆盖了的内容。第一个挑战是捕捉整体上的情况，不要忘了这可是说来容易做来难。正如一开始便指出的那样，本书中确立的各种要素在不同方向上牵扯制约。然而切题的问题还是得问。其中之一与预设有关：如果 21 世纪的英国不再是任何真正意义上的基督教国家，那它是什么？是世俗国家吗，多样化吗，还是对宗教无所谓而已？它朝着哪里去？证据是含糊的，因为每个陈述都需要加以限定。英国显然比过去更加世俗化，但绝非完全如此；也更加多样化，但并不是处处如此，还有相当大的地区性差异。此外，对宗教的无所谓一方面与"信仰但不从属"交织在一起，另一方面又跟更为明朗的世俗化现象纠缠不清。世俗化当然在步步紧逼，但其自身也带上了英国宗教特有的色彩，而在我们的世界里开始崭露头角的世俗主义的形式何尝不是如此。宗教更加多样化是一个事实，但是就英国目前的宗教少数群体及其与社会的关系而言这种多样性有着鲜明的特色。欧洲也有类似情况，只是形式与内容不一而足。

认识到这样的复杂性，那么形势的发展可以总结如下。英国社会的中心正在逐渐从基督教传统转移，但依然带有很深的宗教烙印。新的精神寄托形式开始演化，新的形式在本质上更可能是世俗的，而非宗教的，例如跟平等或人权相关的话语。除非能为真正信奉各种信仰的人找到空间，否则这些新形式不可能长存。英国正面临这样的新形势，笃定的基督徒有可能成为少数派，但历史的砝码在他们这边，这一有利条件也给他们带来相当大的责任。简言之，依然可以感受到文化的积淀，不过是以新的方式被感受到：不妨称之为一个少数群体的等级体系，其中某些少数群体在国立教会的传统下寻求发展。国立教会已经不再一统天下（理应如此），但依然有着体制上的优势。前文提及过"'官方色彩较弱的'国立教会"这种地位的有利之处。

总结完了便产生一连串互相关联的问题。有多大变化？何时发生的变化？我们怎样才能区分想象与现实？第二章中概述的分析 1960 年代的不同方向是个很好的例子。当时英国社会显然正在发生深刻的转变，但人们对于世俗化进程的意义充满争议。卡勒姆·布朗将 1960 年代视为关键，其他人则将其放到更为长期的视角下审视。那么教会的地位如何？教会还在起带领作用吗？还是仅仅对其周遭发生的事情做出回应？再进一步挖掘，是部分身居高位的教会人员提倡的观念变革引发了礼拜的人减少，还是这些人在对已经确定无疑的宗教活动的衰退做出反应？不管实际情况如何，有诸多证据表明 1960 年代的教会带领人相信英国——还有其他西方社会——已经迈入新的深刻的世俗化的时代。他们对身边发生的事情的感想与我们今日听到的非同寻常地相似。[③]

其他评论者则是在随后的几十年中找到重要的转折点。琳达·伍德海德就是其中之一，她将 1980 年代视为承上启下的十年。与之相关的重要一点便是市场逐渐发展成了宗教和福利方面的主导组织模式，而不是由国家说了算。这一转变始于 1970 年代（Woodhead，2012）。某种程度上我同意这一说法：毕竟这是从义务到消费这一运动中延伸的一个转变。我还认为（跟伍德海德一样）宗教是基于选择而非习惯或者义务，但这并不意味着宗教必然会无足轻重。认真做出的选择对于公共生活和个人生活而言都有潜在影响。市场也不是**必然**就有害。然而我还是比伍德海德更为看重那种一直将宗教视为一种公共设施的观念，以及与之相伴的心态。旧的习惯难以根除，因为依然还有为数众多的人口期待他们的教区教会在自己需要的时候帮自己一把，就像对国家卫生服务部的期待那样。这些人中很多人并没有太多选择的机会。

在对"宗教与社会计划"的研究工作做出评论时，伍德海德指出了一系列相关的议题。在"公众宗教的新形式"研讨会的闭幕大会上，她为所有与会代表做的演讲便是很好的例子。④她的演说让人联想到两种"风格"（或者理想类型）的宗教。"旧式"宗教指的是宗教改革以来就有的组织模式（基本上为中等规模的当地会员组织，这些组织合在一起成为全国性组织）。这些模式由统一的教理支撑，教理的精要用印刷品加以阐明。这些教会的成员相对被动，他们将拯救视为超验的而非内在的。"新式"宗教则包括从事件性的存在，到中等规模的会员组织等各种形式。有的非常大（庆典或者聚会），有的很小（细胞小组）；后者可存在于前者内部。而且"新式"宗教内部权威更加分散，交流通过多种多样的媒介进行，个体信仰者的能动性有了不小的发挥。重点在于找到自我，而非一种确定性的救赎。显而易见，这与伍德海德有关灵性的研究有共通之处。

需要注意的是两种类型或者风格的宗教并行不悖。这并非最近几十年的事，而是几百年来都是如此，而且在可预见的未来还会继续下去。这种并驾齐驱的状况奠定了本书的结构。话虽如此，伍德海德还是将 1980 年代视为临界点，此时"新式"宗教不仅明显加速发展，而且成为常态。再一次，我的观点与之类似。这不足为奇，因为从一种类型的信教特质转变为另一种是本书第一版结语一章的中心思想，那一章追溯了从现代到后现代的转变及其对现代英国信仰者特征的影响。泛泛而言，伍德海德的第一个类型与我对"现代"社会的描述相吻合，第二个类型与"后现代"契合。请注意，是"新式"宗教引发了各种反应。有人选择随大流并创造了与现代生活的变动不居契合的宗教形式。但也有人觉得这么做有困难，于是寻求保护个体、保护信仰同一宗教的人不受后现代生活不确定性困扰的宗教形式。⑤后者当中寓有基要主义的本质，基要主义有宗教和世俗两种形式。

在马丽恩·柏曼的著述中可以找到一种不太一样的方法，她是非主流宗教形式的专家。跟伍德海德和我自己一样，她认识到了英国宗教生活的复杂性，但她强调的点不同，且很有启发性。实际上，柏曼使用"非主流"（alternative）一词时是有疑虑的，因为这意味着别的什么东西才是主流的。但是有吗？因为这个原因，她更偏向于讨论"整体性精神追求"（integrative spirituality），选这个词是为了捕捉一种"拼接"感、一种创造性的融合，然而也得承认这不是什么新东西。当前的话语也许有所创新，但地方化宗教（vernacular religion）一直就对正式和不那么正式、官方和不那么官方的东西兼收并蓄，亘古以来民间宗教就与不妨称之为主流的宗教信仰形式并行不悖。从这个角度来讲，她是用新的眼光去看待格拉斯顿堡（Glastonbury，柏曼田野调查的重中之重）的。仔细看看这儿发生了什么，我们就能明白更大的趋势，尤其是关系到多元性的趋势，过去的和现在的多元性（Bowman，2015）。

此外，每代人都会努力去搞清楚身边发生的事情，不管是宗教的践行者还是评论者，所以这样的讨论还会继续。基于一种社会学的意识，我自己没想明白的是一个更深层次的问题：谁持有中庸立场谁就有着某种合法性，对宗教是如此，对其他很多事情也是如此。也是由于这个原因，我这20年来的工作都集中在社会的这一层面，集中在找到可以帮助我更好理解这一点的概念上。例如第四章中我解释了为何弃用"信仰但不从属"这个概念而转用"代理式宗教"的概念。我不想推翻"信仰但不从属"这一判断，但我不禁琢磨如果我们更加重视世俗化的人与事的话，"信仰但不从属"是否能焕发新的生命力；换言之，进一步理解那些已经将自己置身于任何宗教社群形式之外，但在多个问题上依然不置可否的人。伍德海德（Woodhead，2014b）将这些人称为"含糊的不信者"（fuzzy nones），要知道多数的"不信者"并不严格排斥上帝。他们抵制的是与"宗教"（不论泛泛还是具体）的任何牵扯，抵制被贴上"宗教性"这个标签。[6]

不管实际情况如何，看待英国未成定局的情况得参考20世纪晚期和21世纪早期其他地方发生的更具戏剧性的事件。有三个事件改变了世界：1979年的伊朗革命，1989年苏联和东欧的剧变，2001年双子塔遭到攻击。鉴于事件的重大，每个事件本身都值得仔细分析，不过它们有一个关键特征是一致的：出乎意料。显然，政策制定者和专家都被搞得措手不及。比如，受伊斯兰保守读物鼓动的阿亚图拉（Ayatollah）为什么让伊朗的国王——西方的傀儡，望风而逃？为什么所有的评论者都未能预见到最终导致柏林墙拆除、政权解体的一系列事件有其必然性，而约翰·保罗二世当选为教皇则是其中的一个重要因素？最后，为何"9·11"事件如同晴天霹雳般从天而降？虽然当时，意识到伊斯兰世界的事件及其对西方政策的重要性的人越来越多，[⑦]但没有人——完全没有人——料到绑匪会劫持飞机撞向纽约的地标性建筑。此时人们方才醒悟：不可否认宗教的重要性，因为它显然可以发动各种差异巨大的群体都去做戏剧性的、无法预料的事情。意识到这一点后，人们才重新关注久已被忽略的社会的这一面。

然而得出的推论却是错的。评论者们开始武断地以为宗教复兴了、回来了，理由是我们现在的处境是后世俗化，而非后宗教性。然而这么认为无异于混淆了两个不大一样的东西。宗教（上帝）真的回来了吗？[⑧]抑或只不过西方社会科学的学者，还有各种政策制定者，现在意识到了（或者说重新意识到了）一直以来就存在于那里的某种东西？换言之，改变的是感悟而不是现实。我认为两者都有，很复杂。新的宗教形式在世界各地大行其道，这毋庸置疑。然而因此以为新的（信仰）表现凭空出现却是不对的。几乎在全球所有地区，宗教不仅一直就存在，而且也被认为是理所当然的；只有在欧洲，这一陈述兴许会受到质疑，那也只是遭到某些人的质疑。本章的第二节将会考虑这些问题。

二 对突发事件做出反应

正如我指出的那样，本书第一版中与本章相对应的那章关注的是20世纪晚期社会性质的改变，及其对人类生活的宗教维度的影响。那一章也关注了方兴未艾的社会学理解新的现实的洞见。这方面的关键词是后现代和后现代主义，前者用来搞懂社会结构性质的转变，后者用来表述社会结构变化带来的认识论上的转变。注意，不要将两者等量齐观。那一辩论差不多已偃旗息鼓，但其他的辩论又已兴起并取而代之。这里需要指出的是,有人以为发生了从世俗到后世俗的转变;因为在 21 世纪里宗教还在坚守,着实让西方的评论者吃惊不小。以为现代性即为世俗性的看法,再也不能充分应对全球范围内正在发生的事件,更不用说这些事件在人们身边造成的震荡。

了解事情的来龙去脉,包括对社会学分析的启发,正是下文的目标。论述分几个阶段展开。会简要总结真实的情况,这仅仅是做个铺垫。然后探讨对宗教新的感知引发的海量研究,包括在英国国内和在英国之外。然而,最重要的是,越来越多的人认识到研究活动中的重大变革本身正在催生社会科学领域内新的、紧迫的问题,这些问题很多并没有得到回答。

可以这样简要总结前文中详细阐述的现状。宗教(五花八门的宗教)再也不是隐形的了,对于普罗大众和学术圈来讲都不再是。虽然宗教活动正在衰落而不是在增长,宗教却越来越多地出现在公众话题当中。移民——"世界"来到我们家门口的过程——在本书的叙事中是一个关键因素,最初的注意这方面的讨论是出于种族特征而非宗教特征。这是由于一个显然的原因:在现有范式之内,社会学家更容易处理族裔的差异,宗教的差异则更难处理。然而,随着时光的推移,西方学者的感知与进入英国后安顿下来的社群所偏好的自我认同之间出现了偏差,必须承认这种偏差。而穆斯林的存在对于这一转变(承认偏差)的发生最为重要。结果便是,在很多欧洲社会的议事日程上,宗教和宗教差异变得越发重要,在英国也是如此。然而,这些议题十有八九被建构为"问题",其他地方发生的暴力事件恶化了这一(问题)形象。

接下来的事情实质上是一种滞后的反应。过去否认宗教是一种显性的公众事务,这种否认逐渐为慌张所取代,并在出奇短的时期内产生了第九章中提及的现象:一系列数目可观、资金充沛的研究项目,各种各样的政府举措,呈井喷式增长的出版物。这一"研究热潮"的细节只能在这里总结一下。然而,关键的一点是要认识到英国的"宗教与社会规划"不过是许多研究规划中的一个(Davie,2011),我不断从中汲取养料。与之高度相似的工作在荷兰、瑞士、丹麦、瑞典和加拿大都有进行。⑨同时,"欧洲委员会第六与第七框架规划"(the Sixth and Seventh Framework Programmes of the European Commission)支持一系列扩展项目,这些项目与欧洲增长的多样性及其对经济、政治、社会生活造成的影响相关。[10] 欧盟的这些研究规划就是对相关研究迫切性的政策回应。

实际上，所有这些活动——全国范围和国际范围内——的潜台词都明确无误，并且都围绕以下问题展开：世界上的某个地区的宗教多样性增长，是否会破坏社会凝聚力；如果是，那么应该做些什么？上述的众多研究项目在不同领域中审视了这些问题，包括政治、民主、法律、教育、福利等领域，并对其中的关键价值观（宽容、接纳、尊重、权力、责任、包容、排斥）进行了彻底探究。不足为奇，许多研究将少数族群的生存现状及其愿望、移民接纳国对这些族群的反应放在重要位置。在这片流动与迁徙（包括其他地方的人移民到欧洲，也包括数目可观的人从欧洲某地迁往欧洲别的地方）如同家常便饭的大陆上，自我认同再也不能被视为理所当然。经济的波动对时局的发展至关重要，也加剧了相关的紧张形势。

此处的概论有些仓促，但仍可发现很多重要的点。首先，区分项目和规划很重要。与宗教相关的研究项目一直都有，其中许多提供了重要的数据，更不用说新的思考方式了。这些项目都是有价值的创举。然而，过去十年中不大一样的东西出现了，即：一系列研究规划，旨在将林林总总的项目归拢，做到聚合的效应大于简单相加。这种系统研究宗教的方法是崭新的。在研究规划充沛的资金支持下，研究成果大量涌现。其次，如此多的研究活动几乎同时出现并非偶然，我认为是对现代欧洲社会中宗教的地位感到同样的焦虑引发了这些研究，是恐慌而不是好奇驱动了这些研究。

不管动机是什么，影响都是深远的。参与这些规划的学者数目之众，他们个人以及联合出版的作品，他们主持、参与的会议，他们的作品在学术圈内外的影响，这些无疑都已经带来了改变。已经产生了大量的新知识，训练了新一代的研究者，新的合作机遇层出不穷。

结果便是几乎每天都会出现新的研究领域。这些领域中有四个组成了第十章的内容：宗教对于法律和法律制定日益增长的重要性，政治家需要（政治科学研究者因此也需要）转换视角，重新关注与社会福利相关的宗教，医疗和社保方面的新举措。然而，这四个领域都需要差异巨大的学者群体的投入，而且它们本身也催生了新的跨学科研究形式。在这方面，法律和社会科学的互相作用尤为引人注目。

三　对新的问题做出回应

不足为奇，新的问题不断从这些合作研究中涌现，本节将重点论述其中的两个问题。第一个便是后世俗化这个概念本身，要探讨的是这一概念是否有助于理解 21 世纪的宗教；第二个则是考虑社会科学能否创造性地回应正在发生的事情。整体而言，本节的讨论回顾了在这个领域内我早年写的东西，但超越了那些东西。同时本节的讨论也给令人钦佩的正在进入该领域的研究者提出了全新的挑战。

通过知名哲学家哈贝马斯（Jürgen Habermas）的一系列推动，"后世俗化"一词来到了学术"舞台"中央。2005 年，他在获得霍尔伯格奖（the Holberg prize）后的致辞就是一次推动。[①] 哈贝马斯的演讲名为《公众领域内的宗教》（Religion in the Public Sphere），开头是这样的："我们差不多都会注意到宗教传统与信仰社群已经具有了一种新的、迄今为止尚未预料到的政治重要性。"接下来，"至少对于那些信奉主流社会科学的传统智慧的人来说，这个事实是始料未及的，这些人以为：现代化与世俗化必然携手同行，而同时宗教信仰与实践对政治和社会的影响也会减弱"（Habermas，2005：10）。简言之，宗教已经作为一种政治势力重新露面，并未有人预料到会这样；出乎意料的原因在于主流社会科学曾经信心满满地断言：现代化的进程和世俗化的进程是相生相伴。

第二个推动是发表在《欧洲哲学期刊》（*European Journal of Philosophy*）上的一篇精辟的论述文章，该文探讨的是后世俗化这一概念，用的是罗尔斯（John Rawls）提出的著名概念"**公共理性**"（Habermas，2006：3）。带来的挑战则激动人心：哈贝马斯邀请凡夫俗子，包括欧洲大众，"反观自身并超越世俗主义者对现代性的自我理解"（Habermas，2006：15）。这一态度明显超越了"简单的宽容"，因为它必然使得人们产生尊重宗教信徒世界观的情感。实际上，这一论述中有着一种不断增大的相互性。历史上宗教民众不得不适应日益世俗化的环境才能生存下来。世俗公民处境更佳，因其世俗性他们几乎避免了在现代世俗国家中的"认知失调"。然而随着宗教和宗教问题日益占据议事日程，这种状况一去不复返。由此产生了另一个问题。是仅仅将这些问题视为前现代时代的遗留物呢；还是说更为世俗的公民有义务克服自身狭隘的世俗主义意识，以"**合理预期的分歧**"（reasonably expected disagreement）来看待宗教（Habermas，2006：15）。换言之，认为双方都拥有一定程度上的合理性？人们似乎正越来越多地接受后一种思路。

哈贝马斯的论断在各个方面都具有挑战性，值得认真反思。他的论断对全球范围内的变化做出了创新性的回应，而欧洲的相对世俗化日益被视为一种例外、非典型的情况。不足为奇，他的推动引发了热烈的辩论，辩论的一多半超出了本章的范围。⑫然而，三位学者的贡献对此处呈现的论述也功不可没。头两位——汉斯·乔亚斯（Hans Joas）以及大卫·马丁——探讨的是类似的问题，即世俗化或者后世俗化是否是一个完整（自成一体）的概念。第三位——詹姆士·贝克福德——有着类似的关切，但他将论述推进了一步。就目前的讨论而言，他的批评是基于对英国状况的详细分析，这样有助于研究。他们所用的每种方法，我都会一一道来。

汉斯·乔亚斯在该领域的著述颇丰，他的研究整体上是在叩问现代化与世俗化之间的关联。求索之中，他密切关注着这两个概念不准确的使用，特别指出"世俗化"一词有将近七种不同的意义（Joas，2002；Joas and Wiegandt，2009）。这种复杂性，他认为，必须正视。只有厘清这些意义，我们才能对后现代社会有更好的了解；而过于简化、因而扭曲了的对世俗化和后世俗化的理解、夸大两者之间的对比，则无助于我们的理解。大卫·马丁持有类似的看法，他的讨论吸纳了近50年来的学术研究成果。早在1960年代，马丁就呼吁过要警惕世俗化这一概念，强调这一术语乱象丛生，更不用说它带有的意识形态色彩。大约50年后，在涉及后世俗化时他同样建议谨慎，担心同样的乱象可能再次出现。具体来讲，他肯定了宗教一直都在，而不是重新露头，包括其在公众舆论中的存在；因此他质疑私人化（privatization）这个概念（这一概念本身）。能用私人化这个词来描述欧洲发生的事情吗（Martin，

2011：6 - 7）？诸多证据表明不能。宗教与世俗世界的互动应该用长期的眼光来看待。"宗教的进击"（religious thrusts）与"世俗的退缩"（secular recoils）几百年来早已有之，不是近几十年的事情，而且——这对马丁而言极为关键——在不同的地方表现的方式不一样。由此，需要仔细审视现代世界有关宗教的指标，需要将其放到语境中去审视。"上帝回来了"这种简单的说法，不能充分表达这一紧迫而又复杂的议程。

20 世纪晚期和 21 世纪英国宗教的发展——包括其"进击"与"退缩"——在前面的章节中已经阐述过了，也反复强调了英国（包括英格兰、苏格兰、威尔士和北爱尔兰）情况的特殊性。马丁的著述于我的分析而言至关重要。在"科学研究宗教促进会"（Society for the Scientific Study of Religion）2011 年年会上，詹姆士·贝克福德（James Beckford，2012b）发表了会长致辞，他的致辞达到了更高的层次。首先，他把目前的状况跟更早的辩论做了比较，尤其是将后世俗化跟大约十年前围绕后现代产生的含混做了比较。做这两种比较时他的反应不仅相似，而且透彻，这是他一贯的风格。每个概念都经过严格的审视，旨在暴露其薄弱与不足。[13] 例如，有关后世俗化，贝克福德首先理清这个频频使用的术语包含的诸多头绪，这些头绪并非都互相兼容。如此一来讨论必然混乱，因为不同的学者说的是不同的事情。有两点尤其值得注意：第一，不同的学科采纳这个术语的方式不同；第二，通常规范性的话语并不总会关注实证细节。

在其致辞的第二部分——为了让人深切领悟实证细节这点——贝克福德探讨了英国宗教管理近年来的变化。他特别指出三个方面：宗教多样性的增长，将平等的法律适用于"宗教或信仰"，政府各个部门促进社会事业的政策。所有这些在之前的章节中都讲到了，所有这些都加大了宗教在公共辩论中的分量。但在这一语境中后世俗化一词有用吗？贝克福德不确定，原因跟乔亚斯与马丁援引的那些原因非常相似，即后世俗化这个概念是过于简单的世俗化叙事的翻版。要正确理解这两个概念就必须详细叙述它们，必须将其放到历史语境当中，这样才能揭示在特定情况下的公共生活中，林林总总的事物里，哪些才算作"宗教"。对这个问题的理解十之八九都是想当然的。

我同意他们的观点，作为此处讨论的附言我再加上一点个人的评论。我欣然地见到当前有关后世俗化的辩论以及相关文献的不断增加（例如：Molendijk，Beaumont and Jedan，2010；Baker and Beaumont，2011）。辩论和文献的增加都表明对宗教的严肃对待，这是好事。我也同意，后世俗化这一概念需要精细限定才能有效使用。尽管如此，我还是需要一个词语来描述英国社会正在同时发生的两件事情：通过各种变量测量体现的宗教活动的衰减，宗教在公共辩论中越发重要。如果对之我不能用后世俗化这个词来描述，那我怎样才能表达这本书的论述背后潜伏的悖论呢？

现在来看看社会科学对正在发生之事做出创造性反应的能力，要将我最近二十年间思考的两个中心主旨融为一体，这种能力非常重要。第一个主旨聚焦于描述和解释现代世界各个地方的宗教情形。这方面我的研究涉及的领域在扩大，前言中已有概述；本书整体上体现了这种方法。第二个主旨有关宗教社会学作为一门二级学科的发展，尤其是叩问该领域所代表的思考方式是否能够完成其需要完成的任务。换言之，这些思考方式合适其目的吗？2007 年，我出版了《宗教社会学》的第一版，我认为从两个意义上讲，宗教社会学应具有批判性（Davie，2007c）：我们要理解宗教在 21 世纪的地位，理解宗教在无数个人的生活中以及他们所处社会中还在扮演什么角色。这至关重要。此外，我对这个并不总能迎接挑战的二级学科持批评态度：社会学的分析十之八九卡在了老的范式里，这些范式难以处理英国和别国宗教日益重要起来这一事实。《宗教社会学》第二版于 2013 年出版。本章中描述的研究和研究资金的显著增长发生在该书两版之间的年月里。

由此产生一个明显的问题。研究行为的重要转变激发了宗教社会学思想发生类似的重大变革吗？就积极的一面而言，我坚信宗教社会学——实际上整个的宗教研究——现在的状况好于十年前。我赞赏这一变化，但对很多工作的动机我却持怀疑态度。整体上看，宗教依然被视为一种"问题"：为了更好地加以管理，必须对之进行透彻研究。然而，对这种说法要及时地做出限定。这一说法，在有的地方比在其他地方更加适用，在有的学科比在其他学科更加适用，对于有的研究者比对于其他研究者更加适用。一般说来，那些对宗教有更多了解的人更赞同宗教具有作为积极资源的潜力。放眼全球，美国的学者比欧洲的学者更加赞同这种潜力，而那些发展中国家的学者——尤其是人类学家、传教研究者以及（有的）发展工作者——也更为推崇这种潜力。[14] 原因非常清楚："生活"在该领域的研究者（不管以何种身份、不管在哪种社会）更有可能尊重其研究对象及其生活方式（包括他们生活方式中的宗教维度）。尊重当然也包括批评，有时候还是尖锐的批评。

　　这样的原则在英国国内也能适用。正是这样的考虑促使我褒扬年轻一代的学者，他们在研究方法方面受过更好的训练，比我更富有想象力，我们需要用这些研究方法来评判英国各地的宗教在个人和社群日常生活中的重要性。在"宗教与社会规划"项目中就运用了诸多方法，本书也参照过。伍德海德（即将出版）的书中汇总了这些方法。这方面创新思维的第二个例子可在"宗教研究的调查方法"的网上培训中找到，该培训是肯特大学的神学与宗教研究系为其研究生提供的。[15] 该项目的简介清楚说明："近年来，在宗教研究中，实证调查越发变得重要。在'宗教研究'学科内，更多的研究生正在做基于田野调查的项目，其他的社会科学学科也对宗教作为一个研究领域重新产生了兴趣。"这一培训举措探索的方法显然多种多样，加在一起它们就成为刚刚踏入该领域的研究生（研究者）的一个难得的资源集合。这再一次体现了这种对一个题目进行系统性研究的显著效果。

　　由此，有两点毋庸置疑。越来越多的来自许多不同学科的研究者当前正在从事宗教研究，就方法而言（和就实质而言）他们的诸多工作都有所创新。尤其是对于社会科学家来说这又意味着新的挑战：需要深入相关学科的哲学内核，探究严肃的宗教研究可能给他们的工作方式带来什么影响。然而，在直面这个问题之前，应当顺带指出引人思考的一点。本书概述的大量活动都是在神学和宗教研究系里进行的，而不是在社会学系里进行的，追踪宗教实证研究领域（社会学的、心理学的、政治学的）里最近的职位任命便能发现证据。也有例外，但多数都是在更新的大学里，这些职位需求更多地出现在社会科学研究中心而非宗教研究中心。[16]

　　绝大多数时候，原因都在于社会学和其他社会科学不愿意承认：实际上，重视宗教与实现全面现代化并不矛盾。不管怎样，事实很明显：两者并行不悖。从很多方面来讲这都不足为奇：牵涉到的学科多多少少直接源自欧洲启蒙运动，这意味着它们都有社会科学的世俗哲学的底子。正如哈贝马斯和汉斯·乔亚斯暗示的那样，从 19 世纪以来人们就以为现代化会带来世俗化。此外，在 1960 年代该学术分支指数级的扩张也并非偶然，这十年里社会科学，理论的和应用的，都有赖于世俗化的假定蓬勃发展，因此，研究者不愿意放弃这些假定。要破除如此根深蒂固的关系并非易事。这需要相关学科重新思考各自研究领域的基础，这样他们在分析现代社会时才能充分考虑到宗教以及宗教问题的潜在影响。此外，这还意味着宗教是什么样就接受它什么样，而不是我们想要它怎么样。首要一点，研究必须是由数据和对数据展开的批判性思考来驱动，而不是由"传统"范式过于世俗化的假定来驱动。迎接这一挑战，在我看来，是踏入该领域的新一代研究者的首要任务。

我得说，这本书能做的是有限的；如果别的办不到，我希望它能让读它的人对宗教有更多了解。这本身就有意义。

注释

① 有关宗教与媒体领域更宽泛的概论，参考 Knott 和 Jolyon（2012）。

② 列夫海因（Lövheim）编辑的文本全名为"媒体、宗教、性别：关键问题与新的挑战"，这一名称表明她同时对性别也感兴趣。

③ 例如，参考布赖威特·泰勒（Brewitt – Taylor，2013）搜集的证据。许多教派的高级教士，比如约翰·罗宾逊（John Robinson）、迈克尔·拉姆塞（Michael Ramsey）和唐纳德·索珀（Donald Soper），相信他们生活在一个"世俗的世纪"里，以至于他们认为对基督教不倦的兴趣是一件需要解释的事情，而不是失去兴趣需要解释。

④ 会议的细节以及伍德海德教授致辞的播客音频，参见 http：//www. religionandsociety. org. uk/events/programme_events/show/new_forms_of_public_religion（2014年 8 月 8 日访问）。

⑤ 这里显然与赫维尔 – 莱耶的"朝圣者"和"皈依者"有着相似之处。参考第七章。

⑥ 美国的情况类似，参见 2012 年宗教与公共生活皮尤论坛（Pew Forum on Religion and Public Life 2012）。

⑦ 亨廷顿（Samuel Huntington，1993，1996）的研究可作为一个例子。他有关文明的冲突的思考主导了 1990 年代的辩论，包括美国国内和国外的辩论。

⑧ "上帝回来了"这种简化的说法来自一本热门图书的题目，参考 Micklethwait 和 Wooldridge（2010）。

⑨ 荷兰的研究参见 http：//www. nwo. nl/en/research – and – results/programmes/the + future + of + the + religious + past；瑞士的参见 http：//www. nfp58. ch/e_index. cfm；丹麦的参见 Christoffersen 等（2010）和 Christoffersen、Modéer 和 Andersen（2010）；瑞典的参见 http：//www. crs. uu. se/Research/impactofreligion；加拿大的参见 http：//www. religionanddiversity. ca。丹麦和瑞典的方法有点不同，他们的研究集中在某一所大学而非分布于几个机构。所有的网站都于 2014 年 8 月 8 日访问。

⑩ 更多有关欧洲委员会框架规划的信息，参见 http：//cordis. europa. eu/home_en. html（2014 年 8 月 8 日访问）。

⑪ 此次专题研讨会的细节，参见 http：//www. holbergprisen. no/en/juergen – habermas/holberg – prize – symposium – 2005. html（2014 年 8 月 8 日访问）。哈贝马斯教授的演讲可以全文下载。

⑫ 这些辩论交流融汇多种元素，可谓云泥之别。贝克福德（Beckford，2012b）对之进行了很好的总结。

⑬ 贝克福德关注概念的清晰，这对他整个的研究都至关重要。例如，他研究多元化的方法也同样体现了这一点。除此以外，后现代性与后世俗化之间的类比可以扩展用于一系列类似的词语，这些词语表示的是后现代社会变化的性质以及与这些发展变化相关联的文化表述。这是个有争议的领域。

⑭ 有一次"威斯敏斯特信仰辩论会"讨论过宗教对于发展的利与弊。参见 http：//faithdebates. org. uk/debates/do – benefits – of – engaging – religion – for – development – outweigh – dangers/#（2014 年 8 月 8 日访问）。

⑮ 这是个非常不错的培训计划，细节参见：http：//www. kent. ac. uk/religionmethods/index. html（2014 年 8 月 8 日访问）。

⑯ 需要谨慎对待这样的一概而论。然而，我觉得有意思的是伦敦经济学院人类学系启动了一项宽泛的"宗教与非宗教研究计划"，不是社会学系启动的，而该社会学系是 1970 年代宗教社会学的中心所在。正是在这里，大卫·马丁和艾琳·巴克（Eileen Barker）（以及其他人）做了一些他们最具影响力的工作。该计划的更多细节参见 http：//www. lse. ac. uk/anthropology/research/PRNR/Home. aspx（2014 年 8 月 8 日访问）。

参考文献

Abercrombie, Nicholas, John Baker, Sebastian Brett and Jane Foster. 1970. 'Superstition and Religion: The God of the Gaps.' In *A Sociological Yearbook of Religion in Britain 3*, edited by David Martin and Michael Hill, pp.91–129. London: SCM Press.

Ahern, Geoffrey and Grace Davie. 1987. *Inner City God: The Nature of Belief in the Inner City*. London: Hodder and Stoughton.

Ammerman, Nancy. 1997. *Congregation and Community*. New Brunswick, NJ: Rutgers University Press.

Ammerman, Nancy. 2005. *Pillars of Faith: American Congregations and their Partners*. Berkeley, CA: University of California Press.

ap Siôn Tania. 2009. 'Ordinary Prayer and the Rural Church: An Empirical Study of Prayer Cards.' *Rural Theology*, 7, 1: 17–31. DOI: 10.1558/ruth2009v7i1.17.

ap Siôn, Tania. 2010. 'Implicit Religion and Ordinary Prayer.' *Implicit Religion*, 13, 3: 275–294. DOI: 10.1558/imre.v13i3.275.

Arweck, Elisabeth, ed. Forthcoming. *Young People's Attitudes to Religious Diversity: Findings from a Mixed-Methods Research Project*. Farnham: Ashgate.

Arweck, Elisabeth and Robert Jackson, eds. 2013. *Religion, Education and Society*. London: Routledge.

Aune, Kristin, Sonya Sharma and Giselle Vincett, eds. 2008. *Women and Religion in the West: Challenging Secularization*. Farnham: Ashgate.

Baker, Christopher and Justin Beaumont, eds. 2011. *Postsecular Cities: Religious Space, Theory and Practice*. London: Continuum.

Ball, Jonathan. 2013. '"O Hear Us When We Cry to Thee": Liturgy in the Current Operational Context.' In *Military Chaplaincy in Contention: Chaplains, Churches and the Morality of Conflict*, edited by Andrew Todd, pp.113–132. Farnham: Ashgate.

Barker, Eileen. 1982. 'A Sociologist Looks at the Statistics.' In *The UK Christian Handbook, 1983 Edition*, edited by Peter Brierley, pp.5–9. London: Marc Europe.

Barker, Eileen. 1984. *The Making of a Moonie: Choice or Brainwashing*. Oxford: Blackwell.

Barker, Eileen. 1989a. *New Religious Movements: A Practical Introduction*. London: HMSO.

Barker, Eileen. 1989b. 'Tolerant Discrimination: Church, State and the New Religions.' In *Religion, State and Society in Modern Britain*, edited by Paul Badham, pp.185–208. Lewiston: Edwin Mellen Press.

Barley, Linda. 2012. 'Stirrings in Barchester: Cathedrals and Church Growth.' In *Church Growth in Britain*, edited by David Goodhew, pp.77–90. Farnham: Ashgate.

Beaumont, Justin and Paul Cloke, eds. 2012. *Faith-based Organizations and Exclusion in European Cities*. Bristol: Policy Press.

Beckford, James. 1975. *The Trumpet of Prophecy: A Sociological Study of Jehovah's Witnesses*. London: Blackwell.

Beckford, James. 1985. *Cult Controversies*. London: Tavistock.

Beckford James. 1991. 'Politics and Religion in England and Wales.' *Daedalus*, 120, 3: 179–201.

Beckford, James. 2003. *Social Theory and Religion*. Cambridge: Cambridge University Press.

Beckford, James. 2005. 'Muslims in the Prisons of Britain and France.' *Journal of Contemporary European Studies*, 13, 3: 287–297.

Beckford, James, 2007. 'Prison Chaplaincy in England and Wales: From Anglican "Brokerage" to a Multi-faith Approach.' In *Democracy and Human Rights in Multicultural Societies*, edited by Matthias Koenig and Paul de Guchteneire, pp.267–282. Paris and Aldershot: UNESCO and Ashgate Press.

Beckford, James. 2012a. 'Reified Knowledge about "Religion" in Prisons.' In *Religion and Knowledge. Sociological Perspectives,* edited by Mathew Guest and Elisabeth Arweck, pp.25–38. Farnham: Ashgate.

Beckford, James. 2012b. 'Public Religions and the Postsecular: Critical Reflections.' The SSSR Presidential Address. *Journal for the Scientific Study of Religion*, 51, 1: 1–19. DOI: 10.1111/j.1468-5906.2011.01625.x.

Beckford, James. 2013. 'Religious Diversity in Prisons: Chaplaincy and Contention.' *Studies in Religion/Sciences Religieuses*, 42, 2: 190–205. DOI: 10.1177/0008429813479293.

Beckford, James and Sophie Gilliat. 1998. *Religion in Prison: 'Equal Rites' in a Multi-Faith Society*. Cambridge: Cambridge University Press.

Beckford, James, Danièle Joly and Farhad Khosrokhavar. 2005. *Muslims in Prison: Challenge and Change in Britain and France*. Basingstoke: Palgrave Macmillan.

Béraud, Céline, Claire de Galembert and Corinne Rostaing. 2013. *Des hommes et des dieux en prison*. Convention de recherche entre le Ministère de la Justice-DAP et le CNRS-ISP (UMR 7220), no. 210.09.15.34.

Berger, Peter, Grace Davie and Effie Fokas. 2008. *Religious America, Secular Europe: A Theme and Variations*. Farnham: Ashgate.

信
仰
但
不
从
属

Berman, Gavin and Aliyah Dar. 2013. 'Prison Population Statistics.' Commons Library Standard Note. Available at http://www.parliament.uk/business/publi cations/research/briefing-papers/SN04334/prison-population-statistics. Accessed 12 August 2014.

Billings, Alan. 2004. *Secular Lives, Sacred Hearts*. London: SPCK.

Birdwell, Jonathan, with Stephen Timms, eds. 2013. *The Faith Collection*. London: Demos.

Birt, Yahya, Dilwar Hussain and Ataullah Siddiqui, eds. 2011. *British Secularism and Religion: Islam, Society and the State*. Markfield: Kube Publishing Ltd.

Bluck, Robert. 2012. 'Buddhism.' In *Religion and Change in Modern Britain*, edited by Linda Woodhead and Rebecca Catto, pp.131–143. London: Routledge.

Bocock, Robert and Kenneth Thompson, eds. 1985. *Religion and Ideology*. Manchester: Manchester University Press.

Bowman, Marion. 1993. 'Drawn to Glastonbury.' In *Pilgrimage in Popular Culture*, edited by Ian Reader and Tony Walter, pp.29–62. Basingstoke and London: Palgrave Macmillan.

Bowman, Marion. 2003–2004. 'Taking Stories Seriously: Vernacular Religion, Contemporary Spirituality and the Myth of Jesus in Glastonbury.' *Temenos*, 39–40: 125–142.

Bowman, Marion. 2005. 'Ancient Avalon, New Jerusalem, Heart Chakra of Planet Earth: Localisation and Globalisation in Glastonbury.' *Numen*, 52, 2: 157–190. DOI: 10.1163/1568527054024722.

Bowman, Marion. 2008. 'Going with the Flow: Contemporary Pilgrimage in Glastonbury.' In *Shrines and Pilgrimage in the Modern World: New Itineraries into the Sacred*, edited by Peter Jan Margry, pp.241–280. Amsterdam: Amsterdam University Press.

Bowman, Marion. 2013. 'Valuing Spirituality: Commodification, Consumption and Community in Glastonbury.' In *Religion in a Consumer Society: Brands, Consumers and Markets*, edited by François Gautier and Tuomas Martikainen, pp.207–224. Farnham: Ashgate.

Bowman, Marion. 2015. 'Christianity, Plurality and Vernacular Religion in Early Twentieth Century Glastonbury: A Sign of Things to Come?' In *Christianity and Religious Plurality*, Studies in Church History 51, edited by Charlotte Methuen, Andrew Spicer and John Wolffe. Woodbridge: Boydell and Brewer.

Breaking New Ground: Church Planting in the Church of England. 1994. London: Church House Publishing.

Brewitt-Taylor, Sam. 2012. '*Christian Radicalism' in the Church of England, 1957–70*. Unpublished DPhil thesis, University of Oxford.

Brewitt-Taylor, Sam. 2013. 'The Invention of a "Secular Society"? Christianity and the Sudden Appearance of Secularization Discourses in the British National Media, 1961–4.' Duncan Tanner Essay Prize Winner 2012. *Twentieth Century British History* 24, 3: 327–350. DOI: 10.1093/tcbh/hwt012.

Brierley, Peter. 2006. *Pulling Out of the Nosedive: A Contemporary Picture of Churchgoing – What the 2005 English Church Census Reveals*. London: Christian Research Association. Available at http://www.brierleyconsultancy. com/nosedive.html. Accessed 12 August 2014.

参考文献

Brierley, Peter. 2011. *UK Church Statistics, 2005–2015.* Tonbridge: ADBC Publishers.

Brierley, Peter. 2013. *Capital Growth: The London Church Census.* Tonbridge: ADBC Publishers. Available at http://www.brierleyconsultancy.com/capital growth.html. Accessed 12 August 2014.

Brierley, Peter. 2014. *UK Church Statistics No 2, 2010–2020.* Tonbridge: ADBC Publishers. Available at http://brierleyconsultancy.com/statistics.html. Accessed 16 October 2014.

Brierley, Peter and Val Hiscock, eds. 1993. *UK Christian Handbook 1994–5 Edition.* London: Christian Research Association.

Brown, Callum. 1987. *The Social History of Religion in Scotland.* London: Methuen. [A revised edition was published in 1997 under the title *Religion and Society in Scotland since 1707.* Edinburgh: Edinburgh University Press.]

Brown, Callum, 2001. *The Death of Christian Britain.* London: Routledge. [A revised edition was published in 2009.]

Bruce, Steve. 1986. *God Save Ulster. The Religion and Politics of Paisleyism.* Oxford: Clarendon Press.

Bruce, Steve. 2002. 'Praying Alone? Church-Going in Britain and the Putnam Thesis.' *Journal of Contemporary Religion*, 17, 3: 317–328. DOI: 10.1080/1353790022000008244.

Bruce, Steve. 2013a. 'Secularization and Church Growth in the United Kingdom.' *Journal of Religion in Europe*, 6, 3: 273–294. DOI: 10.1163/18748929-00602005.

Bruce, Steve. 2013b. 'Further Thoughts on Church Growth and Secularization.' *Journal of Religion in Europe*, 6, 3: 316–312. DOI: 10.1163/18748929-00602007.

Bruce, Steve and David Voas, 2010. 'Vicarious Religion: An Examination and Critique.' *Journal of Contemporary Religion*, 25, 2: 243–259. DOI: 10.1080/13537901003750936.

Bullivant, Stephen. 2010. 'The New Atheism and Sociology: Why Here? Why Now? What Next?' In *Religion and the New Atheism: A Critical Appraisal*, edited by Amarnath Amarasingam, pp.109–124. Leiden: Brill.

Bullivant, Stephen. 2012. 'Not so Indifferent After All? The New Visibility of Atheism and the Secularization Thesis.' *Approaching Religion*, 2, 1: 100–106.

Cameron, Helen. 2001. 'Social Capital in Britain: Are Hall's Membership Figures a Reliable Guide?' Paper presented to the 2001 ARNOVA Conference, Miami, FL.

Cantle, Ted. 2011. 'Secular Governance in a Multi-Faith Society.' In *British Secularism and Religion: Islam, Society and the State*, edited by Yahya Birt, Dilwar Hussain and Ataullah Siddiqui, pp.55–76. Markfield: Kube Publishing Ltd.

Cantle, Ted. 2012. *Interculturalism: The New Era of Cohesion and Diversity.* Basingstoke: Palgrave Macmillan.

Carrette, Jeremy and Richard King. 2004. *Selling Spirituality: The Silent Takeover of Religion.* London: Routledge.

Castro, Stephen. 1996. *Hypocrisy and Dissent within the Findhorn Foundation: Towards a Sociology of a New Age Community.* Forres: New Media Books.

Catto, Rebecca. 2008. *From the Rest to the West: Exploring Reversal in Christian Mission in Twenty-first Century Britain*. Unpublished PhD thesis, University of Exeter.

Catto, Rebecca, 2012. 'Reverse Mission: From the Global South to the Mainline Churches.' In *Church Growth in Britain*, edited by David Goodhew, pp.91–103.' Farnham: Ashgate.

Catto, Rebecca and Janet Eccles. 2011. 'Beyond Grayling, Dawkins and Hitchens, a New Kind of British Atheism.' Comment is Free at *The Guardian*. Available athttp://www.theguardian.com/commentisfree/belief/2011/apr/14/atheism-socialnetworking. Accessed 12 August 2014.

Catto, Rebecca and Janet Eccles. 2013. '(Dis)Believing and Belonging: Investigating the Narrative of Young British Atheists.' *Temenos*, 49, 2: 37–63.

Catto, Rebecca and David Perfect. Forthcoming. 'Religious Literacy, Equalities and Human Rights.' In *Religious Literacy in Secular Society: Theories, Policies and Practices of Faith in the Public Realm*, edited by Adam Dinham and Mat Francis. Bristol: Policy Press.

Chambers, Paul. 2012. 'Economic Factors in Church Growth and Decline in South and South West Wales.' In *Church Growth in Britain*, edited by David Goodhew, pp.221–236. Farnham: Ashgate.

Chambers, Paul and Andrew Thompson. 2005. 'Public Religion and Political Change in Wales.' *Sociology*, 39, 1: 29–46. DOI: 10.1177/0038038505048999.

Chapman, Mark, ed. 2011. *The Established Church: Past, Present and Future*. Edinburgh: T&T Clark International.

Christoffersen, Lisbet, Hans Raun Iversen, Hanne Petersen and Margit Warburg, eds. 2010. *Religion in the 21st Century: Challenge and Transformations*. Farnham: Ashgate.

Christoffersen, Lisbet, Kjell A. Modéer and Svend Andersen, eds. 2010. *Law and Religion in the 21st Century: Nordic Perspectives*. Copenhagen: DJOF Publishing.

Clements, Ben. Forthcoming. *Religion and Public Opinion in Britain: Change and Continuity*. Basingstoke: Palgrave Macmillan.

Cloke, Paul, Sarah Johnsen and Jon May. 2012. 'Ethical Citizenship? Faith-based Volunteers and the Ethics of Providing Services for Homeless People.' In *Faith-based Organisations and Exclusion in European Cities*, edited by Justin Beaumont and Paul Cloke, pp.127–154. Bristol: Policy Press.

Cobb, Mark, Christina M. Puchalski and Bruce Rumbold, eds. 2012. *Oxford Textbook of Spirituality in Healthcare*. Oxford: Oxford University Press.

Coleman, Peter. 2011. *Belief and Ageing: Spiritual Pathways in Later Life*. Bristol: Policy Press.

Coleman, Peter, Daniela Koleva and Joanna Bornat. 2013. *Ageing, Ritual and Social Change: Comparing the Secular and Religious in Eastern and Western Europe*. Farnham: Ashgate.

Coleman, Simon. Forthcoming. 'Locating the Church: From Parish to Pilgrimage?' In *Contemporary Issues in the Worldwide Anglican Communion: Powers and Pieties*, edited by Abby Day. Farnham: Ashgate.

Collins-Mayo, Sylvia. 2013. 'Street Prayer: A Case Study of the Use of Prayer by Street Pastors.' In *Annual Review of the Sociology of Religion, 2013, Volume 4:*

Prayer in Religion and Spirituality, edited by Giuseppe Giordan and Linda Woodhead, pp.173–188. Leiden: Brill.

Collins-Mayo, Sylvia and Pink Dandelion, eds. 2010. *Religion and Youth*. Farnham: Ashgate.

Collins-Mayo, Sylvia, Andrew King and Lee Jones. 2012. *Faith in Action: Street Pastors Kingston Social and Spiritual Impact Project*. Final Report available from Sylvia Collins-Mayo, Kingston University. A Research Briefing is available at http://kingston.streetpastors.org.uk/wp-content/uploads/2012/04/Kingston-University-Briefing-on-Street-Pastors.pdf. Accessed 12 August 2014.

Collins-Mayo, Sylvia, Bob Mayo and Sally Nash. 2010. *The Faith of Generation Y*. London: Church House Publishing.

Connor, Phillip. 2014. *Immigrant Faith: Patterns of Immigrant Religion in the United States, Canada, and Western Europe*. New York: New York University Press.

Conroy, James. 2012. 'What's Happening to Religious Education in Schools is a Disaster for Britain.' Contribution to the Westminster Faith Debate on 'What's the Place for Faith in Schools.' Available at http://faithdebates.org.uk/wp-content/uploads/2013/09/1329132950_Conroy-final.pdf. Accessed 12 August 2014.

Conroy, James, David Lundie, Robert Davis, Vivienne Baumfield, L. Philip Barnes, Tony Gallagher, Kevin Lowden, Nicole Bourque and Karen Wenell. 2013. *Does Religious Education Work? A Multi-Dimensional Investigation*. London: Bloomsbury.

Cook, Chris, Andrew Powell and Andrew Sims, eds. 2009. *Spirituality and Psychiatry*. London: RCPsych Publications.

Cox, James, Alastair Campbell and Bill Fulford, eds. 2006. *Medicine of the Person: Faith, Science and Values in Health Care Provision*. London: Jessica Kingsley.

Currie, Robert, Alan Gilbert and Lee Horsley. 1977. *Churches and Churchgoers*. Oxford: Clarendon Press.

Davie, Grace. 1994. *Religion in Britain since 1945: Believing Without Belonging*. Oxford: Blackwell.

Davie, Grace. 2000. *Religion in Modern Europe*. Oxford: Oxford University Press.

Davie, Grace. 2002. *Europe: The Exceptional Case. Parameters of Faith in the Modern World*. London: Darton, Longman and Todd.

Davie, Grace. 2006. 'Religion in Europe in the 21st Century: The Factors to Take into Account.' *European Journal of Sociology*, 47, 2: 271–296. DOI: 10.1017/S0003975606000099.

Davie, Grace. 2007a. 'Pluralism, Tolerance and Democracy: Theory and Practice in Europe.' In *Democracy and the New Religious Pluralism*, edited by Thomas Banchoff, pp.233–241. New York: Oxford University Press.

Davie, Grace. 2007b. 'Vicarious Religion: A Methodological Challenge.' In *Everyday Religion: Observing Modern Religious Lives*, edited by Nancy Ammerman, pp.21–36. New York: Oxford University Press.

Davie, Grace. 2007c. *The Sociology of Religion*. London: Sage Publications. [A revised edition was published in 2013.]

Davie, Grace. 2008. 'Debate.' In *Praying for England: Priestly Presence in Contemporary Culture*, edited by Samuel Wells and Sarah Coakley, pp.147–170. London: Continuum.

Davie, Grace. 2010a. 'Vicarious Religion: A Response.' *Journal of Contemporary Religion*, 25, 2: 261–266. DOI: 10.1080/13537901003750944.

Davie, Grace. 2010b. 'An English Example: Exploring the Via Media in the Twenty-First Century.' In *Between Relativism and Fundamentalism*, edited by Peter Berger, pp.35–55. Grand Rapids, MI: Eerdmans.

Davie, Grace. 2011. 'Thinking Sociologically about Religion: A Step Change in the Debate?' (ARDA Guiding Paper Series). State College, PA: The Association of Religion Data Archives at the Pennsylvania State University. Available at http://www.thearda.com/rrh/papers/guidingpapers.asp. Accessed 12 August 2014.

Davie, Grace. 2012. 'A European Perspective on Religion and Welfare: Contrasts and Commonalities.' *Social Policy and Society*, 11, 4: 989–999. DOI: 10.1017/S1474746412000267.

Davie, Grace. 2013. *The Sociology of Religion. A Critical Agenda*, 2nd ed. London: Sage Publications.

Davie, Grace. 2014. 'Managing Pluralism: The European Case.' *Society*, 51, 6: 613–622. DOI: 10.1007/s12115-014-9834-6.

Davie, Grace and Derek Hearl. 1991. 'Politics and Religion in the South West.' In *Centre and Periphery: Brittany and Devon and Cornwall Compared*, edited by Michael Havinden, Jean Quéniart and Jeffrey Stanyer, pp.214–212. Exeter: University of Exeter Press.

Davie, Martin. 2008. *A Guide to the Church of England*. London: Mowbray.

Davison, Andrew and Alison Milbank. 2010. *For the Parish: A Critique of Fresh Expressions*. London: SCM Press.

Dawkins, Richard. 2006. *The God Delusion*. Boston, MA: Houghton Mifflin Harcourt.

Day, Abby. 2011. *Believing in Belonging: Belief and Social Identity in the Modern World*. Oxford: Oxford University Press.

Day, Abby. 2013. 'The Problem of Generalizing Generation.' *Religion and Society: Advances in Research*, 4, 1: 109–124. DOI: 10.3167/arrs.2013.040107.

Day, Abby. Forthcoming. *The Religious Lives of Generation A: Laywomen in the Church*. Oxford: Oxford University Press.

De Botton, Alan. 2013. *Religion for Atheists: A Non-Believer's Guide to the Uses of Religion*. Harmondsworth: Penguin.

Dinham, Adam. 2009. *Faiths, Public Policy and Civil Society: Problems, Policies, Controversies*. Basingstoke: Palgrave MacMillan.

Dinham, Adam. 2012. 'The Multi-faith Paradigm in Policy and Practice: Problems, Challenges, Directions.' *Social Policy and Society*, 11, 4: 577–586. DOI: 10.1017/S1474746412000255.

Dinham, Adam. 2013. 'Welfare is Sacred.' *Public Spirit*. Available at http://www.publicspirit.org.uk/welfare-is-sacred. Accessed 12 August 2014.

Dinham, Adam. Forthcoming. 'Religious Literacy and Welfare'. In *Religious Literacy in Secular Society: Theories, Policies and Practices of Faith in the Public Realm*, edited by Adam Dinham and Mat Francis. Bristol: Policy Press.

Dinham, Adam and Mat Francis, eds. Forthcoming. *Religious Literacy in Secular Society: Theories, Policies and Practices of Faith in the Public Realm*. Bristol: Policy Press.

参考文献

Dinham, Adam and Robert Jackson. 2012. 'Religion, Welfare and Education.' In *Religion and Change in Modern Britain*, edited by Linda Woodhead and Rebecca Catto, pp.272–294. London: Routledge.

Dinham, Adam, Robert Furbey and Vivien Lowndes, eds. 2009. *Faith in the Public Realm: Controversies, Policies and Practices*. Bristol: Policy Press.

Donald, Alice, Jane Gordon and Philip Leach. 2012. *The UK and the European Court of Human Rights*. Manchester: Equality and Human Rights Commission, Research Report 83.Available at http://www.equalityhumanrights.com/publica tions/our-research/research-reports. Accessed 12 August 2014.

Donald, Alice, with Karen Bennett and Philip Leach. 2012. *Religion or Belief, Equality and Human Rights in England and Wales*. Manchester: Equality and Human Rights Commission, Research Report 84. Available at http://www. equalityhumanrights.com/publications/our-research/research-reports. Accessed 12 August 2014.

Edge, Peter. 2006. *Religion and Law: An Introduction*. Farnham: Ashgate.

Esping-Andersen, Gøsta. 1989. *The Three Worlds of Welfare Capitalism*. Cambridge: Polity Press.

European Commission. 2012. Eurobarometer 73.1 (Jan–Feb 2010). TNS OPINION & SOCIAL, Brussels [Producer]. GESIS Data Archive, Cologne. ZA5000 Data file Version 4.0.0. DOI:10.4232/1.11428.

Evans, John. 2008. *Faith in Wales: Counting for Communities*. Cardiff: Gweini (The Council of the Christian Voluntary Sector in Wales).

Faith in the City. 1985. The Report of the Archbishop of Canterbury's Commission on Urban Priority Areas. London: Church House Publishing.

Faith in the Countryside. 1990. The Report of the Archbishops' Commission on Rural Areas. London: Church House Publishing.

Filby, Eliza. 2015. *God and Mrs Thatcher: Conviction Politics in Britain's Secular Age*. London: Biteback Publishing.

Fokas, Effie. 2013. Intervention in a debate on 'Rethinking Religious-secular Intersections.' Unpublished paper given at the Impact of Religion: Challenges for Society, Law and Democracy Conference, Uppsala, Sweden.

Forrester, Helen. 1981. *Twopence to Cross the Mersey*. London: Fontana/Collins.

Francis, Leslie. 2003. 'Religion and Social Capital: The Flaw in the 2001 Census in England and Wales.' In *Public Faith? The State of Religious Belief and Practice in Britain*, edited by Paul Avis, pp.45–64. London: SPCK.

Gautier, François and Tuomas Martikainen, eds. 2013. *Religion in a Consumer Society: Brands, Consumers and Markets*. Farnham: Ashgate.

Gill, Robin. 1992. *Moral Communities*. Exeter: Exeter University Press.

Gill, Robin. 1993. *The Myth of the Empty Church*. London: SPCK. [A revised edition was published in 2003.]

Gill, Robin. 1999. *Churchgoing and Christian Ethics*. Cambridge: Cambridge University Press.

Gill, Robin. 2002. 'A Response to Steve Bruce's "Praying Alone?"' *Journal of Contemporary Religion*, 17, 3: 335–338. DOI: 10.1080/1353790022000008262.

Gill, Robin. 2012. 'Mission-Shaped by Society: York Revisited.' In *Theology Shaped by Society: Sociological Theology*, Volume 2, pp.113–156. Farnham: Ashgate.

信仰但不从属

Gill, Robin, Kirk Hadaway and Penny Marler. 1998. 'Is Religious Belief Declining in Britain?' *Journal for the Scientific Study of Religion*, 37, 3: 507–516. DOI: 10.2307/1388057.

Gilliat-Ray, Sophie. 2000. *Religion in Higher Education: The Politics of the Multifaith Campus*. Aldershot: Ashgate.

Gilliat-Ray, Sophie. 2003. 'Nursing, Professionalism, and Spirituality.' *Journal of Contemporary Religion*, 18,3:335–349. DOI:10.1080/13537900310001601695.

Gilliat-Ray, Sophie. 2010. *Muslims in Britain: An Introduction*. Cambridge: Cambridge University Press.

Gilliat-Ray, Sophie. 2012. 'Muslims.' In *Religion and Change in Modern Britain*, edited by Linda Woodhead and Rebecca Catto, pp.110–121. London: Routledge.

Gilliat-Ray, Sophie, Stephen Pattison and Mansur Ali. 2013. *Understanding Muslim Chaplaincy*. Farnham: Ashgate.

Glendinning, Tony and Steve Bruce. 2006. 'New Ways of Believing or Belonging: Is Religion Giving Way to Spirituality?' *The British Journal of Sociology*, 57, 3: 399414. DOI: 10.1111/j.1468-4446.2006.00117.x.

Goodhew, David. 2012a. *Church Growth in Britain*. Farnham: Ashgate.

Goodhew, David. 2012b. 'Church Growth in Britain 1980 to the Present Day.' In *Church Growth in Britain*, edited by David Goodhew, pp.3–20. Farnham: Ashgate.

Goodhew, David. 2012c. 'From the Margins to the Mainstream: New Churches in York.' In *Church Growth in Britain*, edited by David Goodhew, pp.179–192. Farnham: Ashgate.

Goodhew, David. 2013. 'Church Growth in Britain: A Response to Steve Bruce.' *Journal of Religion in Europe*, 6, 3: 297–315. DOI: 10.1163/18748929-00602006.

Graham, David. 2012. 'Judaism.' In *Religion and Change in Modern Britain*, edited by Linda Woodhead and Rebecca Catto, pp.89–99. London: Routledge.

Guest, Mathew. 2007. *Evangelical Identity and Contemporary Culture: A Congregational Study in Innovation*. Milton Keynes: Paternoster Press.

Guest, Mathew, Kristin Aune, Sonya Sharma and Rob Warner. 2013. *Christianity and the Student Experience: Understanding Student Faith*. London: Bloomsbury Academic.

Habermas, Jürgen. 2005. 'Religion in the Public Sphere.' Address given on the receipt of the 2005 Holberg Prize. Available at http://www.holbergprisen.no/en/juergen-habermas/holberg-prize-symposium-2005.html. Accessed 12 August 2014.

Habermas Jürgen. 2006. 'Religion in the Public Sphere.' *European Journal of Philosophy*, 14, 1: 1–25. DOI: 10.1111/j.1468-0378.2006.00241.x.

Halsey, A.H. 1985. 'On Methods and Morals.' In *Values and Social Change in Britain*, edited by Mark Abrams, David Gerard and Noel Timms, pp.1–20. London: Marc Europe.

Hammond, Paul. Forthcoming. *Finding the Church in Fresh Expressions*. PhD in preparation at the University of St Andrews.

Hanegraaff, Wouter. 2009. 'New Age Religion.' In *Religions in the Modern World: Traditions and Transformations*, edited by Linda Woodhead, Hiroko Kawanami and Christopher Partridge, pp.339–356. London: Routledge.

Harris, Alana. 2012. 'Devout East Enders. Catholicism in the East End of London.' In *Church Growth in Britain*, edited by David Goodhew, pp.41–58. Farnham: Ashgate.

参考文献

Harris, Margaret. 1998. *Organizing God's Work. Challenges for Churches and Synagogues*. Basingstoke: Palgrave Macmillan.

Harvey, Graham. 2009. 'Paganism.' In *Religions in the Modern World: Traditions and Transformations*, edited by Linda Woodhead, Hiroko Kawanami and Christopher Partridge, pp.357–378. London: Routledge.

Harvey, Graham and Vincett, Giselle. 2012. 'Alternative Spiritualities: Marginal and Mainstream.' In *Religion and Change in Modern Britain*, edited by Linda Woodhead and Rebecca Catto, pp.156–172. London: Routledge.

Hastings, Adrian. 1986. *A History of English Christianity, 1929–1985*. London: Collins.

Heelas, Paul. 1996. *The New Age Movement: Religion, Culture and Society in the Age of Postmodernity*. Oxford: Blackwell.

Heelas, Paul. 2008. *Spiritualities of Life: From the Romantics to Wellbeing Culture*. Oxford: Blackwell.

Heelas, Paul and Linda Woodhead, with Benjamin Seel, Bronislaw Szerszynski and Karin Tusting, 2005. *The Spiritual Revolution: Why Religion is Giving Way to Spirituality*. Oxford: Blackwell.

Hervieu-Léger, Danièle. 1999. *Le pèlerin et le converti: La religion en mouvement*. Paris: Flammarion.

Hervieu-Léger, Danièle. 2000. *Religion as a Chain of Memory*. Cambridge: Polity Press (translation of *La Religion pour mémoire*, 1993).

Hervieu-Léger, Danièle. 2001. *La religion en miettes ou la question des sectes*. Paris: Calmann-Lévy.

Himmelfarb, Gertrude. 2004. *The Roads to Modernity. The British, French and American Enlightenments*. New York: Knopf Publishing Group.

Hobcraft, John and Heather Joshi. 1989. 'Population Matters.' In *The Changing Population of Britain*, edited by Heather Joshi, pp.1–11. Oxford: Blackwell.

Hoggart, Richard. [1957] 1984. *The Uses of Literacy*. Harmondsworth: Peregrine.

Hornsby-Smith, Michael. 1987. *Roman Catholics in England*. Cambridge: Cambridge University Press.

Hornsby-Smith, Michael. 1989. 'The Roman Catholic Church in Britain since the Second World War.' In *Religion, State and Society in Modern Britain*, edited by Paul Badham, pp.85–98. Lewiston: Edwin Mellen Press.

Hornsby-Smith, Michael. 1999. *Catholics in England 1950–2000: Historical and Sociological Perspectives*. London: Geoffrey Chapman.

Hornsby-Smith, Michael. 2008. *Roman Catholics in England: Studies in Social Structure since the Second World War*. Cambridge: Cambridge University Press.

Hornsby-Smith, Michael. 2009. *Roman Catholic Beliefs in England: Customary Catholicism and Transformations of Religious Authority*. Cambridge: Cambridge University Press.

Hull, John. 2006. *Mission-shaped Church: A Theological Response*. London: SCM Press.

Hunt, Stephen. 2004. *The Alpha Initiative: Evangelism in a Post-Christian Age*. Farnham: Ashgate.

Huntington, Samuel. 1993. 'The Clash of Civilizations.' *Foreign Affairs*, 72, 3: 22–50.

Huntington, Samuel. 1996. *The Clash of Civilizations and the Remaking of the World Order*. New York: Simon and Schuster.

Jackson, Bob and Alan Piggott. 2003. 'A Capital Idea.' An unpublished report for the Diocese of London.

Jackson, Bob and Alan Piggott 2011. 'Another Capital Idea: Church Growth in the Diocese of London 2003–2010.' An unpublished report for the Diocese of London. Available at http://www.london.anglican.org/about/another-capital-idea/. Accessed 12 August 2014.

Jackson, Robert. 2012. 'Religious Education and Human Rights.' Contribution to the Westminster Faith Debate on 'What's the Place for Faith in Schools.' Available at http://faithdebates.org.uk/wp-content/uploads/2013/09/1330520267_Robert-Jackson-final-text-as-delivered.pdf. Accessed 12 August 2014.

Jackson, Robert. 2013. 'Religious Education in England: The Story to 2013.' *Pedagogiek*, 33, 2: 119–135. URN:NBN:NL:UI:10-1-100787.

Jawad, Rana. 2012. *Religion and Faith-based Welfare: From Wellbeing to Ways of Being*. Bristol: Policy Press.

Jenkins, Daniel.1975. *The British: Their Identity and Their Religion*. London: SCM.

Jenkins Philip. 2012. *The Next Christendom: The Coming of Global Christianity*, 3rd ed. New York: Oxford University Press.

Joas, Hans. 2002. *Do We Need Religion? On the Experience of Self-Transcendance*. Boulder, CO: Paradigm Publishers.

Joas, Hans and Klaus Wiegandt, eds. 2009. *Secularization and the World Religions*. Liverpool: Liverpool University Press.

Johnsen, Sarah. 2012. 'The Role of Faith-based Organizations in Service Provision for Homeless People.' In *Religion and Change in Modern Britain*, edited by Linda Woodhead and Rebecca Catto, pp.295–298. London: Routledge.

Kahl, Sigrun. 2005. 'The Religious Roots of Modern Poverty Policy: Catholic, Lutheran, and Reformed Protestant Traditions Compared.' *European Journal of Sociology*, 46, 1: 91–126. DOI: 10.1017/S0003975605000044.

Kershen, Anne and Laura Vaughan. 2013. 'There Was a Priest, a Rabbi and an Imam… : An Analysis of Urban Space and Religious Practice in London's East End, 1685–2010.' *Material Religion*, 9, 1: 10–35. DOI: 10.2752/175183413X1 3535214684014.

Kettell, Steven. 2013a. 'Faithless: The Politics of New Atheism.' *Secularism and Nonreligion*, 2: 61–72. DOI: 10.5334/snr.al.

Kettell, Steven. 2013b. 'Let's Call the Whole Thing Off.' *Public Spirit*. Available at http://www.publicspirit.org.uk/contributors/steven-kettell. Accessed 12 August 2014.

King, Peter. 2013. 'Faith in a Foxhole? Researching Combatant Religiosity amongst British Soldiers on Contemporary Operations.' In *The Defence Academy Yearbook 2013*, edited by Jane Volpi, pp.2–10. Shrivenham: Defence Academy of the United Kingdom.

Knott, Kim and Jolyon Mitchell. 2012. 'The Changing Faces of Media and Religion.' In *Religion and Change in Modern Britain*, edited by Linda Woodhead and Rebecca Catto, pp.243–264. London: Routledge.

Knott, Kim, Elizabeth Poole and Teemu Taira. 2013. *Media Portrayals of Religion and the Secular Sacred*. Farnham: Ashgate.

Koenig, Harold, Dana King and Verna B. Carson, eds. 2012. *Handbook of Religion and Health*. 2nd ed. New York: Oxford University Press.

Leaman, Oliver. 1989. 'Taking Religion Seriously.' *The Times*, 6 February.

Lee, Lois. 2015. *Recognizing the Nonreligious: Reimagining the Secular*, Oxford: Oxford University Press.

Leigh, Ian and Andrew Hambler. 2014. 'Religious Symbols, Conscience, and the Rights of Others.' *Oxford Journal of Law and Religion*, 3, 1: 2–24. DOI: 10.1093/ojlr/rwt048.

Levitt, Mairi. 1992. 'Parental Attitudes to Religion: A Cornish Case Study.' Unpublished paper presented at the BSA Sociology of Religion Study Group, St Mary's College, Twickenham.

Levitt, Mairi. 1996. *Nice When They Are Young: Contemporary Christianity in Families and Schools*. Aldershot: Avebury.

Lings, George. 2012. 'A History of Fresh Expressions and Church Planting in the Church of England.' In *Church Growth in Britain*, edited by David Goodhew, pp.161–178. Farnham: Ashgate.

Lövheim, Mia, ed. 2013. *Media, Religion and Gender: Key Issues and New Challenges*. London: Routledge.

McCrea, Ronan. 2014. 'Religion in the Workplace: *Eweida and Others v United Kingdom*.' *Modern Law Review*, 77, 2: 277–307. DOI: 10.1111/1468-2230.12066.

McLeod, Hugh. 2007. *The Religious Crisis of the 1960s*. Oxford: Oxford University Press.

Madge, Nicola, Peter J. Hemming and Kevin Stenson. 2014. *Youth on Religion: The Negotiation and Development of Faith and Non-Faith Identity*. London: Routledge.

Manow, Philip. 2004. 'The "Good, the Bad and the Ugly". Esping-Andersen's Welfare State Typology and the Religious Roots of the Western Welfare State.' Working Paper 04/03, Max-Planck-Institut für Gesellschaftsforschung, Cologne.

Marsh, Colin. 2012. 'The Diversification of Christianity: The Example of Birmingham.' In *Church Growth in Britain*, edited by David Goodhew, pp.193–205. Farnham: Ashgate.

Martikainen, Tuomas and Francois Gautier, eds. 2013. *Religion in the Neoliberal Age: Political Economy and Modes of Governance*. Farnham: Ashgate.

Martikainen, Tuomas, François Gauthier and Linda Woodhead, eds. 2011. 'Introduction: Religion and Consumer Society.' *Social Compass*, 58, 3: 291–301. DOI: 10.1177/0037768611412141.

Martin, David. 1969. 'Sociologist Fallen among Secular Theologian.' In *The Religious and the Secular*, pp.70–79. London: Routledge and Kegan Paul.

Martin, David. 1978. *A General Theory of Secularization*. Oxford: Blackwell.

Martin, David. 1990: *Tongues of Fire*. Oxford: Blackwell.

Martin, David. 1997. *Reflections on Sociology and Theology*. Oxford: Oxford University Press.

Martin, David. 2002. *Christian Language and its Mutations*. Farnham: Ashgate.

Martin, David 2004. 'The Christian, the Political and the Academic.' The 2003 Paul Hanly Furfey Lecture. *Sociology of Religion*, 65, 4: 341–356. DOI: 10.2307/3712318.

Martin, David. 2011. *The Future of Christianity: Violence and Democracy, Secularization and Religion*. Farnham: Ashgate.

Martin, David. 2014. *Religion and Power. No Logos without Mythos*. Farnham: Ashgate.

Meer, Nasar and Tariq Modood. 2012. 'How Does Interculturalism Contrast with Multiculturalism?' *Journal of Intercultural Studies*, 33, 2: 175–196. DOI: 10.1080/07256868.2011.618266.

Micklethwait, John and Adrian Wooldridge. 2009. *God is Back: How the Global Rise of Faith is Changing the World*. London: Allen Lane.

Mission-shaped Church: Church Planting and Fresh Expressions of Church in a Changing Context. 2004. London: Church House Publishing.

Mitchell, Claire. 2005. *Religion, Identity and Politics in Northern Ireland: Boundaries of Belonging and Belief*. Farnham: Ashgate.

Mitchell, Claire. 2012. 'Northern Irish Protestatism: Evangelical Vitality and Adaptation.' In *Church Growth in Britain*, edited by David Goodhew, pp.237–252. Farnham: Ashgate.

Mitchell, Claire and Gladys Ganiel. 2011. *Evangelical Journeys: Choice and Change in a Northern Irish Subculture*. Dublin: University College Dublin Press.

Modood, Tariq. 1990. 'British Asian Muslims and the Rushdie Affair.' *British Political Quarterly*, 61, 2: 143–160.

Modood, Tariq. 1994. 'Establishment, Multiculturalism and British Citizenship.' *British Political Quarterly*, 65, 1: 53–73. DOI: 10.1111/j.1467-923X.1994.tb00390.x.

Modood, Tariq. 2011a. 'Moderate Secularism: A European Conception.' *Open Democracy*, 7 April. Available at http://www.opendemocracy.net/tariq-modood/moderate-secularism-european-conception. Accessed 12 August 2014.

Modood, Tariq, 2011b. 'Multiculturalism: Not a Minority Problem.' Comment is Free at *The Guardian*. Available at http://www.theguardian.com/commentisfree/2011/feb/07/multiculturalism-not-minority-problem. Accessed 12 August 2014.

Modood, Tariq. 2011c. 'Is There a Crisis of Secularism in Western Europe?' The 2011 Paul Hanly Furfey Lecture. *Sociology of Religion*, 73, 2: 130–149. DOI:10.1093/socrel/srs028.

Modood, Tariq. 2011d. 'Civic Religion and Respect for Religion in Britain's Moderate Secularism.' In *British Secularism and Religion: Islam, Society and the State*, edited by Yahya Birt, Dilwar Hussain and Ataullah Siddiqui, pp.55–76. Markfield: Kube Publishing Ltd.

Modood, Tariq. 2013. *Multiculturalism*, 2nd ed. Cambridge: Polity Press.

Molendijk, Arie, Justin Beaumont and Christoph Jedan, eds. 2010. *Exploring the Postsecular: The Religious, the Political and the Urban*. Leiden: Brill.

Moorman, John. 1980. *A History of the Church in England*, 3rd ed. London: A&C Black.

Morris, R.M., ed. 2009. *Church and State in 21st Century Britain: The Future of Church Establishment*. Basingstoke: Palgrave Macmillan.

Muskett, Judith A. Forthcoming. 'Reflections on the Shop-windows of the Church of England. Anglican Cathedrals and Vicarious Religion.' *Journal of Contemporary Religion*.

National Council for Voluntary Organisations. 2011. *Participation: Trends, Facts, and Figures*. An NCVO Almanac. Available at http://www.ncvo.org.uk/images/documents/policy_and_research/participation/participation_trends_facts_figures.pdf. Accessed 12 August 2014.

参考文献

Nye, Malory and Paul Weller. 2012. 'Controversies as a Lens on Change.' In *Religion and Change in Modern Britain*, edited by Linda Woodhead and Rebecca Catto, pp.34–54. London: Routledge.

Olson, Elizabeth and Giselle Vincett. Forthcoming. 'Researching Spirituality with and for Vulnerable Young People.' In *How to Research Religion: Putting Methods into Practice*, edited by Linda Woodhead. Oxford: Oxford University Press.

ONS. 2012. 'Religion in England and Wales 2011.' Office for National Statistics. Available at http://www.ons.gov.uk/ons/dcp171776_290510.pdf. Accessed 12 August 2014.

ONS. 2013. 'Full Story: What Does the Census Tell Us about Religion in 2011?' Office for National Statistics. Available at http://www.ons.gov.uk/ons/dcp171776_310454.pdf Accessed 12 August 2014.

Orchard, Stephen. 2012. 'The Formation of the United Reformed Church.' In *Religion and Change in Modern Britain*, edited by Linda Woodhead and Rebecca Catto, pp.79–84. London: Routledge.

Osgood, Hugh. 2012. 'The Rise of the Black Churches.' In *Church Growth in Britain*, edited by David Goodhew, pp.107–126. Farnham: Ashgate.

Parris, Matthew. 2013. 'Scrap Tory Associations: Build a New Party.' *The Times*, 6 July: 21.

Paul, Leslie. 1964. *The Deployment and Payment of the Clergy*. London: Church Information Office.

Percy, Martin and Louise Nelstrop, eds. 2008. *Evaluating Fresh Expressions: Explorations in Emerging Church*. Norwich: Canterbury Press.

Pérez-Agote, Alfonso, ed. 2012. *Portraits du catholicisme: Une comparaison euro-péenne*. Rennes: PU Rennes.

Perfect, David. 2011. *Religion or Belief*. Manchester: Equality and Human Rights Commission Briefing Paper. Available at http://www.equalityhumanrights.com/publications/our-research/research-reports. Accessed 12 August 2014.

Perfect, David. 2013. 'Religion or Belief and the Law.' *Public Spirit*. Available at http://www.publicspirit.org.uk/contributors/david-perfect/. Accessed 12 August 2014.

Pew Forum on Religion and Public Life. 2006. Pentecostal Resource Page. Available at www.pewforum.org/Christian/Evangelical-Protestant-Churches/Pentecostal-Resource-Page.aspx. Accessed 12 August 2014.

Pew Forum on Religion and Public Life. 2012. '"Nones" on the Rise.' Available at http://www.pewforum.org/Unaffiliated/nones-on-the-rise.aspx. Accessed 12 August 2014.

Prochaska, Frank. 2006. *Christianity and Social Services in Modern Britain. The Disinherited Spirit*. Oxford: Oxford University Press.

Robbers, Gerhard, ed. 2005. *State and Church in the European Union*. Baden-Baden: Nomos.

Robinson, John. 1963. *Honest to God*. London: SCM.

Rothgangel, Martin, Robert Jackson and Martin Jäggle, eds. 2014. *Religious Education at Schools in Europe, Part 2: Western Europe*. Vienna: Vienna University Press.

Rowe, Peter. *The Role of the Modern Cathedral*. Unpublished PhD thesis, University of University of St Andrews. Available at http://research-repository.st-andrews.ac.uk/handle/10023/1859. Accessed 12 August 2014.

Roxburgh, Kenneth. 2012. 'Growth Amidst Decline: Edinburgh's Churches and Scottish Culture.' In *Church Growth in Britain*, edited by David Goodhew, pp.209–220. Farnham: Ashgate.

Royle, Edward. 1980. *Radicals, Secularists and Republicans: Popular Freethought in Britain, 1866–1915*. Manchester: Manchester University Press.

Rushdie, Salman. 1988. *The Satanic Verses*. London and New York: Viking-Penguin.

Russell-Jones, Gethin. 2013. *Power of Ten: How Christian Partnerships are Changing the Face of Wales*. Cardiff: Gweini (The Council of the Christian Voluntary Sector in Wales).

Sacks, Jonathan. 1991. *The Persistence of Faith*. London: Weidenfeld.

Sandberg, Russell. 2011. *Law and Religion*. Cambridge: Cambridge University Press.

Sandberg, Russell. 2014. *Religion, Law and Society*. Cambridge: Cambridge University Press.

Sanneh, Lamin. 2004. *Whose Religion is Christianity? The Gospel Beyond the West*. Grand Rapids, MI: Eerdmans.

Savage, Sara, Sylvia Collins-Mayo, Bob Mayo, with Graham Cray. 2011. *Making Sense of Generation Y*. London: Church House Publishing.

Scorer, Peter. 2006. 'Current Developments in the Relationship between the Moscow Patriarchate and the Russian Orthodox Diocese in the UK.' Briefing Paper for Faith in Europe. Available at http://www.faithineurope.org.uk/moscow1.pdf. Accessed 12 August 2014.

Seenan, Gerard. 2006. 'Fury at Ferry Crossing on Sabbath.' *The Guardian*, 10 April. Available at http://www.theguardian.com/uk/2006/apr/10/religion.world. Accessed 12 August 2014.

Singh, Gurharpal. 2012. 'Sikhism'. In *Religion and Change in Modern Britain*, edited by Linda Woodhead and Rebecca Catto, pp.100–110. London: Routledge.

Smith, Christian. 1998. *American Evangelicalism: Embattled and Thriving*. Chicago, IL: University of Chicago Press.

Spencer, Anthony, ed. 2007. *Digest of the Statistics of the Catholic Community of England and Wales, 1958–2005: Volume I*. Taunton: Russell Spencer.

Statistics for Mission 2011. 2013. Archbishops' Council, Research and Statistics, Central Secretariat. Available at http://www.churchofengland.org/media/1737985/attendancestats2011.pdf. Accessed 12 August 2014.

Statistics for Mission 2012. 2014. Archbishops' Council, Research and Statistics, Central Secretariat. Available at http://churchofengland.org/media/1936517/statistics%20for%20mission%202012.pdf. Accessed 12 August 2014.

Statistics for Mission 2012: Ministry. 2013. Archbishops' Council, Research and Statistics, Central Secretariat. Available at http://www.churchofengland.org/media/1868964/ministry%20statistics%20final.pdf. Accessed 12 August 2014.

Stringer, Martin. 2013. *Discourses on Religious Diversity*. Farnham: Ashgate.

Sutcliffe, Steven and Marion Bowman, eds. 2000. *Beyond the New Age. Exploring Alternative Christianity*. Edinburgh: Edinburgh University Press.

Taylor, Charles. 1989. *Sources of the Self: The Making of the Modern Identity*. Cambridge: Cambridge University Press.

Taylor, Charles. 1991. *The Ethics of Authenticity*. Cambridge, MA: Harvard University Press.

参考文献

Taylor, Charles. 2002. *Varieties of Religion Today*. Cambridge, MA: Harvard University Press.

Taylor, Charles. 2007. *A Secular Age*. Cambridge, MA: Harvard University Press.

Theos. 2012a. *Spiritual Capital: The Present and Future of English Cathedrals*. London: Theos.

Theos. 2012b (Nick Spencer and Holly Weldin). *Post-Religious Britain: The Faith of the Faithless*. London: Theos.

Theos. 2012c (edited by Nick Spencer). *Religion and Law*. London: Theos.

Theos. 2013a (Andy Walton, Andrea Hatcher and Nick Spencer). *Is There a 'Religious Right' Emerging in Britain?* London: Theos.

Theos. 2013b (Elizabeth Oldfield, Lianne Hartlett and Emma Bailey). *More Than an Educated Guess: Assessing the Evidence on Faith Schools*. London: Theos.

Theos. 2013c. *The Spirit of Things Unseen: Belief in Post-Religious Britain*. London: Theos.

Theos. 2014a (Ben Clements and Nick Spencer). *Voting and Values in Britain: Does Religion Count?* London: Theos.

Theos. 2014b (edited by Nick Spencer). *The Welfare Collection*. London: Theos.

Theos. 2014c (Nick Spencer). *How to Think About Religious Freedom*. London: Theos.

Thompson, David. 1989. 'The Free Churches in Modern Britain.' In *Religion, State and Society in Modern Britain*, edited by Paul Badham, pp.99–118. Lewiston NY: Edwin Mellen Press.

Todd, Andrew, ed. 2013. *Military Chaplaincy in Contention: Chaplains, Churches and the Morality of Conflict*. Farnham: Ashgate.

Totten, Andrew. 2013. 'Modern Soldiering and Soldiers' Morale.' In *Military Chaplaincy in Contention: Chaplains, Churches and the Morality of Conflict*, edited by Andrew Todd, pp.19–38. Farnham: Ashgate.

Trzebiatowska, Marta and Steve Bruce. 2012. *Why Are Women More Religious than Men?* Oxford: Oxford University Press.

Van Kersbergen, Kees and Philip Manow, eds. 2009. *Religion, Class Coalitions, and Welfare States*, Cambridge: Cambridge University Press.

Vincett, Giselle and Elizabeth Olson. 2012. 'The Religiosity of Young People Growing up in Poverty.' In *Religion and Change in Modern Britain*, edited by Linda Woodhead and Rebecca Catto, pp.196–202. London: Routledge.

Vincett, Giselle and Linda Woodhead. 2009. 'Spirituality.' In *Religions in the Modern World: Traditions and Transformations*, edited by Linda Woodhead, Hiroko Kawanami and Christopher Partridge, pp.319–338. London: Routledge.

Voas, David. 2003. 'Intermarriage and the Demography of Secularisation.' *British Journal of Sociology* 54, 1: 83–108. DOI: 10.1080/0007131032000045914.

Voas, David. 2009. 'The Rise and Fall of Fuzzy Fidelity in Europe.' *European Sociological Review*, 25, 2: 155–168. DOI: 10.1093/esr/jcn044.

Voas, David and Steve Bruce. 2004. 'Research Note: The 2001 Census and Christian Identification in Britain.' *Journal of Contemporary Religion*, 19, 1: 23–28. DOI: 10.1080/1353790032000165087.

Voas, David and Alasdair Crockett. 2005. 'Religion in Britain. Neither Believing nor Belonging.' *Sociology*, 39, 1: 11–28. DOI: 10.1177/0038038505048998.

Voas David, Siobhan McAndrew and Ingrid Storm. 2013. 'Modernization and the Gender Gap in Religiosity: Evidence from Cross-national European Surveys.' *Kölner Zeitschrift für Soziologie und Sozialpsychologie* 65, 1: 259–283. DOI: 10.1007/s11577-013-0226-5.

Walker, Andrew. 1985. *Restoring the Kingdom*. London: Hodder and Stoughton.

Walter, Tony and Grace Davie. 1998. 'The Religiosity of Women in the Modern West.' *British Journal of Sociology*, 49, 4: 640–660.

Waterman, Stanley and Barry Kosmin. 1986. *British Jewry in the Eighties*. London: Research Unit, Board of Deputies of British Jews.

Weber, Max. 1948. 'Politics as a Vocation.' In *From Max Weber: Essays in Sociology*, edited by Hans Gerth and C. Wright Mills, pp.77–128. London: Routledge.

Weller, Paul. 2004. 'Identity, Politics and the Future(s) of Religion in the UK: The Case of the Religion Questions in the 2001 Decennial Census.' *Journal of Contemporary Religion*, 19, 1: 3–21. DOI: 10.1080/1353790032000165096.

Weller, Paul. 2009. *A Mirror for our Times: 'The Rushdie Affair' and the Future of Multiculturalism*. London: Continuum.

Weller, Paul. 2011. *Religious Discrimination in Britain: A Review of Research Evidence, 2000-10*. Manchester: Equality and Human Rights Commission, Research Report 73. Available at http://www.equalityhumanrights.com/publi cations/our-research/research-reports. Accessed 12 August 2014.

Weller, Paul, Alice Feldman and Kingsley Purdam. 2001. *Religious Discrimination in England and Wales*. Home Office Research Study 220, Research, Development, Statistics. London: The Home Office.

Weller, Paul, Nazila Ghanea, Kingsley Purdam and Sariya Cheruvallil-Contractor. 2013. *Religion or Belief, Discrimination and Equality: Britain in Global Context*. London: Bloomsbury/Continuum.

Welsby, Paul. 1984. *A History of the Church of England 1945–80*. Oxford: Oxford University Press.

Welsby, Paul. 1985. *How the Church of England Works*. London: Church Information Office.

Wickham, Edward. 1957. *Church and People in an Industrial City*. London: Lutterworth.

Williams, Rowan. 2012. *Faith in the Public Square*. London: Bloomsbury/Continuum.

Wilson, Bryan. 1961. *Sects and Society*. London: Heinemann.

Wilson, Bryan, ed. 1967. *Patterns of Sectarianism: Organization and Ideology in Social and Religious Movements*. London: Heinemann.

Wilson, Bryan. 1982. *Religion in a Sociological Perspective*. Oxford: Oxford University Press.

Wilson, Bryan. 1990. *The Social Dimensions of Sectarianism*. Oxford: Clarendon Press.

Winter, Emily. 2013. *Christianity and Occupy: An Exploration into Christian Support for the St Paul's Occupy Movement*. Unpublished MA thesis, Lancaster University.

Wolffe, John and Bob Jackson. 2012. 'Anglican Resurgence. The Church of England in London.' In *Church Growth in Britain*, edited by David Goodhew, pp.23–40. Farnham: Ashgate.

参考文献

Woodhead, Linda. 2007. 'Gender Differences in Religious Practice and Significance.' In *The Sage Handbook of the Sociology of Religion*, edited by James Beckford, and N. Jay Demerath III, pp.566–586. London: Sage.

Woodhead, Linda. 2011. *Recent Research on Religion, Discrimination, and Good Relations*. A Report for the Equality and Human Rights Commission. Available at http://www.religionandsociety.org.uk/uploads/docs/2011_05/1306247842_LINDA_WOODHEAD_FINAL_REPORT_MAY_2011.pdf. Accessed 12 August 2014.

Woodhead, Linda. 2012. 'Introduction.' In *Religion and Change in Modern Britain*, edited by Linda Woodhead and Rebecca Catto, pp.1–33. London: Routledge.

Woodhead, Linda. 2013a. '"Nominals" are the Church's Hidden Strength.' *Church Times*, 26 April: 16.

Woodhead, Linda. 2013b. 'What we Really Think.' *The Tablet*, 9 November: 12–13.

Woodhead, Linda. 2013c. 'Endangered Species.' *The Tablet*, 16 November: 6–7.

Woodhead, Linda 2013d. 'Neither Religious nor Secular: The British Situation and its Implications for Religion-State Relations.' In *Contesting Secularism: Comparative Perspectives*, edited by Anders Berg-Sørensen, pp.137–162. Farnham: Ashgate.

Woodhead, Linda 2013e. 'Telling the Truth about Religious Identity in Britain.' AHRC/ESRC Westminster Faith Debates. Available at http://static.westminster-abbey.org/assets/pdf_file/0009/69192/Telling-the-Truth-about-Religious-Identity-in-Britain-HANDOUT.pdf. Accessed 12 August 2014.

Woodhead, Linda. 2013f. 'A Gap is Growing within the Church.' *Church Times*, 20 September: 16.

Woodhead, Linda, guest editor. 2014a. 'What British People Really Think.' Special issue of *Modern Believing*, 55: 1.

Woodhead, Linda. 2014b. 'The "Fuzzy" Nones. Nonreligion and Secularity.' NSblog, 21 March. Available at http://blog.nsrn.net/tag/linda-woodhead. Accessed 12 August 2014.

Woodhead, Linda, ed. Forthcoming. *How to Research Religion: Putting Methods into Practice*. Oxford: Oxford University Press.

Woodhead, Linda and Rebecca Catto, eds. 2012. *Religion and Change in Modern Britain*. London: Routledge.

Woodhead, Linda, with Rebecca Catto. 2009. *'Religion or Belief': Identifying Issues and Priorities*. Manchester: Equality and Human Rights Commission, Research Report 48. Available at http://www.equalityhumanrights.com/publications/our-research/research-reports. Accessed 12 August 2014.

Woodhead, Linda, with Norman Winter, eds. 2013. *Religion and Personal Life* (Westminster Faith Debates). London: Darton, Longman and Todd.

Zavos, John. 2012. 'Hinduism.' In *Religion and Change in Modern Britain*, edited by Linda Woodhead and Rebecca Catto, pp.121–131. London: Routledge.

Zohar, Danah and Ian Marshall. 2000. *SQ: Spiritual Intelligence*. London: Bloomsbury.

信仰但不从属

图书在版编目（CIP）数据

信仰但不从属：英国的宗教／（英）格瑞斯·戴维
（Grace Davie）著；隋嘉滨，冯燕译 . --北京：社会
科学文献出版社，2020.5

书名原文：Religion in Britain：A Persistent
Paradox

ISBN 978 - 7 - 5201 - 6503 - 7

Ⅰ.①信⋯　Ⅱ.①格⋯ ②隋⋯ ③冯⋯　Ⅲ.①宗教社
会学 - 研究 - 欧洲　Ⅳ.①B928.5

中国版本图书馆 CIP 数据核字（2020）第 062570 号

信仰但不从属
——英国的宗教

著　者／〔英〕格瑞斯·戴维（Grace Davie）
译　者／隋嘉滨　冯　燕

出 版 人／谢寿光
组稿编辑／隋嘉滨
责任编辑／杨桂凤　孙美子

出　　　版／社会科学文献出版社·群学出版分社（010）59366453
　　　　　　地址：北京市北三环中路甲 29 号院华龙大厦　邮编：100029
　　　　　　网址：www. ssap. com. cn
发　　　行／市场营销中心（010）59367081　59367083
印　　　装／三河市尚艺印装有限公司

规　　　格／开 本：787mm×1092mm　1/16
　　　　　　印 张：17　字 数：252 千字
版　　　次／2020 年 5 月第 1 版　2020 年 5 月第 1 次印刷
书　　　号／ISBN 978 - 7 - 5201 - 6503 - 7
著作权合同
登 记 号／图字 01 - 2018 - 7147 号
定　　　价／108.00 元